W0190309

ENTSCHULDIGUNG,
SIND SIE DIE **WURST?**

NEE, WIR HABEN NUR
**FREILAUFENDE
EIER.**

Felix Anschütz · Nico Degenkolb · Krischan Dietmaier · Thomas Neumann

2 in 1

ENTSCHULDIGUNG,
SIND SIE DIE WURST?

NEE, WIR HABEN NUR
FREILAUFENDE
EIER.

DEUTSCHLAND IM O-TON

Das Beste von *belauscht.de*

Weltbild

Der Inhalt der einzelnen belauschten Szenen spiegelt
nicht die Meinung der Autoren oder des Verlags wider.
Um die Anonymität der belauschten Personen zu
gewährleisten, wurden alle Namen geändert.

Genehmigte Lizenzausgabe für Weltbild Retail GmbH & Co. KG,
Steinerne Furt, 86167 Augsburg

Copyright der Originalausgaben:

Entschuldigung, sind Sie die Wurst?
Copyright © 2009 by Wilhelm Heyne Verlag, München
in der Verlagsgruppe Random House GmbH

Nee, wir haben nur freilaufende Eier!
Copyright © 2010 by by Wilhelm Heyne Verlag, München

Umschlaggestaltung und Illustration:
der UHLIG, Augsburg, www.coverdesign.net
Illustration auf Seite 302: Lucia Götz
Gesamtherstellung: GGP Media GmbH, Pößneck
Printed in Germany
978-3-8289-5551-6

2016   2015
Die letzte Jahreszahl gibt die aktuelle Lizenzausgabe an.

Einkaufen im Internet:
www.weltbild.de

Felix Anschütz · Nico Degenkolb · Krischan Dietmaier · Thomas Neumann

ENTSCHULDIGUNG, SIND SIE DIE WURST?

DEUTSCHLAND IM O-TON

Weltbild

Inhaltsverzeichnis

Vorwort

BÄÄHÄÄÄ! Wolfgang sitzt in der Regionalbahn. Es ist später Nachmittag, die Bahn ist überfüllt mit müden Pendlern. BÄHÄHÄHÄÄ! Und schon wieder rennt dieser kleine Schreihals grölend durch das ganze Abteil. Wolfgang ist genervt, so wie die anderen Anwesenden auch. Nun beginnt das schreiende Kind auch noch damit, an dem Klappsitz neben Wolfgang geräuschvoll herumzureißen. Da beugt sich plötzlich der junge Mann gegenüber nach vorne und raunt dem Kind etwas zu. Wolfgang hört mit – und muss spontan losprusten. Das Kind kapituliert und tritt verschüchtert den Rückzug an. Wolfgang muss immer noch grinsen. Was für eine köstliche Situation!

Mal ganz ehrlich: Wer hat noch nie die Worte eines Fremden belauscht? Ob gewollt oder nicht – jeden Tag werden wir mit unzähligen verbalen Äußerungen konfrontiert, die eigentlich nicht für unsere Ohren bestimmt sind. »Entschuldigung, sind Sie die Wurst?«, fragt die Supermarktkundin und betritt dabei ahnungslos die Bühne öffentlicher Alltagskomik. Das Publikum der heimlichen Lauscher wartet schon. Ob in der U-Bahn oder im Büro, beim Shoppen oder im eigenen Wohnzimmer – wir lauschen und werden belauscht – immerzu und überall. Das Sprechtheater des Lebens bietet immer wieder Momente, die uns aufhorchen lassen; kleine Perlen in der großen, wabernden Geräuschkulisse unseres Alltags: Die Fragen des kleinen Kindes, das so unverschämt ehrlich ist, das Gespräch der beiden Teenies, das zu blöd ist, um wahr zu sein, oder die Bemerkungen der unheimlich schlagfertigen Kassiererin. Manchmal erzählen wir später unseren Freunden davon oder erinnern uns gelegentlich kopfschüttelnd wieder daran. Meistens haben wir jedoch alles nach wenigen Minuten wieder vergessen. Zu einer hohen Wahrscheinlichkeit bleiben unsere Erlebnisse einem kleinen, exklusiven Kreis vorbehalten.

Nicht so bei Wolfgang. Die Situation in der Bahn geht ihm nicht mehr aus dem Kopf. Anstatt sie in den Tiefen seines Gedächtnisses zu vergraben, setzt er sich am Abend vor seinen Computer und tippt den schrägen Vorfall aus der Bahn ab. Wolfgang schickt sein kleines Erlebnis an eine Internetseite. Einen Tag später haben bereits mehrere Tausend Personen seinen Bericht gelesen, bewertet und kommentiert. Und das ist er, gepostet am 26. August 2006 auf der Seite *www.belauscht.de*:

lauf, solange du kannst!

– Augsburg. In der Regionalbahn.

Ein extrem lautes Kind, dem die Mutter schon etliche Male gesagt hat, es solle sich hinsetzen, rennt grölend durch den Zug. Schließlich bleibt es bei einem Typ stehen, dessen gegenüberliegende Sitzbank nach oben und unten geklappt werden kann. Das Kind setzt an, die Bank nach unten zu klappen. Der Typ nimmt seinen Blick vom Fenster, schaut das Kind mit versteinerter Miene an und sagt:

»Geh zu deiner Mutter, wenn du leben willst!«

New York – Helsinki – Augsburg

Als wir im Sommer 2006 *belauscht.de* aus der Taufe hoben, ahnten wir nicht, dass sich an diesem Projekt bereits nach kurzer Zeit Zehntausende Deutsche, Österreicher und Schweizer beteiligen würden. Wir, das sind Felix, Nico, Krischan und Thomas, seinerzeit Bewohner einer gemeinsamen, chronisch putzbedürftigen Studenten-WG in Augsburg.

Die Entstehungsgeschichte von *belauscht.de* ist geradezu typisch für das Internetzeitalter. Die Idee, mitgehörte Gespräche zu archivieren und über das Internet zu verbreiten, entstand nämlich nicht in der Fuggerstadt. Vielmehr kommt sie, und das ist nur konsequent, aus der Stadt, in der wohl mehr geschwätzt, gequasselt, geschrien, geflüstert, geschnattert und letztlich auch belauscht wird, als an irgendeinem anderen Ort der Welt: New York. Die Mutter aller Lauschseiten, *overheardinnewyork.com*, wurde kurz nach der Jahrtausendwende von Steve Morgan Friedman und Michael Malice ins Leben gerufen und erreichte schnell Kultstatus. Weil nun nicht nur rund um den Big Apple ein allgemeines Interesse am Leben und am Reden der anderen bestand, dauerte es nicht lange, bis die ersten Overheard-Ableger entstanden. Mittlerweile existieren Dutzende Lauschseiten zwischen Kenia und Kanada, zwischen Delhi und Denver. In unsere Augsburger Altbauwohnung gelangte die Idee schließlich über Finnland. Finnische Freunde bastelten zu dieser Zeit an ihrer eigenen Overheard-Version. Insofern ist die erste deutsche Lauschseite eine späte Geburt. Selbst die Finnen, die nicht gerade als notorische Dauerquassler gelten, waren früher dran. Nichtsdestotrotz: Voller Motivation trugen wir innerhalb weniger Tage Belauschtes aus unserem Freundeskreis zusammen und stellten es auf eine notdürftig zusammengebastelte Internetseite. Wir nannten sie *belauscht.de*. So weit, so gut. Doch wären Menschen wie Wolfgang nicht auf unsere Seite aufmerksam geworden, wäre *belauscht.de* wohl eine Sammlung von knapp fünfzig privaten Geschichtchen geblieben. Das öffentliche Interesse an den Sprüchen, Situationen und Szenen wuchs jedoch mit einer Geschwindigkeit, mit der wir nie gerechnet hätten. Es wächst bis heute und hat *belauscht.de* über Deutschlands Grenzen hinaus bekannt gemacht. Die besten Einsendungen aus zwei Jahren halten Sie nun in Buchform in Ihren Händen. Glückwunsch! Denn dieses Buch ist mehr als eine Witzesammlung.

Deutschland im O-Ton

Das »Mehr« an *Entschuldigung, sind Sie die Wurst?* ist seine Authentizität, die Verbindung zur Wirklichkeit, die Vorstellung, dass sich das soeben Gelesene vielleicht nur ein paar Meter weiter zugetragen haben könnte. Man könnte durchaus selbst eine Person in diesem Buch sein oder kann es manchmal einfach nicht fassen, was so auf Deutschlands Straßen und Plätzen vor sich geht. Denn so gewöhnlich und banal die einzelnen Geschichten für sich alleine auch sind: Im Ganzen betrachtet spiegeln die kleinen Begebenheiten dieses Buches ein Stückchen Zeitgeist wider. Schließlich vermittelt das Gerede der Millionen von Menschen da draußen in den U-Bahnen, Bussen, Einkaufszentren, Schulen, Kinos, Discos, in den Straßen und Gassen der Republik ein ganz eigenes Gefühl für dieses Land. Lesen Sie ruhig ein wenig zwischen den Zeilen! Sie werden feststellen, dass die Gespräche und Aussagen mehr verraten, als ihren Beteiligten so manches Mal lieb sein dürfte.

Dieses Buch« ist Deutschland im O-Ton. Viel Spaß damit!

Felix, Nico, Krischan und Thomas
belauscht.de

Ach ja!
    Eine kleine Bitte haben wir noch. Vielleicht werden Sie ja in Zukunft vermehrt Ihre Ohren spitzen, inspiriert von Wolfgang und den vielen anderen, die zu diesem Buch bei-

getragen haben. Falls Sie dann etwas hören, was Sie einfach nicht für sich behalten können, denken Sie bitte daran: Tausende Menschen warten sehnsüchtig darauf, dass Sie Ihre »Belauschnisse« mit ihnen teilen.

Typisch deutsch –

„This is Germany!"

Sie sind griesgrämig und humorlos. Sie sind fußballverrückt und ordnungsfanatisch. Sie sind unsympathisch, trinken literweise Bier und sie tragen mehrheitlich Lederhosen. Die Vorurteile, die über Deutsche kursieren, sind so unterschiedlich wie vielfältig. Aber entsprechen sie auch der Realität? Diese Bestandsaufnahme aus belauschten Szenen zeigt: Deutschland, das sind Bouletten und Bradwerschd, Deutschland ist Bier und Marmelade. Deutschland, das ist der Hesse in Bayern, der Saarländer in Berlin, Deutschland ist der Türke in Hamburg und die Polin in Mannheim. Deutschland ist mehr als die Summe seiner Stereotype, obgleich man bei genauem Hinsehen das eine oder andere Klischee bestätigt sehen mag.

This is Germany!

bierrepublik deutschland?

– Köln. Hauptbahnhof.

Wir sitzen biertrinkend im Zug im Kölner Hauptbahnhof und warten auf die Abfahrt. Vor unseren Sitzen stapeln sich die Bierflaschen. Am Fenster kommt eine Gruppe Amerikaner vorbei. Einer schaut zu uns hinein und kommentiert lautstark:

»This is Germany!«

ich will meinen volksempfänger zurück!

– Gera.

Am 1. Weihnachtsfeiertag. Opa (85) sitzt vor dem Fernseher und schaltet resigniert von Sender zu Sender. Nach einer halben Stunde flucht er plötzlich:

»In dem Scheißding kommt nur noch Mist, seitdem die Merkel dran ist!«

integration einmal umgekehrt

– Mannheim.

Ich warte neben einem Erdbeerstand auf eine Freundin, die

dort verkauft. Hier arbeiten oft Polen als Erdbeerpflücker, auch sie ist Polin. Ein älterer Herr kommt vorbei.

Älterer Herr (in breitestem Mannheimer Dialekt): »Können Sie schon Deutsch sprechen?«
Sie (in reinstem Hochdeutsch): »Ja. Soll ich es Ihnen beibringen?«

hamburgspor

– Hamburg-Wilhelmsburg. Auf einem Schulhof.

Aufforderung zu einem Fußballspiel in der Pause:

»Oh ja! Türken gegen Ausländer!«

das dönertier bekommt gesellschaft

– Berlin. In einer Bäckerei.

Ein muslimischer Kunde zeigt auf die mit Fleisch belegten Brötchen und wendet sich an die Verkäuferin.

Kunde: »Welches Fleisch ist das?«
Verkäuferin: »Ditte hier?«
Kunde: »Ja, welches Fleisch ist das? Rindfleisch?«
Verkäuferin: »Na, dit is Boulette!«

... wieso haben Sie das nicht gleich gesagt!

– Wadgassen. In einer Arztpraxis.

Arzthelferin: »Frau Kranzfelder, dann bräuchte ich noch Ihre Versichertenkarte.«
Ältere Patientin: »Ich wääß jetzt ned, was sie menne?«
Arzthelferin (hilfreich): »Die Karte, die Sie von Ihrer Krankenkasse bekommen haben.«
Ältere Patientin (ratlos): »Nää, so ebbes hann ich ned.«
Arzthelferin (mit Geistesblitz): »Ich brauch Ihr Kärtsche.«
Ältere Patientin (glücklich): »Ach, es Kärtsche wolle se hann. Das hann ich dabei.«

adolf honecker oder so ähnlich

– Kiel. In einer Realschule, neunte Klasse.

Es wird gerade das Thema »Drittes Reich« behandelt. Plötzlich schaut mein Tischnachbar wie vom Blitz getroffen auf und verkündet stolz:

»Ahhhhhh! Jetzt kapier ich endlich, was DDR heißt! Das Dritte Reich!«

der alte mann und das brot

– Wuppertal. In einer Bäckerei.

Ein alter Mann drängelt sich vor einen jungen Mann.

Alter Mann: »Vier Mehrkornbrötchen.«
Bedienung: »Entschuldigung, der junge Mann ist zuerst dran.«
Junger Mann: »Zwei Nussschnecken.«

Der junge Mann bezahlt und geht.

Bedienung (zu altem Mann): »Was bekommen Sie?«
Alter Mann (flippt aus und brüllt): »Hab ich doch eben schon gesagt! Das is ja hier 'ne saumäßige Bedienung! Dann geh ich halt zur Konkurrenz!«

Er dreht sich um und verlässt den Laden.

bayrisch breakfast

– München. In der Straßenbahn.

Ältere Dame #1: »Heute ist es ja so heiß! Zum Frühstück hab ich nur eine Marmeladensemmel gegessen und ein Bier getrunken!«
Ältere Dame #2 (empört): »Das können Sie doch nicht machen! Zum Bier schmeckt doch keine Marmelade!«

wohin gates?

– Berlin. In der Straßenbahn.

Eine Gruppe Japaner steigt ein. Einer von ihnen klopft beim Fahrer an die Scheibe und fragt:

Japaner: »Entschuldigung, fahre zu Brändenburg Gate?«
Fahrer: »Wat? Gate? Meinst du Schönefeld?«
Japaner (schaut hilflos und verwirrt): »Brandenburg Gate?«
Fahrer: »WAT IS GATE? Seid ihr sicher, dass ihr nach Brandenburg wollt?«
Japaner (lächelt): »Viele Dank!«

Setzt sich hin und die Tram fährt weiter.

der dativ ist dem genitiv sein tod – live!

– Euskirchen. In einem Gasthaus.

Während der Versammlung eines Männerchores.

Kellner (kommt in den Versammlungsraum): »Wem ist der Auto für de Düür?«
Antwort eines Gastes: »Isch!«

der saftneurotiker

– Augsburg-Lechhausen. Im Aldi an der Kasse.

Eine Frau, deren Einkaufswagen übervoll ist, fragt einen Typen hinter sich.

Sie: »Haben Sie nur den Orangensaft?«
Er: »Was geht Sie das bitteschön an?«
Sie: »Ich hätte Sie vorgelassen, falls Sie nur den Orangensaft haben.«
Er: »Kann man hier nicht mal mehr in Ruhe 'nen Saft kaufen, oder was?«

Er stellt sich dann aber doch vor die Frau.

Sie: »Sehen Sie, ist doch alles kein Problem.«
Er (wutschnaubend): »Für Sie vielleicht nicht, aber mein Tag ist jetzt versaut!«

dr. dummlittle tankt auf

– Nürnberg. An einer Tankstelle.

Der Mann, der gerade bedient wird, deutet mehrmals ohne etwas zu sagen hinter den Kassierer.

Kassierer: »Was wollen Sie?«
Mann: »Ich möchte auf Rechnung zahlen! RECH-NUNG!«

(deutet auf den Karteikasten hinter dem Kassierer)
Kassierer: »Ja, das müssen Sie schon sagen. Wie heißen Sie?«
Mann: »SPIE-SSEN-REIT!«

Der Kassierer beginnt in der alphabetisch sortierten Kartei zu suchen.

Mann (laut): »Ich stehe unter D, D für Doktor!«

ein döner ohne grammatik

– Bremen. An einer Dönerbude.

Kunde: »Einen Döner bitte.«
Verkäufer: »Mit alles?«
Kunde: »Nein, mit ALLEM.«
Verkäufer: »Ah! Mit Lamm?!«
Kunde: »Nein! Mit Rind!«
Verkäufer: »Häh, was los?«

eine hesse in bayern

– München. In der U-Bahn.

Ein junger Typ (ca. 25) steht neben dem Eingang. Ein Bayer in Lederhosen und Gamsbarthut steigt ein.

Bayer: » ... « (sagt irgendwas Unverständliches)

Junger Typ: »Sorry?«
Bayer: »Can you tell me where we are going?«
Junger Typ: »Hey, Sie können ruhig Deutsch mit mir reden, ich komme nur aus Hessen!«

das macht dann wohl fünf euro ehrlichkeitszuschlag

– *Hannover. Hauptbahnhof.*

Eine Gruppe Jugendlicher an der DB-Info.

Bahnmitarbeiter: »Kann ich euch helfen?«
Jugendlicher: »Ja. Wir möchten nach Leverkusen. Möglichst schnell und möglichst billig!«
Bahnmitarbeiter: »So was gibt's nicht bei der Bahn.«

Und geht weg.

eurovision im einkaufsmarkt

– *Gifhorn. Bei Aldi an der Kasse, kurz nach der Euro-Einführung.*

Eine Kundin sortiert ihr Kleingeld zum Bezahlen und sagt:

»Oh, ich habe sogar einen französischen Euro.«

Darauf die Kassiererin zu ihrer Kollegin an der Nachbar-
kasse:

»Du, nehmen wir auch französische Euros?«

fränglisch for anfängers

– Nürnberg. In einem Lokal im Handwerkerhof.

Während der WM 2006. Eine Kellnerin kassiert bei einer
Gruppe von Engländern Nürnberger Bratwürstchen ab
und fragt in tiefstem Fränkisch:

»Warn des etz tuu bratwerschd odder srie bratwerschd?«

bist du nicht der frontfriseur?

– Waibstadt. In einem Pflegeheim.

Eine Pflegerin bemüht sich, aus dem verbleibenden Rest-
haar eines dementen alten Herrn eine Frisur zu kreieren.
Als ihr Werk vollendet ist, schmettert er:

»Danke Kamerad!«

die entdeckung eines neuen kontinents

— Wörth.

Unterhaltung zwischen zwei ca. 16-jährigen Mädels.
#1: »Heut haben wir in Sozialkunde über den Türkei-Beitritt zur EU geredet.«
#2: »Und?«
#1: »Ich bin da ja mal voll dagegen!«
#2: »Wieso?«
#1: »Ey, von der Türkei da liegt doch grad mal so viel wie Mecklenburg-Vorpommern in der EU und der Rest im Islam!«

die fetten gespräche sind vorbei

— Dortmund. Plus am Nordmarkt.

Zwei Omas unterhalten sich.
#1 : »Ah!«
#2: »Na?«
#1: »Und?«
#2: »Ja, ja. Einkaufen.«
#1: »Hmm.«
#2: »Ja, was soll man machen. Man braucht ja was zu Hause!«
#1: »Hmm.«
#2: »Hmm.«

Sie gehen ohne Verabschiedung getrennter Wege.

urlaub auf dem rollfeld

— Flughafen Köln-Bonn.

Beim Einchecken zum Flug von Köln nach Las Palmas.

Kleiner Junge: »Wieso steht denn da ›Las Palmas‹? Ich dachte, wir fliegen nach Gran Canaria.«
Große Schwester (belehrend): »Tun wir ja auch. Las Palmas ist der Name vom Hotel.«

i am german

— Ibiza-Stadt. Yachthafen.

Morgens auf dem Weg von der Disco zum Hotel. Eine leicht bekleidete Frau (offensichtlich eine Prostituierte) spricht einen Typ neben mir in gebrochenem Deutsch an.

Frau: »Französisch?«
Typ: »Sorry, I'm German.«

kleines hartz 4 mal 4

— Berlin. S-Bahnhof Friedrichstraße.

Zwei männliche Jugendliche unterhalten sich auf der Rolltreppe.

#1: »Hey, jetzt krieg ich 'ne Hartz-IV-Rückzahlung, die ham nicht bezahlt! Für sechs Wochen!«
#2: »Mann ...«
#1: »Das sind drei Monate, also ... tausend Euro!«
#2: »Boah!«
#1: »Nee, warte! Das sind ja fast vier Monate, also noch mehr!!«

die mühlen der übersetzung

– Freiburg. In einem Café.

Gegenüber sitzen ein Mädchen und ihr englischsprachiger Freund. Er erzählt ihr irgendetwas über ausverkaufte PCs. Sie antwortet ihm mit starkem deutschen Akzent:

»Darling, so is the life. Who comes first, paints first!«

total nuts

– Freiburg. Markt am Münsterplatz.

Ein Ehepaar (offensichtlich Touristen mit nur geringen Deutschkenntnissen) zeigt fragend auf die Auslage des Bäckerstandes.

Verkäuferin: »Des sinn Nuss-Schnegge.«
Ehepaar: »???«

Verkäuferin: »Nuss-Schne-cken.«
Ehepaar: »???«
Verkäuferin: »Nuts-Schneck!«

der stinkefinger der großstadt

– *Berlin. U-Bahn-Station Boddinstraße.*

Es herrscht hektisches Gedränge. Plötzlich ruft ein Typ aus der Menge mit lautstarker, alkoholisierter Stimme:

»Kannste dich nich mal entschuljijen, oder wat?«

Er streckt dabei seinen erhobenen Mittelfinger in die Luft.

Ein kleiner Junge (ca. fünf) meint daraufhin mit einem tiefen Seufzer:

»Tjaja, das ist halt Berlin, kannste nix mach'n.«

man spricht deutsch …

– *Split (Kroatien).*

Ein deutscher Tourist steht in einem Laden und versucht ein Stück Fleisch umzutauschen.

Urlauber: »Wir haben hier dieses Fleisch ...«
Verkäuferin: »English please!«
Urlauber (sehr selbstsicher): »We have buy this Fleisch and it's not gut!«

in herdkunde ist sie besser als in erdkunde

– Sylt. Auf dem Hindenburgdamm in der Bahn.

Eine Frau fährt mit ihrer Tochter über den Damm nach Sylt. Sie zeigt aus dem Fenster aufs Wattenmeer und sagt:

»Kuck mal, das ist die Nordsee.«

Dann deutet sie zur anderen Seite:

»Und das ist die Ostsee.«

neues aus der hansastadt

– Rostock. Vor dem Rathaus.

Stehe mit meiner Freundin vor dem Rathaus in Rostock. Anscheinend findet gleich eine Bundesligapartie statt, denn es wimmelt von Fußballfans. Ein Typ erklärt gerade einem Mädchen etwas Historisches:

»Und damals war hier die Hanse ...«

Ein prolliger Typ, der gerade vorbeiläuft, brüllt ihn an:

»DAS HEISST HANSA, DU SPASTI!«

Hinter diesem fängt eine Gruppe von zwanzig Hansa-Rostock-Fans an zu schreien:

»HAN-SAAAA ROSTOCK, HAN-SAAAAA ROSTOCK!«

mein persönlicher taschengeldsklave

— Köln. City-Center.

Zwei Jungs (ca. acht) toben herum und unterhalten sich dabei laut.

#1: »Du, weißt du, es gibt Leute, die arbeiten für 'nen Euro!«
#2: »Boah, echt?«
#1: »Ja!«
#2: »Ey, ich hab heut zwei Euro Taschengeld bekommen.«
#1: »Alter, du kannst dir dann zwei Leute holen, die alles für dich machen!«
#2: »Cool, wo kann man die sich kaufen?«

das war wirklich komasaufen ...

– *Nürnberg.*

Ein alter Mann beobachtet, wie sich ein besoffener Jugendlicher die Seele aus dem Leib kotzt. Er sagt daraufhin in kantigem Wehrmachtsdeutsch zu einem anderen alten Mann:

»Frrrüher hat es so was nicht gegeben. Man hat einmal zu viel getrrrunken und hat sich einmal überrrgeben. Dann ist es nicht mehr vorgekommen. Und wer dann nichts gelernt hat ... der wurde weggemacht!«

so a sau mandelpreiß

– *München. U-Bahn-Station Aidenbachstraße.*

Die U-Bahn ist voll. Ein in Tracht getarnter, offensichtlich auswärtiger Oktoberfestbesucher verteilt gebrannte Mandeln an die ihn umgebenden U-Bahn-Fahrgäste. Alle greifen beherzt zu, es herrscht gute Stimmung. Es dauert nicht lange und die Packung mit den gebrannten Mandeln ist leer.

Trachtentourist: »Ihr Münchner habt ja wohl einen Schuss. Das hier hat vier Euro fünfzig gekostet!«
Münchner: »Ja mei, mir bewundern die Leud, die des kaufen!«

Trachtentourist: »Sie meinen wohl, Sie finden die Leute bescheuert?!«

Münchner: »Ich bin ein erwachsner Mann, ich kann denken, was ich will!«

seniles mitgefühl

– *Heidelberg-Kirchheim. Vor einem Lidl.*

An einem Samstag. Zwei alte Damen unterhalten sich.

#1: »Un? Wie geht's?«
#2: »Ach, net so guud.«
#1: »Alla, dann noch en scheene Sunndaach!«

drei ecken, zwei idioten, ein fall für den anwalt

– *Bremen-Neustadt.*

Zwei Autos krachen an einer Kreuzung aufeinander.

Fahrer #1 springt aus dem Auto und schreit: »Du Idiot!«
Fahrer #2 springt ebenfalls heraus und ruft: »Isch Idiot? Du Idiot! Isch haben Vorfahrt, isch haben Dreieck!«

mein jahr in deutschland: ein absoluter durchfall

– Maikammer. In einem Restaurant.

Ein altes Ehepaar ist fertig mit seinem Abendessen. Es gab Wildfleischbraten mit Bratkartoffeln und Bohnen. Der Mann hat noch ein kleines Häufchen auf seinem Teller übrig, als der Kellner zum Abräumen kommt.

Kellner: »Hat es geschmeckt?«
Mann: »Sehr gut, danke. Den Rest packen Sie mir bitte für unser Au-Pair-Mädchen ein.«

Der Kellner schaut etwas befremdet, woraufhin der Mann noch nachlegt:

»Jaja, die kann gerade eh nicht so viel essen. Die hat die Scheißerei.«

bald im handel: die angie-bibel!

– Berlin. Helmut Newton Foundation.

In der Fotoausstellung ›Humanism in China‹ hängen Werke chinesischer Fotografen, die den Alltag in China abbilden.

Ein Vater zu seiner kleinen Tochter: »Und das hier ist ein Foto von Mao. Der war ein großer Führer in China ... So was wie Angela Merkel.«

wetterkunde in weiß-blau

– Auf dem Wallberg am Tegernsee.

An einem wolkenverhangenen Sommertag. Ein Rentnerehepaar schaut über die Landschaft in den sehr grauen be-
wölkten Himmel. In tiefstem Bayrisch folgender Dialog:

Er: »Das Wetter ist auch nicht mehr, was es mal war.«
Sie: »Ja, seitdem der Franz Josef tot ist.«

zoni-omi hat gar nix zu melden!

– Berlin. Ku'Damm.

Ein Junge (ca. neun) streitet sich wegen irgendetwas mit
seiner Mutter. Seine ebenfalls anwesende Großmutter er-
mahnt ihn:

»Kleiner, du musst gegenüber deinen Eltern mehr Respekt
zeigen!«

Junge (genervt): »Mensch Oma! Wir sind doch hier nicht
mehr in der DDR!«

zurück in die vergangenheit

– Ingolstadt.

Typ (Mitte zwanzig) in der Fußgängerzone zu seiner Freundin:

»Ingolstadt, das ist so ein Ort, da kann ich eines Tages mit meinen Kindern hinfahren und sagen: ›Guckt mal, so hart hat man in den Sechzigern gelebt.‹«

zusammen, was zusammengehört?

– Nürnberg. In einem Büro.

Im Herbst 2007. Zwei Sekretärinnen unterhalten sich.

#1: »Am Freitag wird der Mauerfall ja 18, also volljährig!«
#2: »Na, den hätten sie besser mal abgetrieben!«

kein entrinnen vor prinz poldi

– München. Im Olympiazentrum.

Während der WM 2006. Auf einer Wiese sonnen sich verschiedene Grüppchen. Ein kleiner Junge läuft suchend über die Wiese. Als er nach einiger Zeit nicht findet, was er sucht, ruft er verzweifelt:

»LUUUUU-KAS?«

Darauf tönt es von einer der Picknickdecken:
»PO-DOL-SKI!«

Schlagfertig –

„Nenn mich einfach Kartoffel!"

Den richtigen Spruch auf den Lippen, das verbale Ass im Ärmel oder die zündende Pointe im Anschlag – alles das besitzen die Protagonisten der folgenden Szenen: Sie sind die Sprücheklopfer, Phrasendrescher und Zotenreißer der Nation. Ob routiniert und cool oder unfreiwillig komisch, als linguistische Speerspitze Deutschlands bereichern sie unsere wortkargen Straßen und Plätze mit Witz und Schlagfertigkeit. Sie zähmen brummelnde Busfahrer, verblüffen lasche Schulklassen, sie beschallen ganze Bahnabteile und haben immer den krachenden Konter parat. Sie sind die Brüllaffen im alltäglichen Sprachdschungel, leichte Beute für die Jäger des verlorenen Satzes.

sie nannten ihn knollenfrucht

– Siofok (Ungarn). In einer Bar.
  Während eines Ausflugs mit dem Fußballverein. Gespräch zwischen einem Deutschtürken und einer Ungarin.

Ungarin: »Wie heißt du?«
Türke: »Ceyhan.«
Ungarin: »Wie?«
Türke: »Ceyhan!«
Ungarin: »Ich versteh nicht.«
Türke: »Ceyhan!!«
Ungarin wieder: »Wie?«
Türke: »CEYHAN!!!«

Die Ungarin schaut immer noch fragend.

Darauf der Türke: »Ach, nenn mich einfach Kartoffel!«

die schöne und der brummel-fahrer

– Hannover. Im Bus der Linie 480.

Eine attraktive junge Frau steigt vorne in den Bus ein, kauft einen Fahrschein und fragt den Busfahrer nach einer bestimmten Haltestelle. Der schlecht gelaunte Busfahrer nuschelt unverständliches Zeug.

Frau: »Wie bitte?«

Busfahrer (deutlicher, aber immer noch hörbar genervt): »Da wär's besser, wenn Sie die Stadtbahn nehmen und dann in der Innenstadt umsteigen.«

Frau: »Ach sooo! Haha ... wissen Sie, was ich verstanden habe? ›Brummel, brummel, brummel.‹«

hinten rechts, gleich bei den lebern und lungen

– *Berlin. Alexanderplatz, in einer Filiale von Kaiser's.*

Es läuft eine Aktion, bei der man Treueherzen sammeln kann. Vor mir steht ein älterer Herr, der gerade seine Einkäufe bezahlt.

Kassiererin: »Sammeln Sie Herzen?«

Der Mann gibt kurz einen verwunderten Blick von sich und antwortet dann:

»Nein, aber eine neue Niere könnte ich gebrauchen!«

da kannst du warten, bis du grün wirst

– Bochum.

Ich sitze mit einem Freund im Auto. Wir halten an einer roten Ampel. Rechts neben uns hält ein Typ mit seinem Wagen. Er kurbelt die Scheibe herunter, bedeutet mir, ebenfalls die Scheibe herunterzulassen, und fragt:

»Hey, wartet ihr auch auf Grün?«

du bist, was du hörst

– Köln. In der Straßenbahn.

Ein Jugendlicher kommt in die Bahn. Aus seinem Handy dröhnt für alle gut hörbar Musik (Hip-Hop). Wie immer, alle stört es und keiner traut sich was zu sagen. Neben uns steht ein eher unangenehmer Zeitgenosse (Typ Rocker, Biergeruch, 150 kg). Der Rocker schaut den coolen Jugendlichen böse an, der sichtlich nervös wird.

Rocker (trocken): »Mach sofort die Musik aus!«

Der Jugendliche macht sofort die Musik aus. Als er einige Stationen später aussteigen möchte, starrt ihn der Rocker wieder an.

Rocker (noch trockener): »Deine Musik ist scheiße!«

Völlig hilflos verlässt der junge Mann die Bahn.

arbeiten und arbeiten lassen

– Bonn.

Drei Punks mit Hund sitzen in der Fußgängerzone und schnorren. Ein Mädel (Anfang zwanzig) kommt vorbei.

Punk: »Ey, haste mal was Kleingeld?«
Sie: »Nein, ich hab kein Geld.«
Punk: »Dann geh doch arbeiten!!!«

bevölkerungsentwicklung mal anschaulich

– Greven. In einem Gymnasium.

Lehrer: »Jetzt stellt euch das mal vor. Da kommen also weltweit täglich 250 000 Menschen dazu, ungefähr so viele wie in Münster leben ... Ich hab das mal für mich ausgerechnet, das sind ungefähr drei Kinder pro Sekunde! Das geht dann ...«

(klatscht laut in die Hände)

»KLATSCH, KLATSCH, KLATSCH und schon sind wieder neun Neue da!«

britney lebt!

– Rhain. An einer Straßenbahnhaltestelle.

Zwei Mädchen warten auf die Straßenbahn. Beide schauen recht gelangweilt drein, eine von den beiden liest die neue *Bravo*.

#1: »Ooh, schau mal, ein Artikel über Britney Spears!«
#2 stöhnt auf und grummelt: »Oh Mann, immer wenn man denkt, der Tag könnte nicht schlimmer werden, erfährt man, dass Britney Spears doch noch lebt!«

definitiv kein typ zum pferdestehlen

– Wedemark. In der Schule, Kunstunterricht der 13. Klasse.

Lehrer zu Schülerin (forschend): »Warum waren Sie letzte Woche denn nicht in meinem Unterricht?«
Schülerin (traurig): »Da konnte ich nicht. An dem Tag ist mein Pferd gestorben.«
Lehrer (total unbeeindruckt): »Na und? Haben Sie denn etwa kein Fahrrad?«

Die Schülerin verlässt bestürzt und weinend den Raum.

der countdown läuft

– Hamburg. In einem. Aldi.

Silvestermorgen bei Aldi. Ausnahmezustand, Schlangen quer durch den Laden. Als eine Kasse schließt und dafür eine andere aufmacht, wird ein wartender Rentner beim Schlangenwechsel ca. vier Plätze nach hinten abgedrängt, muss also ein paar Minuten länger warten. Er pöbelt dafür die Kassiererin lautstark an – weit unter der Gürtellinie. Alle anderen Kunden schauen betreten weg, nur eine junge Frau sagt laut hörbar zur Kassiererin:

»Sie müssen das schon verstehen. In dem Alter hat man keine Zeit, da kann man ja jede Sekunde tot umfallen.«

nächste haltestelle: selbsterkenntnis

– Trier. In einem Bus.

Eine junge Frau mit insgesamt leicht asozialem Touch steigt mit ihren vier kleinen Kindern in den Bus ein. Die Kinder lärmen herum, hören nicht auf die Ermahnungen ihrer überforderten Mutter. Völlig entnervt dreht sie sich zu einem Mitfahrer um und nölt zu ihm für alle hörbar:

»Das hat man von der ganzen Fickerei!«

auf wolke dioxiben

– *Indonesien. Auf Java.*

Ein Indonesier wird beim Verbrennen seines Berges von Plastikmüll von einem deutschen Touristen darauf hingewiesen, dass dies nicht gut für die Umwelt sei.

Der Indonesier antwortet laut lachend: »Don't worry! It's just clouds!«

die ärmsten der armen

– *Freiburg. Am Hauptbahnhof.*

Zwei junge Typen gehen an einem Obdachlosen vorbei.

Obdachloser: »Hey, habt ihr mal ein bisschen Kleingeld?«
Typ #1: »Nee, leider nicht.«
Obdachloser: »Seid ihr etwa Studenten?«
Typ #2: »Jo.«
Obdachloser: »Arme Schweine!«

lizenz zum rasen: wildpferd im darm

– *München. Leonrodplatz.*

Ein junger Fußgänger überquert einen Zebrastreifen und

wird dabei fast von einer noblen Limousine überfahren, die gerade noch bremsen kann. Geschockt geht er um das Auto herum und brüllt den Fahrer an.

Fußgänger: »Sie Vollidiot! Das ist ein Zebrastreifen!«
Autofahrer brüllt aus dem Fenster: »Zebra hab ich im Arsch!«

dr. hanf gibt rat

– Nürburgring.

Rock am Ring 2007. Unsere Gruppe hat nach langer Suche etwas zu rauchen gefunden und sitzt nun entspannt unterm Pavillon.

#1: »Macht Kiffen eigentlich auch passiv breit?«
#2: »Beides.«

deutschland sucht die superlocke

– Frankfurt am Main. Hauptbahnhof.

Wolkenkratzer-Festival, 12. Mai 2007. Ich nehme den letzten Zug in meine Richtung und steige in den vordersten Doppelstockwagen ein. Mir bleibt nur ein Sitzplatz im unteren Abteil, welches bereits von einem knappen Dutzend gut angetrunkener junger Männer besetzt ist, die mit reichlich »Äppelwoi« ausgiebig weiterfeiern. Kurz nach der Abfahrt macht der Schaffner die übliche Durchsage:

»Sehr geehrte Fahrgäste, willkommen an Bord des ...«

Ihm ist seine Lustlosigkeit und Müdigkeit sowohl anzuhören als auch anzusehen. Am liebsten hätte er sich wohl hinter seinen langen lockigen Haaren versteckt. Nach der Durchsage macht er sich auf seinen Weg in den nächsten Wagen und vergisst, die Schiebetür der Schaffnerkabine richtig zuzuziehen. Im gleichen Moment sehe ich bereits das hämische Grinsen zweier Betrunkener vor mir.

Wenige Augenblicke später – ein kurzes Knacken in den Zuglautsprechern.

Jungs (über Lautsprecher): »(leise) eins, zwo, drei ... (laut grölend) SCHAFFNER! DU HAST DIE HAARE SCHÖN, DU HAST DIE HAARE SCHÖN, DU HAST, DU HAST, DU HAST DIE HAARE SCHÖN!!!«

Unter tosendem Gelächter des gesamten Zuges stimmen die Jungs ihren Refrain noch zwei weitere Male an, bis der heranstürmende Schaffner mit hochrotem Kopf seine Kabine wieder zurückerobern kann.

eine schlimme erfahrung – aber für wen?

– Leverkusen. In einem Krankenhaus.

In einem Dreibettzimmer. Eine ältere, etwas verwirrte Dame benötigt Hilfe beim Toilettengang. Der Zivi wird geschickt. Die Omi ist nach dem Verlassen der Toilette völlig entrüstet:

Omi: »Da schicken die mir einen MANN!«
Bettnachbarin: »Na, machen Sie sich nichts draus, das hat der Junge doch bestimmt schon alles gesehen.«
Zivi (aus dem Hintergrund): »Ja, stimmt, aber noch nicht in so alt.«

einmal feindliche übernahme und ne pommes

– Hannover. Burger King im Hauptbahnhof.

Kunde: »Ich hätte gern einen Burger King.«
Verkäufer: »Das macht dann zwei Millionen Euro, bitte.«
Kunde: »???«
Verkäufer: »Oder möchten Sie einen Big King?«

hartz hoch vier

– Dresden. Im Netto an der Kasse.

Ein Mann und eine Frau reden über soziale Probleme. Sie zu ihm:

»Da war ich die ersten drei Monate extrem arbeitslos – also richtig arbeitslos!«

happy birthday, hurensohn?

– Berlin. In einer Firmen-Kaffeeküche.

Unser türkischer Kollege hat Geburtstag. Ein deutscher und ein polnischer Kollege wollen ihm eine Freude machen, suchen sich den Satz »Herzlichen Glückwunsch zum Geburtstag« auf Türkisch aus dem Internet heraus und schreiben ihn auf einen Zettel. Mit diesem betreten sie die Kaffeeküche, in der sich bereits fünf andere Kollegen versammelt haben, und beginnen leicht stammelnd:

»Dogum günün kutlu ...«

Unser türkischer Kollege stutzt, setzt eine finstere Miene auf, greift nach dem Kuchenmesser und ruft drohend:

»WAS macht meine Mama?«

Daraufhin rennt der polnische Kollege mit Panik in den Augen aus der Küche.

hals- und blechbruch

— Aachen. Universität.

Zwei Frauen verabschieden sich vor der Uni. Die eine zur anderen:

»Tschüss, und komm gut aus der Parklücke.«

haute cuisine in der kantin'

— Bottrop. Filmpark Movie World.

In der Mittagspause in unserer Mitarbeiterkantine. Zum Schnitzel stehen zwei Soßen zur Auswahl.

Ich: »Was für eine Soße ist denn die helle da?«
Koch: »Keine Ahnung, die war schon da, als ich kam.«

höhenrausch der anderen art

— Biebesheim.

Ein großer Mann (ca. zwei Meter) läuft an einer Mutter

mit Kind vorbei. Das Kind sieht den großen Mann mit ebenso großen Augen an.

Kind: »Wie bist du so groß geworden?«
Mann: »Drogen, mein Kind, Drogen.«

i'm on a highway to detmold

– Bielefeld. Vor dem Bahnhof.

Ein gelangweilter junger Typ im Anzug wartet, auf der Bordsteinkante stehend, auf den Bus.

Plötzlich schießt ein himmelblauer Porsche Targa heran und hält mit quietschenden Reifen vor dem jungen Mann. Ein auf Playboy getrimmter Opa lehnt sich locker, mit dem Ellbogen auf der Tür, aus dem Fenster, schaut zu dem jungen Mann herauf und plärrt heraus:

»ICH WILL NACH DETMOLD!!!«

Junger Mann (ohne zu zögern): »DANN FAHR DOCH, DU SACK!!!«

schlag unter die kathetergrenze

– Mettmann.

Anlässlich des 93. Geburtstages meines Opas kommen

auch ein paar Nachbarn in seine Wohnung, um zu gratulieren.

Nachbarin (sechzig): »Jetzt sind Sie ja schon 93. Mit viel Glück erleben wir ja noch Ihren hundertsten Geburtstag!«
Opa: »Ja, vielleicht. Mit sehr viel Glück erlebst auch du den noch.«

in der bank beschissen

– Schiaden. In einer Sparkasse.

Eine Mutter ist mit ihrem Sohn (ca. zwei) in der örtlichen Sparkasse. Die Mutter nimmt das Geld entgegen.

Junge: »Uups!«
Mutter: »Hast du in die Hose gemacht?«
Junge: »Ja!«
Mutter: »Groß oder klein?«
Junge: »Nicht klein ...«
Mutter: »Können wir kurz die Toilette benutzen?«
Sparkassenmitarbeiter: »Ist das denn noch nötig?«

reden ist silber, schweigen ist sicher

– Berlin. In einer S-Bahn.

Eine Interviewerin von der Bahn geht im Waggon umher und erkundigt sich bei Leuten nach den Strecken, die sie befahren, etc. Als sie einen Mann fragt, ob sie eine kurze Umfrage machen kann, sagt der:

»Nee, nee, ick hab gestern bei 'ner Umfrage von meiner Telefongesellschaft mitjemacht, und heute is meine Leitung tot. Wenn ick jetzt bei Ihnen die Umfrage mitmache, is morgen meine Monatskarte weg.«

kontaminiert mit dummheit – vermeiden sie jeglichen hautkontakt!

– Dortmund. In einem Supermarkt.

In der Schlange an der Kasse.

Kunde #1: »Können Sie mir mal bitte die *Bild*-Zeitung rüberreichen?«
Kunde #2: »Nee, tut mir leid, die fass ich nicht an!«

seine letzten worte waren …

– Bad Hersfeld. Berufsschule Obersberg.

Erster Unterrichtstag in der FOS-Klasse. Die neue Deutsch-lehrerin kommt herein und wünscht allen einen guten Morgen. Ein Schüler kippelt mit seinem Stuhl.

Lehrerin: »Wissen Sie eigentlich, dass jährlich zwischen drei und fünf Schüler sterben, weil sie vom Stuhl fallen und sich das Genick brechen?«
Schüler: »Keine Sorge, mein Gemächt zieht mich nach vorne. Ich kann gar nicht nach hinten fallen!«

lauf, solange du kannst!

– Augsburg. In der Regionalbahn.

Ein extrem lautes Kind, dem die Mutter schon etliche Male gesagt hat, es solle sich hinsetzen, rennt grölend durch den Zug. Schließlich bleibt es bei einem Typ ste-hen, dessen gegenüberliegende Sitzbank nach oben und unten geklappt werden kann. Das Kind setzt an, die Bank nach unten zu klappen. Der Typ nimmt seinen Blick vom Fenster, schaut das Kind mit versteinerter Miene an und sagt:

»Geh zu deiner Mutter, wenn du leben willst!«

mein name ist milkahase

– München. In der U6.

Meine Freundin und ich lernen in der U-Bahn einen Schwarzen kennen. Im Zuge unseres Small Talks fragen wir ihn, wo er herkommt. Damit meinen wir eigentlich, aus welchem Teil von München. Seine Antwort:

»Aus der Schokoladenfabrik.«

mission impossible in königsblau

– Düsseldorf.

Zwei Typen in BVB-Trikots laufen auf der einen Straßenseite, ein anderer Typ in Schalke-Dress rollt in seinem Rollstuhl (beide Beine amputiert) auf der gegenüberliegenden Straßenseite.

Rollstuhlfahrer (offensichtlich etwas angetrunken): »Scheiß-BVB, Scheiß-BVB!«
Dortmund-Fans (grölend): »Steh auf, wenn du Schalker bist, steh auf, wenn du Schalker bist!«

knietief in der geschichte

— Heidelberg. In einer Schule.

Während des Geschichtsunterrichts.

Lehrer: »Wie sah eine Stadt vor 400 Jahren aus?«
Schüler: »Kacke auf den Straßen!«

friedhof der konsolenspiele

— Hannover. In einem Saturn-Markt.

Ein offensichtlich etwas schüchterner Junge (ca. zehn) irrt einige Zeit durch den Elektromarkt. Endlich kann er sich dazu durchringen, einem Verkäufer die lang überlegte Frage zu stellen.

Junge: »Äh ... wann bekommen Sie denn wieder Game-Cube-Spiele?«
Der Verkäufer schaut ihn böse von oben an und meint trocken:
»GameCube ist tot!«

Der Junge verlässt verstört den Laden ...

na, beule vom bullen?

– Neuhausen ob Eck. Southside Festival.

Ein junger Typ im roten Cabrio wird bei einer Polizeikontrolle rausgewunken.

Polizist: »Na, Porsche von Papi?!«
Cabrio-Typ: »Na, Passat vom Staat?!«

trotz vieler mäuse nur karnickel

– Hannover. Im Marktkauf in der Langenhagener Straße.

Vor mir an der Kasse steht eine Mutter mit einer quengelnden Vierjährigen, die der armen Mutter permanent Löcher in den Bauch fragt. Vor den beiden steht eine ältere Dame, die einen Mantel mit großem Pelzkragen trägt.

Tochter: »Was hat die Frau da am Hals?«
Mutter: »Das ist ein Pelzkragen.«
Tochter: »Pelz? So wie das Fell bei Mäusen?«
Mutter: »Ja.«
Tochter: »Iiiih! Die hat Mäuse um den Hals!«

Die Dame dreht sich um und schaut pikiert auf das quietschende Mädchen herab.

Mutter: »Nein, Kleines, das sind keine Mäuse.«

Die Dame wendet sich leicht verärgert wieder ab.

Mutter: »Das sieht eher wie billiges Kaninchenimitat aus.«

pihsah hautnah

— *Esslingen am Neckar. Im Service-Center einer Bank, Überweisungshotline.*

Agent: »Wer ist der Empfänger des Geldes?«
Kunde: »Busch.«
Agent: »Busch wie Strauch?«
Kunde (entrüstet und anschließend buchstabierend): »Nein, wie der amerikanische Präsident! B-U-S-C-H!«

pimp your ego – schon ab 25 cent!

— *Bad Kreuznach. In der Fußgängerzone.*

Eine leicht angegammelte Frau sieht einen jungen Mann, geht auf ihn zu und sagt:

»Sorry, du siehst gut aus.«

(Pause)

»Hast du mal 25 Cent?«

wer braucht schon diese scheiß-vitamine

– Riedstadt. In einer Apotheke.

Eine Mutter mit ihrer Tochter (ca. 13) steht am Tresen. Sie bittet den Apotheker um ein Vitamin-B_{12}-Präparat, da ihre Tochter Vegetarierin sei, Vitamin B_{12} aber vorwiegend über die fleischliche Nahrung dem Körper zugeführt werde und sie daher einen Mangel bei ihrem Kind befürchte. Daraufhin entsteht folgender Dialog:

Teenager: »Aber ich esse doch immer die Cini-Minis, da steht doch drauf, dass Vitamin B_{12} drin ist!«
Apotheker: »Das ist ein Getreideprodukt, richtig? Weißt du, warum da Vitamin B_{12} drin ist? Wie das da reinkommt?«
Teenager: »Nein.«
Apotheker: »Das Vitamin B_{12} kommt da über das Getreide rein.«
Teenager: »Aha.«
Apotheker: »Und weißt du, wie das Vitamin B_{12} ins Getreide kommt?«
Teenager: »Nein.«
Apotheker: »Über den Dung.«

Er erntet einen verständnislosen Blick und setzt in leicht genervtem Tonfall nach:

»Weil der Bauer die Schweinekacke übers Feld versprüht!!«

schön ist, wer sich schön fühlt

– Köln. Auf der Domtreppe.

Nach dem Einkaufen in der Kölner Innenstadt lasse ich mich unweit einer Gruppe stark gepiercter Emo-Mädels auf der Domtreppe nieder. Kurz darauf taucht eine Frau mit ihrer Tochter auf, die etwa das gleiche Alter wie die Mädchen hat. Voller Überzeugung tönt die Frau ihrer Tochter für alle hörbar entgegen:

»Also Herzchen ... DAS ist ja auch eine Methode, sich die Männer vom Hals zu halten!«

vielleicht sollte er seine freunde wechseln

– Ulm. In einem Bus.

Zwei Freunde unterhalten sich über andere Jungs aus ihrer Schule.

#1: »Ey Mann, diese dummen Neger verticken Drogen und machen sich von dem Geld alle Weiber klar!«
#2: »Ist dir eigentlich schon mal aufgefallen, dass ich auch schwarz bin?«
#1: »Ja siehste, ich hab recht.«

sie will doch nur spielen

– Köln. Im McDonald's am Rudolfplatz.

Es ist 10.20 Uhr und deswegen gibt es nur die Frühstücks-
angebote. Eine Frau (ca. vierzig) steht an der Kasse und es
kommt zu folgendem Dialog:

Frau: »Ich hätte gern ein Big-Mac-Menü.«
Verkäuferin: »Tut mir leid, aber Hamburger gibt es erst ab
10.30 Uhr.«
Frau: »Wie? Kann ich jetzt keinen Hamburger essen?«
Verkäuferin: »Wie gesagt, leider erst ab halb elf.«
Frau (ungläubig): »Ich krieg jetzt im McDonald's keinen
Big Mac?«
Verkäuferin: »Wenn Sie ein Happy Meal nehmen, können
Sie einen Hamburger bekommen.«
Frau: »Aha. Und was kostet das?«
Verkäuferin: »Das ist zwar teurer ... (Pause) ... aber Sie krie-
gen auch ein Spielzeug dazu!«

synapsen-akten

– München. In einem Büro.

Mitarbeiterin: »Die Telefonnummer hab ich nicht in mei-
nen Unterlagen!«
Chef: »Wo haben Sie denn die Unterlagen?«
Mitarbeiterin: »Im Kopf.«

spielstand 0:2

– Dortmund. In einer Wohngemeinschaft.

Zwei Mitbewohner in ihrer Wohnung, aber in verschiedenen Räumen.

#1 (schreit): »Hey, was machst du?«
#2 (schreit zurück): »Fernsehen!«
#1: »Was kommt denn?«
#2: »Deutschland gegen Russland!«
 # 1: »Welche Sportart?«
#2: »Krieg!«

skandal um rosie

– Hamburg. In einem Zug.

Vier äußerst betrunkene junge Männer steigen samt Bier am Hamburger Hauptbahnhof ein. Sie hatten offenbar ein sehr berauschendes Erlebnis mit einer gewissen Rosie. Lautstark unterhalten sie das gesamte Abteil und erzählen ausschweifend von der wunderbaren Rosie. Jede vorbeigehende Frau wird mit ihr verglichen und anschließend beschimpft. Das ganze Abteil ist bereits kurz vorm Nervenzusammenbruch, als dieser Dialog zwischen einem nüchternen Fahrgast und den Betrunkenen entsteht.

Betrunkener #1 (lallend): »Und, woher kommen Sie?«
Fahrgast: »Aus Hamburg.«

Der Fahrgast redet ganz ernst mit den Betrunkenen. Man merkt aber, dass er sie kein bisschen für voll nimmt.

Betrunkener #2 (begeistert): »Na, dann kennense doch auch die Reeperbahn?«
Fahrgast: »Na klar!«
Betrunkener #3: »Dann kennense doch bestimmt auch die Rosie!«
Fahrgast: »So eine große Blonde?« (Die Betrunkenen hatten Rosie vorher im Detail beschrieben.)

Die angetrunkenen Rosie-Fans sind nun völlig aus dem Häuschen, können diese Schicksalsfügung offenbar nicht verstehen.

Betrunkener #1 (grölend): »Er kennt sie auch, er kennt sie auch, das gibt's nicht!!!«
Betrunkener #3 (voller Begeisterung): »Die Rosie, die weiß, was Männer wollen, ne?«
Fahrgast (völlig ernst): »Selbstverständlich, sie war ja früher selbst mal einer.«
Betrunkener #1 (völlig humorresistent): »Nee, oder?«

Die vier sehen nun stark geschockt aus und verhalten sich für den Rest der Fahrt auffällig still, das Thema Rosie meidend.

stop that train, i'm leaving ...

– Hannover. Hauptbahnhof.

Ich stehe am Bahngleis und warte. In meiner Nähe steht ein Bahnangestellter, der den ausfahrbereiten ICE beobachtet. Gerade als der ICE die Türen schließt und der Zug anfährt, kommt ein gut gekleideter Herr angehetzt. Er ruft dem Bahnangestellten zu, er müsse den Zug unbedingt bekommen und er solle diesen anhalten.

Bahnangestellter (trocken und leise): »Stopp, Stopp.«

Dann zum Herren: »Ich hab's versucht, es hat nicht geklappt.«

umstellung auf studentenzeit

– Burgdorf.

Um die Mittagszeit, gegen eins, im Radio.

Moderator: »Einen schönen guten Tag, liebe Zuhörer. Guten Morgen, liebe Studenten.«

teilzeit-handicap

– Gundelfingen. Aldi-Parkplatz in der Industriestraße.

Ein Mittelklassewagen braust heran und stellt sich zielgenau auf den Behindertenparkplatz in bequemer Reichweite zum Eingang. Eine jüngere Frau steigt aus und trippelt auf Stöckelschuhen Richtung Eingang.

Kunde: »Sie, das ist ein Behindertenparkplatz, auf den Sie sich da gestellt haben!«
Frau (schnippisch): »Was geht SIE das denn an? Und außerdem ... bin ich behindert.«
Kunde: »Ja, die meinen aber KÖRPER-behindert!«

ey, der hat angefangen!

– Bremerhaven. In einer Schule.

Der Theaterkurs sitzt im Proberaum. Der Lehrer zeigt einer Schülerin, wie sie eine Szene, in der sie durch die Tür reinkommt und jemanden beschimpft, zu spielen hat. Der Lehrer brüllt nach draußen:

»Verpiss dich doch, du Arschloch!«

Von draußen hört man einen Jungen zurückbrüllen:

»Dann komm doch her!!!«

antifan der ersten stunde

– Bochum. Festival Bochum Total, Ringbühne.

Wir hatten uns fürchterlich abgehetzt und stehen nun im Regen vor der Ringbühne, um uns die Band *Rotersand* live anzusehen. Offensichtlich hat der Sänger gute Laune. Es kommt zu folgendem Dialog zwischen ihm und dem Publikum.

Sänger: »Im September 2002, da hat alles angefangen! Und in welcher Stadt war das?«
Publikum: »Bochum!«
Sänger: »Richtig, Bochum. Und in welchem Club?«
Publikum (einstimmig): »Matrix!«
Sänger: »Richtig, Zwischenfall. War einer von euch da?«

In diesem Moment winkt ein ca. zwei Meter großer Mann hinter uns. Wir stehen recht weit vorne, trotzdem sieht der Sänger ihn nicht.

Mann: »Ich! Ich war da! Und ich fand euch scheiße!«

Immer noch keine Reaktion. Der Mann noch einmal leiser und resignierend in die Runde:

»Verdammt, ich fand die wirklich scheiße.«

diese stimmung in den keller getrieben

– Unna. In einer Buchhandlung.

Ein älterer Herr fragt eine Verkäuferin: »Wo haben Sie denn
Lexika?«
Verkäuferin: »Die bekommen Sie unten im Keller.«
Älterer Herr (nickt): »Aha, DA sitzen hier die klugen Leute.«
Verkäuferin: »Ja, und DA wird auch gelacht.«

verkäufer war schon immer sein traumberuf

– München. In einem großen Kaufhaus.

Ein Kunde fragt einen Verkäufer nach einem bestimmten
Artikel.

Verkäufer: »Was immer Sie suchen, wir haben es nicht!«

verliebt in berliner

– Berlin. HIT-Markt Ullrich.

In der Backabteilung.

Kunde: »Ich hätte gerne zwei Berliner.«
Verkäuferin: »Hätt ick och jerne.«

voller fahrer, leere drohung

– Frankreich. Atlantikküste.

Abschlussfahrt der 13. Klassen, spätabends in einer Bungalow-
siedlung am Meer. Es sind ausschließlich Abiturienten zu Gast
in der Anlage. Es wird viel und laut gefeiert. Plötzlich steht der
Deutsch sprechende Besitzer der Anlage auf der Matte und ist
stocksauer. Er baut sich bedrohlich vor der feiernden Meute auf
und fängt lautstark an, die Leute anzubrüllen:

»Wenn hier nicht augenblicklich Ruhe einkehrt, fährt die gesamte Bande noch heute Nacht nach Hause! Verstanden?«

Von einem der Picknicktische meldet sich der völlig betrunkene Fahrer des Busunternehmens aus Deutschland zu Wort:

»Also ich fahr heut sicher nirgendwo mehr hin.«

geiz ist geil

– Düsseldorf. In einem Saturn-Markt.

Eine Kundin in der Abteilung für Unterhaltungselektronik
versucht zu handeln und sucht dazu einen Verkäufer auf.

Kundin: »Lässt sich da preislich noch etwas machen?«
Verkäufer: »Nach oben hin schon.«

wahrheit oder wodka?!

– Wehldorf. Meyers Tanzpalast.

Zwei Mädchen stehen vor dem Spiegel auf der Damentoilette und betrachten sich kritisch im Spiegel.

#1: »Boah! Seh ich scheiße aus!«
#2: »Stimmt doch gar nicht!«
#1: »Doch!«
#2: »Du willst doch nur hören, dass du gut aussiehst!« Es entsteht eine Pause, in der die zwei sich einfach nur anschauen.

#1: »Ach egal, gehn wir noch einen saufen!«

warum ist papa bloß kein bayern-fan?

– Erlangen. Vor dem E-Werk.

Nach der Liveübertragung des Bundesligaspiels Wolfsburg – Nürnberg. Der ›Club‹ hat 1:3 verloren, die Stimmung ist dementsprechend schlecht. Ein etwa vierzigjähriger Mann setzt sich auf sein Fahrrad und verabschiedet sich von seinen Kumpels:

»So a Scheißspiel! Ich geh jetzt ham und schlag mein Sohn. Also, Servus!«

was kann denn die familie dafür?

– Freiburg. In der Fußgängerzone.

Ein junger Mann verteilt Prospekte von Amnesty International.

Junger Mann (zu einem Passanten): »Hätten Sie kurz mal Zeit für Menschenrechte?«
Passant: »Nee, ich pfeif auf den ganzen Menschenrechtekram.«
Junger Mann: »Dann warten Sie mal ab, bis Ihre ganze Familie von einem Diktator abgeschlachtet wird. Schönen Tag noch!«

gepfefferter konter

– Berlin-Spandau. Auf dem Weihnachtsmarkt.

An einer Wurstbude stehen Schilder, die Verschiedenes anpreisen. Unter anderem auch: ›Bratwurst 2,– lecker!‹ und ›Thüringer 2,50 riesig!‹

Kunde: »Bei der Thüringer steht ja nur ›riesig‹, gibt's die auch in ›lecker‹?«
Wurstmann: »Nee, die gibt's nur in ›würzig‹.«

wenn das hirn zu oft begattet wird

– Castrop. In einem Bus.

Drei Checker (ca. 16) steigen in den Bus ein. Der eine setzt sich gegen die Fahrtrichtung hin. Nach ein paar Minuten steht er auf und setzt sich auf den Sitz gegenüber – jetzt in Fahrtrichtung – mit dem Kommentar:

»Boooah, Rückwärtsfahren fickt krass meinen Kopp!«

wer braucht heut noch akademiker?!

– Berlin. Bahnhof Alexanderplatz.

Eine Frau verteilt Broschüren eines deutschen Industrieunternehmens, die sie scheinbar unbedingt so schnell wie möglich loswerden will. Daher ist sie sehr penetrant. An ihr geht ein junger Mann vorbei.

Frau: »Hey, das ist was für dich.«
Junger Mann: »Nein danke.«
Frau: »Aber da kannst du eine Ausbildung machen.«
Junger Mann: »Kein Interesse.«
Frau (wedelt mit den Industriebroschüren): »Doch, das ist super, das ist deine Zukunft.«
Junger Mann (geht weiter): »Tut mir leid, ich bin Student, ich hab schon eine Zukunft.«

Die Frau schreit ihm verzweifelt und beleidigt hinterher:

»Nein, du hast keine Zukunft!«

alles wurde besser, nachdem sie *schnorren für profis* gelesen hatte

– Berlin. U-Bahnhof Wedding.

Eine Frau mit Hund kommt uns am Bahnhof entgegen und fragt:

»Haben Sie vielleicht ...«

(Pause)

» ... noch 'ne Waschmaschine im Keller stehen, die Sie nicht mehr brauchen?«

service light

– Osnabrück. Hauptbahnhof.

Ein Kunde will sich am Bahnschalter beraten lassen. Der Bahnangestellte wirkt unmotiviert und unhöflich.

Kunde: »Kann ich da auch über Münster fahren?«
Schaltermann: »Nö.«

Kunde: »Aber da gilt das NRW-Ticket?«
Schaltermann: »Nö.«
Kunde: »Nicht sehr kundenfreundlich ...«
Schaltermann: »Mit Kundenfreundlichkeit hat das gar nichts zu tun!«
Kunde: »Stimmt!«

willste malle, musste trinken

– Frankfurt. Am Flughafen.

An der Sicherheitskontrolle steht eine junge Frau mit Kinderwagen vor uns. In der Ablage des Wagens befindet sich ein großer Getränkebecher von McDonald's. Der Sicherheitsbeamte erklärt:

»Mit dem Kinderwagen können Sie hier nicht lang. Schauen Sie mal da links, da haben wir einen Extradurchgang. Aber die Cola müssen Sie vorher noch austrinken. Die dürfen Sie nicht mitnehmen.«

Die junge Frau sagt nix und guckt nur ziemlich verständnislos aus der Wäsche.

Der Sicherheitsbeamte mustert sie und fragt: »Wohin geht's denn? Nach Mallorca?«
Sie: »Lanzarote ... muss ich dann auch austrinken?«

wuffi und der wunde punkt

– Jülich. Bei einem Tierarzt.

Ich sitze im Wartezimmer und warte, dass ich drankomme. Die stark übergewichtige Tierarzthelferin kommt ins Zimmer und ruft einen Mann auf. Auf dem Weg ins Behandlungzimmer kommt es zu folgendem Dialog.

Helferin: »Ihr Hund neigt aber zu starkem Übergewicht!«
Mann: »Ist es unverschämt, wenn ich sage, Sie auch?«

Technik und andere Probleme –

„Hilfe, ich habe das Internet zerstört!"

Sie besitzen ein eigenes Handy? Sie haben Internetanschluss? Ihr neuer Fernseher ist so richtig flat? Ja?! – Welcome to the jungle! Doch Vorsicht: Im Technikwald hat man sich schnell verirrt. Denn wer kann schon sicher sagen, ob sich der neue LSD-Anschluss wirklich lohnt oder der Fluxkompensator die klügere Wahl ist? Und wie viel pH-Wert darf denn nun eigentlich drin sein, in der ganzen dialogen Revolution? Fragen Sie nicht – es könnte Sie jemand hören! Erklären Sie sich doch einfach Ihre Welt einmal selbst. So machen es zumindest die meisten Ihrer werten Mitbürger. Und solange Sie dabei nicht das Internet zerstören, ist doch alles im roten, ähhh grünen Bereich.

zu weit aus dem windows gelehnt

– Berlin. In einem Fotogeschäft.

Ein Kunde kommt total verwirrt und aufgelöst in einen
Fotoladen und schreit:

»HILFE, ICH HABE DAS INTERNET ZERSTÖRT!«

high oder highspeed – die erste

– Würzburg. In der Straßenbahn.

Gespräch zwischen Schülerinnen (ca. 17). Es geht um das
Thema Drogen und Suchtgefahr.

#1: »Ich hab bis jetzt nur mal gekifft, aber der Bringer war
des auch net.«
#2: »Also ich ja auch, aber mein Ex, der hat ja sogar DSL
genommen!!«

high oder highspeed – die zweite

– Lüdenscheid. In einem T-Punkt.

Ein älteres Ehepaar kommt in den Laden und möchte ein
neues Funktelefon kaufen.

Frau: »Wir suchen ein einfaches Funktelefon, mit dem man nur telefonieren kann. ISDN und LSD haben wir schon.«

erst gammelfleisch und jetzt das!

– *Köln-Kalk. In einem Supermarkt.*

Junge Frau: »Iiiih! Das kauf ich nicht! Da ist pH-Wert drin!«

hurra, hurra, die schule brennt

– *Hamburg. In einer Schule.*

Während des Unterrichts. Die Feuersirene heult laut auf. Von der Lehrerin keine Reaktion.

Schüler: »Sollten wir nicht runtergehen, vielleicht brennt es?«
Lehrerin: »Nein, das ist nur ein Probealarm.«
Schüler: »Und wann weiß man, wann richtiges Feuer ist?«
Lehrerin: »Das kündigen die eigentlich immer vorher an.«

er vergaß wurstwasser, fahrradschlauch und mundgeruch

– *Berlin. In der Straßenbahn.*

Drei Jungen unterhalten sich und kommen auf das Thema Elemente:

#1: »Wie viele Elemente gibt es eigentlich?«
#2 (blickt zu #3, dem Ältesten, auf): »Sechs, oder?«
#3: »Nee, es gibt zwölf!«
#2: »Ja, genau. Stimmt! Zwölf waren da!«
#1: »Und was für welche waren das?«
#2: »Na Wasser, Feuer, Liebe, Erde ...«
#3: » ... und dann noch Kraft ... und die vierte Dimension!«
#1: »Echt?!? Wusst ich nicht!«
#3 (gönnerhaft): »Naja, das lernt ihr auch noch in Physik!«

zurück in die beziehungskrise

– *Leipzig. Im Conrad-Elektronik in der Markranstädter-straße.*

Eine junge Kundin steht an der Information.

Kundin: »Ich suche einen Fluxkompensator. Haben Sie den hier?«
Verkäufer: »Nee, nicht dass ich wüsste. Was ist denn das?«
Kundin: »Keine Ahnung, mein Freund möchte den haben.«

Verkäufer: »Ich sehe mal im Computer nach ...«
Sie: »Er wird auf jeden Fall mit ›X‹ geschrieben und soll wohl so ungefähr dreißig Euro kosten, sagt mein Freund.«

Es kommen schließlich noch drei weitere Verkäufer hinzu und überlegen, wo man einen Fluxkompensator für dreißig Euro denn erwerben könnte. Sie beharrt darauf, dass ihr Freund unbedingt und ganz schnell einen Fluxkompensator braucht. Ein weiterer Kunde löst es dann auf und sie läuft mit hochrotem Gesicht aus dem Laden.

die dialoge revolution

– Bad Endorf. Bei einem Zahnarzt.

Im Wartezimmer tauschen sich zwei Frauen (ca. fünfzig) über ihre neuesten technischen Errungenschaften aus.

#1: »Ich habe zum Geburtstag ein Handy bekommen, obwohl ich eigentlich gar keins brauche.«
#2: »Und wir haben jetzt unser Telefon umgestellt. Von analog auf dialog.«

hilfe, ich habe frucht im saft!

– Berlin. Vor dem Kühlregal in einem Aldi.

Zwei Frauen unterhalten sich.

#1: »Oh! Die haben hier auch O-Saft im Kühlregal!«

Sie nimmt sich einen roten und einen orangefarbenen Saft und schaut sich den Direktsaft an.

#1: »Welcher schmeckt besser, der normale oder der mit Blutorange?«
#2: »Ich würde keinen von beiden nehmen, die sind nicht gut.«
1: »Wieso? Hier steht laut Stiftung Warentest ›Gut‹?«
#2: »Ich habe mir mal einen geholt. Als ich ihn zu Hause eingegossen habe, flockte der schon aus. Ich musste den ganzen Saft wegkippen.«

einen vom pferd erzählt

– Autobahn A9. Auf einem Rastplatz.

Ein junges dynamisches Pärchen ist gerade aus seinem schnellen Auto ausgestiegen.

Sie: »Was bedeutet eigentlich PS?«
Er: »Pferdestärke.«
Sie: »Hihi! Verarschen kann ich mich selber!«

e-mail und die detektivinnen

– Ibbenbüren.

Ich belausche in der Küche ein Gespräch zwischen meiner 55-jährigen Mutter und ihrer gleichaltrigen Freundin. Offensichtlich unterhalten sie sich über die neusten Trends im Bereich der Kommunikationsbranche.

Mutter: »Sag mal, wie funktioniert das eigentlich mit diesen Emils?«
Freundin: »Keine Ahnung, ich hab doch auch noch kein Handy.«

erna, steck den stecker rein ... wir machen strom!

– Bautzen. Im Baumarkt B1.

Kundin: »Haben Sie ein Notstromaggregat?«
Verkäufer: »Na klar. In welcher Preisklasse soll es denn sein?«
Kundin: »Das ist egal ... Und funktioniert das auch noch, wenn der Strom ausfällt?«

ein echtes nachtschattengewächs

– *Dortmund. In einer Bäckerei.*

Kunde: »Ein Kartoffelbrot bitte.«
Verkäuferin: »Macht zwei fünfzig bitte.«
Kunde: »Das ist wahrscheinlich mit Kartoffeln, oder?«
Verkäuferin: »Äh, weiß nicht, hab echt keine Ahnung, noch nie drüber nachgedacht.«
Kunde: »Im Quarkbrot ist ja auch Quark.«
Verkäuferin: »Wie gesagt, weiß nicht, das ist neu, keine Ahnung, was da drin ist. Das mussten sie ja irgendwie nennen und dann haben sie es eben Kartoffelbrot genannt. Es gibt ja auch Joggingbrot und so. Das Kind brauchte halt einen Namen!«
Kunde: »Äh ...«

flügelwechsel über den wolken?

– *Leverkusen. Willy-Brandt-Ring, auf Höhe des Sportflugplatzes.*

Während einer Fahrstunde erblickt der Fahrlehrer ein Segelflugzeug, welches von einer anderen Maschine durch die Luft gezogen wird.

Fahrlehrer: »Guck mal, das hintere Flugzeug hatte wohl eine Panne und wird jetzt wieder zum Flugplatz geschleppt.«

Fahrschülerin schweigt. Dreißig Minuten vergehen.

Fahrschülerin: »Man kann doch gar nicht mit einem Flugzeug in der Luft liegen bleiben!«
Fahrlehrer: »Du hast jetzt nicht wirklich dreißig Minuten darüber nachgedacht, oder?«

vielleicht meinte er belauscht.de

– Erlangen. Universität.

Zwei Studenten unterhalten sich.

Student #1: »Ich hab da eine tolle Internetseite gefunden, zu genau diesem Thema. Die musst du dir unbedingt mal anschaun. Die Adresse ist: www ... den Rest hab ich vergessen!«

gewählt verwählt

– Gönningen.

Meine Schwiegermutter (ca. siebzig) hat gerade ihr erstes Handy bekommen. Es klingelt, sie geht ans Handy. Sehr kurzes Gespräch, dann legt sie auf. Alle schauen sie erwartungsvoll an.

Schwiegermutter: »Da hat sich wer verwählt.«

(Pause)

»Woher hat der meine Nummer?«

handy ohne mutterschutz

– Mainz. In der Straßenbahn.

Zwei Jungs (ca. zwölf) diskutieren morgens in der gut gefüllten Straßenbahn lautstark, wer von ihnen denn das bessere Handy hat.

#1: »Ey, mein Handy ist viel besser, das hat T9!«
#2: »Ach, dein Handy is voll scheiße! Wie lang hast du des? Zwei Monate und schon kaputt. Voll das Billigteil!«
#1 (lautstark verteidigend): »Ey, du Spast! Dein Handy wär auch kaputtgegangen, wenn deine Mutter es voll gegen die Wand geworfen hätt.«

isch drück disch grün und rot, alder!

– Stuttgart. An einer Ampel.

Zwei Jungs (ca. 15) stehen an einer Ampel und warten. Die Ampel bleibt rot, deshalb drückt der eine Junge sehr oft hintereinander auf den Ampelknopf.

#1: »Ey, warum druckscht du so oft da drauf?«
#2: »Ey, isch doch logisch, wenn isch tausendmal druck, denkt die Ampel, da stehn tausend Leute und macht dann schneller grün, Alder!«

unterwegs mit hundert kilometer pro kilometer

– Köln. In einem Café.

Eine Frau versucht, ihrer Freundin eine Wegbeschreibung zu geben.

#1: »Also, du fährst ca. fünfzig Kilometer auf der A3 bis Kreuz Breitscheid und dann auf die A52 Richtung Essen. Nach so etwa zwölf Kilometern kommt dann die Ausfahrt Essen-Rüttenscheid.«
#2: »Ja, aber was ist denn, wenn ich schneller fahre?«

jetzt bin ich platt

– Norderney.

Ein Kumpel bekommt einen Telefonanruf von einer Freundin. Sie erzählt am Telefon irgendwas über den Reifen an ihrem Auto und dass dieser kaputt sei. Sie fragt ihn, ob er kommen könne, um ihr zu helfen.

Er: »Wie kaputt? Ist er platt oder nicht?«
Sie: »Na ja, unten ist er platt, aber oben hat er noch Luft.«

da gingen wohl schon einige kleine flaschen rein

– Külz.

Rosenmontag. Vater und Mutter am Wohnzimmertisch. Stolz öffnet die Mutter die beim Umzug am Nachmittag ergatterte kleine Schnapsflasche. Nach dem ersten Schluck fragt sie:

Mutter: »Oi, wie viel Alkohol hat de dann?«
Vater: »Ei, ich gläb so an die zwanzig Prozent.«
Mutter: »Wie? In de kleen Flasch?«

schlechter rat ist teurer

– Bonn. In einem Karstadt in der Haushaltsgeräteabteilung.

Kunde (zu Verkäuferin): »Das Dampfbügeleisen kostet 49,90, das ohne Dampf nur 29,90. Wann brauche ich denn ein Bügeleisen mit Dampf und was ist da genau der Unterschied?«
Verkäuferin: »Also dampfbügeln, dat is, wenn se damit besser klarkommen.«
Kunde: »Na gut, dann nehm ich das mit Dampf.«

mathe on the rocks

— Düsseldorf. Nachtresidenz.

Zwei Teenies an der Bar.

#1: »Hast du dir mal überlegt, was passiert, wenn man Wodka und irgendwas Whisky-Ähnliches zusammenmixt, das müsste dann ja so um die achtzig Prozent haben!«
#2: »Hmm?«
#1: »Und wenn du dann noch was mit so um die zehn Prozent dazuschüttest, Wein oder so, dann hat man ja über hundert Prozent!«
#2: »Mann, da hast du ja recht! Wie kann das sein?«

wenn die hohlen kohlen holen

— Stuttgart. In der U-Bahn.

Nach Feierabend. Die U-Bahn ist voll. Zwei Jugendliche (ca. 14–17) kommen in die Bahn. Der eine hält einen Kontoauszug in der Hand. Sie quetschen sich jeweils in einen Viersersitz.

#1: »Oah geil, isch hab voll viel Geld! 900 Euro.«
#2: »Geil, kannsch voll viel ausgebe.«

Kurzes Geplänkel über PC-Spiele usw. Dabei wedelt er immer mit seinem Kontoauszug rum. Plötzlich reißt er die Augen auf und greift den anderen am Arm.

#1: »Ey, weisch was? Isch tu mir die ganzen 900 Euro in Fünf-Euro-Scheinen ausm Automat rauslasse. Dann hann isch 'nen ganze Batze Geld. Das wollt isch schon immer.«

#2: »Geil, des machsch, Alder. Unn ich stell misch neben dran und guck zu.«

Beide biegen sich zwei Haltestellen lang vor Lachen. Abrupt hört der andere auf und hebt die Hand:

#2: »Ey, bischt du dumm odder was? So viel Fünf-Euro-Scheine, die passen doch gar net durch den Schlitz durch.«

mach's mit gummihandschuh

— Wuppertal. In einem Kaufhof.

Zwei ältere Damen besteigen die Rolltreppe. Eine der beiden hält sich am Handlauf fest, woraufhin die andere ihr die Hand wegreißt:

»Lisbeth, pack nich am Geländer, sonst kömmse no Huus un häs Aids!«

no country for old men

– München. Am Kleinhesseloher See im Englischen Garten.

Ich stehe am Seeufer und genieße den sonnigen Nachmittag. Neben mir auf einer Bank sitzen zwei ältere Münchner Herrschaften um die siebzig. Ein Typ Ende zwanzig kommt spazierend vorbei. Er telefoniert ziemlich offensichtlich über ein Headset und spricht deshalb scheinbar zu sich selbst. Das Gespräch scheint emotional aufgeladen zu sein (wahrscheinlich ein Streit mit einem Kumpel). Er bleibt vor der Parkbank mit den Alten stehen.

Typ (ins Headset): »ALTER!!! Lass mich doch einfach in Ruhe! Ich hab jetzt echt keinen Bock auf die Scheiße!«

Das Gespräch scheint damit zu Ende zu sein, der Typ geht weiter. Einige Sekunden verstreichen. Plötzlich wendet sich einer der Opas auf der Parkbank an den anderen.

#1: »Ja, wos wollt der denn, der Depp?«
#2: »Loss di do ned von so oam provoziern!«

pfeilschnelles schaltjahr

– Krefeld.

Drei Mädchen in der Fußgängerzone.

#1: »Boah, das Jahr war voll schnell vorbei, ey!«
#2: »Stimmt, ey! Kam mir auch voll schnell vor.«
#3: »Ja, war ja auch 'n Schaltjahr, oder?«
#1 und #2: »Mmh, stimmt, ja ...«

pharmafia

– Mannheim.

Zwei Frauen (Mitte vierzig) bleiben an einem Brezelstand stehen.

#1: »Ich nehme das Schmerzmittel nicht mehr.«
#2: »Wieso?«
#1: »Die machen da so viel Nebenwirkung rein!«

rudimentäre materialkunde

– Hamburg. In einem Bus.

Zwei Ausländer unterhalten sich. Der eine versucht dem anderen zu erklären, was Schnee ist. Er wählt dafür folgenden Erklärungsansatz:

»Is nix Regen, is anderes Material.«

er war noch nie ein verwandlungskünstler

– Radolfzell. Auf einem Sportplatz.

Bei einem Leichtathletik-Wettbewerb. Einer unserer Athleten kommt wütend vom Speerwurf zurück und macht das auch ziemlich deutlich. Wir versuchen, ihn zu motivieren: »Wandel doch deine Wut in Motivation um!«

Er: »Wie soll ich denn bitte Wut in Motivation umwandeln? Ich kann ja noch nicht mal wma in mp3 umwandeln!«

und was, wenn sie ein gkl braucht?

– Karlsruhe. In einem Supermarkt.

An der Obstauslage stehen zwei Mädels (ca. zwanzig) und betrachten die Bananen.

#1: »Was heißt eigentlich ›HKL 1‹ auf dem Schild hier?«
#2: »Halbes Kilo!«

was das wohl ohne T9 gekostet hat?

– Bremen. In der Straßenbahn.

Eine junge Frau (ca. zwanzig) fährt mit ihrer Mutter Richtung Innenstadt. Die Tochter tippt eine SMS, nach ein paar Eingaben sagt die Mutter:

»Kind, mach doch nicht so lang, das wird so teuer!«

tante fettl auf kaltem saugentzug

– Nürnberg. In einer Schlecker-Filiale.

Eine übergewichtige Frau stürzt in den Laden und keift sofort die junge Verkäuferin an der Kasse an.

Kundin: »Staubsaugerbeutel haben Sie nicht, oder?«
Verkäuferin (erschrocken): »Doch, zweite Reihe rechts ... (dann ängstlich und zögerlich) Für welchen Typ Sauger brauchen Sie denn die Beutel?«
Kundin: »Na was meinen Sie denn? Für so einen, den man hinter sich herzieht!«

sie ist halt eine über-fliegerin

– Mönchengladbach. In einer Schule.

Im Mathe-Unterricht der elften Stufe werden Ergebnisse verglichen. Anhand einer Textaufgabe sollte die Strecke (Luftlinie) zwischen Düsseldorf und Dortmund berechnet werden.

Schülerin: »Das wären dann im Ergebnis 1083 Kilometer.«
Lehrer (grinsend): »Das kann aber nicht ganz stimmen, die Strecke bin ich schon mal mit dem Fahrrad gefahren.«
Schülerin: »Schon, aber Sie sind ja nicht Luftlinie gefahren.«

verloren im preisdschungel

– *Dresden. In einem Handygeschäft.*

Kunde (ca. sechzig): »Ich möchte eine CallYa-Karte.«
Verkäufer: »Wie viel Euro möchten Sie denn aufladen?«
Kunde: »Was gibt's denn?«
Verkäufer: »15, 25 oder fünfzig Euro.«
Kunde: »Okay, dann nehm ich zehn Euro.«
Verkäufer: »Nein, das gibt es nicht! 15, 25 oder fünfzig Euro.«
Kunde: »Na okay, ääh, dann nehme ich halt 15 Euro 25.«

hilfe! mein frauenarzt ist ein gynäkologe!

– *Braunschweig. Klinikum Celler Straße.*

Im Vorbeigehen höre ich, wie eine Schwester einer Patientin den Weg erklärt:

»Sie gehen da hin, und da ist dann der Narkosearzt. An der Tür steht zwar Anästhesie, aber eigentlich ist da der Narkosearzt.«

der barmherzige geldautomat

– Berlin. Sparkasse in den Gropius-Passagen.

Zwei Mädels (ca. zwanzig) stehen an jeweils einem Geldauto-maten. Offenbar steht eine längere Shoppingtour bevor.

#1: »Und, wie viel lässt er dich ins Minus?«
#2: »Minus dreihundert ... jetzt krieg ick nix mehr!«
#1: »Komm mal hier an den, da ist wohl noch was drin.«

zu heiß für den forellenbaum

– Kassel. Im Erdkundeunterricht.

Lehrer: »... Pflanzen und Tiere passen sich nämlich dem Klima an.«
Schüler #1: »Auch die Fische?«
Schüler #2: »Ey, Fische sind doch keine Tiere, Mann!«
Schüler #3: »Ja genau, bei dreißig Grad kacken die voll ab!«

dummheit in scheiben

– Leverkusen-Schlebusch. An einer Wursttheke.

Kundin: »Ich hätte gerne hundert Gramm Salami. Aber schneiden Sie es nicht zu dick, dann wird's nicht zu teuer!«

Durchsagen –

„Sofort den kleinen Mann wieder in die Hose stecken!"

Kennen Sie das? Sie sitzen im Zug. Ringsum betretenes Schweigen. Plötzlich ein Knacken über Ihnen: »Achtung, Achtung! Das ist ein Durchsage ... « Stille. Spannung. Fünfzig Ohrenpaare begeben sich in Lauerstellung. Es ist Showtime. Ab jetzt ist alles möglich – wirklich alles. Denn SIE sind längst unter uns: die Könige der Lautsprecher, die Rockstars der Führerkabinen, die heimlichen Meister des Mikrofons. Subversiv und unberechenbar unterwandern sie die Gleichschaltung öffentlicher Akustik. Getarnt als wütende Straßenbahnfahrer, überforderte Möbelhausangestellte oder gut gelaunte Piloten verbreiten sie Lautsprechergeflüster der ganz anderen Art. Ihr Motto: Immer frei Schnauze – bis oder manchmal auch während die letzten Hüllen fallen.

kleiner mann – was nun?

– Hannover. Hauptbahnhof, Gleis 13.

Spätabends im (komplett videoüberwachten) Hauptbahnhof Hannover. Eine aufgebrachte männliche Stimme ertönt durch die Lautsprecher:

»Sofort den kleinen Mann wieder in die Hose stecken! Ich glaub ja, ich lüge! Mann, Mann, Mann!«

berliner u-bahn-schnauze

– Berlin. Westhafen.

Obwohl in der U-Bahn groß angeschrieben ist, dass im ersten Wagen keine Fahrradmitnahme erlaubt ist, steigt ein junger Mann mit Fahrrad dort ein. Alle warten, dass die Bahn abfährt, doch nichts passiert. Schließlich hört man ein lautes Knacken in den Lautsprechern und der Fahrer sagt laut in bestem Berlinerisch:

»Ey, kannste nich lesen? Fahrradmitnahme im ersten Wagen is verboten.«

Der junge Mann schaut etwas verdutzt. Er scheint sich nicht ganz sicher zu sein, ob er gemeint ist.

Wieder der Fahrer: »JA, ICK MEIN DICH!«

Daraufhin steigt der junge Mann mit seinem Fahrrad aus, um in den nächsten Wagen zu wechseln, wo die Mitnahme erlaubt ist. Sobald er draußen ist, schließt der Fahrer schnell die Türen und fährt los. Einen Spruch kann er sich dabei nicht verkneifen:

»Jaja, Studenten. Lange schlafen, dat könnse; aber nich mal lesen!«

mehdorn, wir haben ein problem

– Würzburg.

Der ICE hält kurz vor der Ankunft in Würzburg auf offener Strecke an. Die Fahrgäste sind nervös, Anschlusszüge müssen erwischt werden. Plötzlich die Durchsage:

»Sehr geehrte Damen und Herren, wegen einer Störung im Betriebsablauf fährt unser Zug gleich weiter!«

last exit: smaland

– Köln. Im Ikea.

Dritter Adventssamstag, ein überfüllter Ikea in Köln. Im Erdgeschoss zwischen Badeteppichen, Duschvorhängen und Bettwäsche gibt es fast kein Vor und Zurück mehr. Dann eine Durchsage über Lautsprecher:

»Der kleine Leo möchte aus dem Smaland abgeholt werden, bitte holen Sie den kleinen Leo ab!«

Ein Mann neben mir (ca. dreißig) vor sich hinmurmelnd:

»Ich wünscht, ich wär der kleine Leo.«

der super-nanny-schaffner

– *Radebeul. Im Regionalexpress von Leipzig nach Dresden.*

Halt in Radebeul-Ost. Auf einmal eine Durchsage:

»Sollte die Gruppe, die da gerade in den letzten Waggon eingestiegen ist, einen Betreuer haben: Ihnen würde ich mein Kind nicht anvertrauen!«

hier bahnt sich ärger an

– *Köln. In der Bahn zwischen Flughafen und Hauptbahnhof.*

Die Bahn kam am Flughafen bereits verspätet an und fuhr im Schneckentempo Richtung Köln. Auf der Brücke vor dem Hauptbahnhof dann die Durchsage des Zugführers:

»Sehr geehrte Fahrgäste, wir erreichen jetzt Köln Hauptbahnhof mit einer Verspätung von 15 Minuten. Grund für unsere Verspätung sind die dummen und unsinnigen Entscheidungen unserer Kollegen in der Leitstelle in Duisburg!«

die großen momente gibt's nicht nur beim fußball

– *Saarbrücken. In einem Regionalexpress.*

Nach dem Fußballspiel Saarbrücken – Trier ist der Regionalexpress Richtung Trier maßlos überfüllt. Durchsage:

»Sehr geehrte Fahrgäste, ich möchte Sie herzlich im Regionalexpress nach Trier begrüßen. Für die Gäste, die sich darüber beschwert haben, dass dieser Zug zu klein sei, will ich Folgendes sagen: Seien Sie doch einfach froh, dass überhaupt ein Zug da ist! Die Leute, die so gedrängt vor der Toilette stehen, können sich auch gerne in die erste Klasse setzen. Vielen Dank!«

(Zweiminütige Pause)

»Liebe Gäste, Sie können jetzt damit aufhören, die erste Klasse zu suchen, es gibt nämlich keine! Trotzdem eine angenehme Fahrt allerseits.«

führungslos da führerlos

– *Hamburg. Hauptbahnhof.*

Durchsage im ICE 773 von Kiel nach Stuttgart:

»Wir können nicht weiterfahren. Unser Lokführer wird vermisst.«

der kleine paul, der große fisch und ein traum in schokolade

– *Landau. Auf dem Weihnachtsmarkt.*

Es ist dunkel, kalt und gemütlich. Eine Frauenstimme ertönt durch die Lautsprecher:

»Der kleine Paul möchte bitte beim Schokoladenhaus abgeholt werden! Paul ist ca. vier Jahre alt, trägt eine orangefarbene Jacke und hat ein riesiges Fischbrötchen in der Hand.«

Zwei Minuten später:

»Der kleine Paul möchte IMMER NOCH beim Schokoladenhaus abgeholt werden! Ich würde ihn ja behalten, aber ich habe schon zwei Kinder.«

kleines glück im großen flieger

– Frankfurt-Hahn. Flughafen.

Unser Flugzeug landet. In guter Billigflieger-Manier beginnen einige Leute laut zu klatschen. Der Pilot meldet sich über das Mikrofon:

»Vielen Dank, das kommt bei mir nicht oft vor.«

ich packe meine koffer – ins falsche flugzeug

– Göteborg. Flughafen.

Ich sitze im Flugzeug und warte auf den Abflug nach Zürich. Das Flugzeug wartet in Reihe mit anderen Flugzeugen der gleichen Fluglinie. Plötzlich eine Durchsage des Piloten:

»Unser Abflug wird sich um wenige Minuten verzögern. Wenn Sie nach links aus dem Fenster schauen, sehen Sie das Flugzeug nach Birmingham, das unser Gepäck mit an Bord hat ... Aber wir haben dafür deren Gepäck.«

links, rechts, links – sie haben die wahl!

– Karlsruhe. Hauptbahnhof.

In der S31. Kurz vor dem Hauptbahnhof kommt eine elektronische Durchsage:

»Wir erreichen nun Karlsruhe Hauptbahnhof. Der Ausstieg ist in Fahrtrichtung rechts. Der Ausstieg ist in Fahrtrichtung links. Der Ausstieg ist in Fahrtrichtung rechts. Der Ausstieg ist in Fahrtrichtung links ...«

Nach einer Pause eine menschliche Stimme: »Links geht's raus!«

zur belohnung gibt's ein upgrade

– Berlin. Im Zug.

Wir sitzen im Zug. Nachdem wir am Bahnhof gehalten haben und schon wieder weiterfahren, kommt die Lautsprechermelodie, die normalerweise eingespielt wird, kurz bevor man anhält. Durchsage:

»Wie Sie hören, hat unser Bordrechner auch erkannt, wo wir gerade sind. Wir gratulieren ihm dazu.«

no-go-zone

– Wattenscheid. In einem Regionalexpress.

Ich fahre an einem Samstag mit der Regionalbahn von Duisburg nach Bielefeld. Kurz nach Verlassen des Essener Hauptbahnhofs kündigt der Schaffner per Lautsprecher mit tiefer sonorer Stimme den nächsten Haltepunkt an:

»Nächster Halt: Wattenscheid.«

(Kurze Pause)

»Wer hier aussteigt, ist selber schuld!«

erster schritt zur erfolgreichen airline: vollzählig ankommen

– Teneriffa. Aeropuerto de Tenerife Sur.

Nachdem unser Flug von Stuttgart in Teneriffa gelandet ist, kommt der übliche Abschiedsgruß der Crew. Die Fluggäste werden über das örtliche Wetter informiert und es wird gedankt, dass man mit TUIfly geflogen ist. Die Stewardess schließt die Durchsage mit:

»Wir bedanken uns, dass Sie bis zum Schluss bei uns geblieben sind.«

schwarzfahren leicht gemacht – die bahn kommt

– Zwischen Magdeburg und Stendal. In der Bahn.

Der Schaffner kommt ins überfüllte Abteil:

»Okay, jetzt mal andersrum: Ist hier jemand OHNE Ticket? Nein? Alles klar.«

Und geht wieder.

angriff der hobbypsychologen

– Biblis. Bahnhof.

Ein Freund rennt über die Gleise, aus Angst, den Zug zu verpassen. Im Zug angekommen, hören wir folgende Durchsage:

»An den Jungen, der grad über die Gleise gerannt ist: Fühlst du dich jetzt cool? Bist jetzt ein ganz Toller, oder was? Kannst du dich wenigstens damit bei deinen Freunden profilieren und dein scheiß Selbstwertgefühl aufbessern, oder was?«

auch dein gepäck muss weg

– München. Hauptbahnhof.

Im ALEX von München nach Landshut.

»Sehr geehrte Damen und Herren, wir bitten Sie, Ihr Gepäck über oder unter den Sitzen zu verstauen, damit auch alle einen Sitzplatz bekommen.«

Pause.

»Das gilt auch für diejenigen, die meinen, das gilt nicht für sie!«

team of excellence

– Baden-Baden. Flughafen.

Auf der Startbahn im Flieger nach Berlin. Ansage über Bordfunk durch eine der Stewardessen:

»Nach dem Start werden ich und meine völlig überqualifizierte Kollegin Ihnen das Frühstück servieren.«

nächste woche: fortbildung bei märklin

– Köln. In der Bahn.

Mitten in Köln bleibt die Bahn zum wiederholten Male stehen. Es ist ein heißer Tag und die Leute schwitzen genervt vor sich hin. Plötzlich ertönt eine Durchsage des Zugfahrers durch die Lautsprecher:

»Meine sehr verehrten Fahrgäste, ich möchte mich bei Ihnen für die Verzögerungen entschuldigen. Diese Anlage wurde von Menschen gebaut, die nicht einmal in der Lage wären, eine Modelleisenbahn zusammenzubauen!«

für diese momente ist er zugführer geworden

– Bremen. Hauptbahnhof.

Der Intercity von Hamburg nach Köln hält vor der Einfahrt in den Hauptbahnhof Bremen. Durchsage des Lokführers:

»Sehr geehrte Fahrgäste, unsere Einfahrt in den Hauptbahnhof Bremen verzögert sich noch um wenige Minuten, da wir zu früh sind.«

Mikro aus, lange Pause. Dann:

»Ja, auch DAS kommt bei uns mal vor!«

welcome to witzair: lachen bis das cockpit brennt

– Palma de Mallorca. Flughafen.

Im Flugzeug. Durchsage eines Stewards:

»Meine lieben Fluggäste, ich habe soeben die Meldung erhalten, dass sich ein paar Gäste im falschen Flugzeug eingefunden haben. Es sollen ein paar Gäste nach München zugestiegen sein. Bitte heben Sie die Hand und melden Sie sich ... Wir kommen sofort zu Ihnen!«

Das gesamte Flugzeug gerät zögernd in Panik und hebt aufgeregt die Hand.

Daraufhin der Steward erneut: »Wirklich so viele von Ihnen? Gut, dann fliegen wir doch einfach mal nach München.«

wohl etwas zurückgeblieben – geistig!

– Berlin. S-Bahnhof Baumschulenweg.

Die S-Bahn fährt gerade erst in den Bahnhof ein und öffnet die Türen, da ätzt der Fahrer schon im zackigen Ton:

»Einsteigen bitte!«

Wenige Sekunden später:

»Zurückbleiben!«

Scheinbar ist dennoch jemand schnell gesprungen, denn nun ertönt die vorwurfsvolle Durchsage:

»Kann er mir sagen, welchen Teil von ›Zurückbleiben‹ er nicht verstanden hat?«

weihnachten im u-bahn-schacht

— *Berlin. U-Bahnhof Potsdamer Platz.*

Am überfüllten Bahnsteig des U-Bahnhofs in der Vorweihnachtszeit. Die U-Bahn fährt ein, die Fahrgäste drängen sich auf dem Bahnsteig ungleichmäßig in den Zug hinein und ballen sich am vorderen Waggon. Es ertönt die Stimme des Zugführers über die Lautsprecheranlage:

»Ey, dit is hier keen Adventskalender, hier könnse alle Türn gleichzeitig aufmachn!«

nicht zu fassen

— *Bad Münder. In einem Supermarkt.*

Durchsage:

»Frau Schulze, bitte nicht wieder ALLES anfassen!«

deutschkurs auf schienen

– Berlin. In der U-Bahn.

Die Bahn bleibt plötzlich stehen, ich höre folgende Durchsage:

»Sehr geehrte Damen und Herren, aufgrund von Bauarbeiten können wir unsere Fahrt im Moment leider nicht fortsetzen.«

(Pause)

»... ladies and gentlemen, we can't drive on because of ... Bauarbeiten.«

endhaltestelle für knutscher

– Hannover. Hauptbahnhof, im Regionalexpress nach Bremen.

Durchsage kurz vor der Abfahrt:

»Hier spricht der Lokführer: Es ist jetzt 18 Uhr 21. Bitte die Türen freigeben, zügig einsteigen, das Küssen einstellen und die Fahrt genießen!«

höhepunkte im leben eines bahners

– Landstuhl. Im Regionalexpress von München nach Trier.

Vom Zug aus sieht man die A6, auf der gerade Stau ist.

Durchsage des Zugführers:

»Sehr geehrte Reisende, in Fahrtrichtung rechts sehen Sie die Alternative zur Deutschen Bahn.«

Flirt und Sex –

„Endlich allein, Baby!"

Sind Sie ein deutscher Mann? Dann sind Sie höchstwahrscheinlich eines nicht: sexy. Spanier haben die knackigeren Körper, Franzosen kochen besser, Italiener sprühen vor Charme und Afrikaner sitzen sowieso am längeren Hebel. Das Gen für sexuelle Attraktivität scheint bei Deutschen auf jenem X-Chromosom zu liegen, das Männer entbehren. So grinst Heidi Klum weltweit von überdimensionalen Werbeplakaten herab, während Roland Kochs Antlitz kaum den ästhetischen Anforderungen eines Kommunalwahlplakates genügt. Doch Not macht erfinderisch. Warum nicht mal durch die Gegensprechanlage flirten oder mangels Konkurrenz neue Jagdgründe auf der Damentoilette erschließen? Deutsche zwischen zehn und achtzig flirten unbeholfen, jedoch ohne Kompromisse. Und dabei kümmern sie sich nicht darum, ob irgendjemand ihr mitunter peinliches Balzverhalten belauscht. Zum Glück!

werdender womanizer

– München. In der U-Bahn.

Montagnachmittag, das Abteil ist rappelvoll. Die Menschen fahren von der Arbeit nach Hause, Kinder kommen aus der Schule und füllen die U-Bahn. Eine hübsche junge Frau (ca. 28) ergattert einen Sitzplatz. Ihr gegenüber sitzen zwei Jungs (ca. zehn) und tauschen irgendwelche Karten. Irgendwann steigt einer der Jungen aus. Der andere Knirps packt die Karten weg, schaut zu der Frau auf und sagt für alle gut hörbar:

»Endlich allein, Baby!«

trotz überraschungsmoment: die wetten standen gegen ihn

– Esslingen am Neckar.

Mittwochmorgen, drei Uhr. Es klingelt stürmisch an der Wohnungstür.

Bewohnerin (über Freisprechanlage): »Hallo, wer ist da?«
Unbekannter: »Hallloo ...? Weißt du, meine Freundin hat mich verlassen, kann ich bei dir übernachten?«

abc-schützen heute schießen schnell ...

– Mannheim. In der Straßenbahn.

Mehrere Kinder steigen in die Straßenbahn ein. Ein Junge fängt an zu erzählen:

»Die Selina aus meiner Klasse, die wollte schon was vom Niko, vom Tom, von dem Kleinen da und von DIR ... auch!« (zeigt auf anderes Kind)

Ein junger Mann fragt den Jungen: »Wie lang seid ihr denn schon in der Schule?«

Kleiner Junge: »Zwei Wochen.«

auf meine freundin lass' ich nichts kommen, auf mich jeden

– Düren. Kulturfabrik Endart.

In der Diskothek arbeiten zwei Freundinnen. An einem Abend lernt eine von beiden einen Typen kennen.

Sie: »Komm, dahinten arbeitet meine Freundin, gehn wir mal hin, dann kannst du sie auch mal kennenlernen!«
Er: »Nee, das möchte ich nicht.«
Sie (verblüfft): »Wieso?«

Er: »Hab gehört, dass die 'ne Schlampe ist, die macht jedes Wochenende mit anderen Typen rum.«

Daraufhin lacht sie, winkt ab und sagt: »Ach Quatsch, das bin doch ich.«

in frankfurt nur an pariser gedacht

– Detmold.

Zwei Typen stehen hinter mir an einer Fußgängerampel. Sie unterhalten sich über den Ausflug des einen nach Frankfurt am Main.

#1: »Haste dann ja gar nichts gesehen von Frankfurt ...«
#2: »Nee, nur Puff. Puff is das, was mich interessiert!«

erschließung neuer jagdgründe

– Heidelberg. Im O'Reilly's.

Karaokenacht. Ich sitze nichts ahnend in meiner Kabine auf der Damentoilette. Es kommt ein lautstark singender, offensichtlich betrunkener Mann herein:

»Pipi aufm Frauenklo, Frauenklo, Frauenklo!«

Ich reiße sofort meine Beine hoch, falls er auf die Idee

kommt, nach Füßen zu schauen. Er entert eine Kabine und beginnt geräuschvoll, seine Blase zu leeren. Klackernde Schritte nähern sich, eine Frau kommt rein. Der Mann wittert vermutlich seine letzte Chance an dem Abend.

Mann: »Oh! Kann es sein, dass ich aufm Mädelsklo bin? Sorry!«
Frau: »Okay, passiert ...«
Er: »Die Beschriftung draußen ist aber auch so schwer zu lesen, weißte? (Pause) Was machst'n heute noch?«
Sie: » ...«
Er: »Willste mitgehen?«
Sie (genervt): »Ähm, ne danke, hab 'nen Freund ...«
Er: »Ooch schade, siehst schon gut aus und bist voll nett.«
Sie: »Was? Nee, echt nicht!«
Er: »Schade ... tschüss ...«

scharf-schürzenjäger

– *Gummersbach.*

Auf dem Weg zum Bahnhof, auf Höhe der Schule gegenüber dem Stadthaus. Zwei Schüler (ca. 13) unterhalten sich über eine missglückte Anmache.

#1: »Ich habe der Perle voll das gute Kompliment gemacht, aber irgendwie ist die nicht drauf abgefahren.«
#2: »Was hast du denn zu ihr gesagt?«

#1: »Hey, du hast voll die verschärften Augen.«
#2: »Verstehe ich nicht. Ist doch ein super Spruch!«
#1 (kopfschüttelnd): »Weiber!!!«

wenn amors schuss nach hinten losgeht

– Stuttgart. In einem Bus.

Ein übervoller Bus, in dem jede Menge Schüler stehen. Ein Mädchen (ca. 16) steht bei ihren Freundinnen und sagt laut:

»Ey, der Typ dahinten mit der Gangstermütze ist voll an mir vorbeigelaufen und hat mir voll aufn Arsch geguckt.«

Ein Junge neben ihr, der fast ihren Hintern ins Gesicht gedrückt bekommt, sagt daraufhin trocken:

»Du siehst von hinten aber auch ehrlich besser aus als von vorne.«

die geheimnisse des subtilen flirts

– Köln. In der U-Bahn.

Ein krasser Checker kommt in die Bahn und bleibt vor einer Assibratze stehen.

Checker: »Ey Puppe, siehst geil aus.«
Assibratze: »Watt, Mann?«
Checker: »Ey Puppe, siehst geil aus.«
Assibratze: »Was los, du Arsch?«
Checker: »Ey Puppe, checkst nisch?«
Assibratze: »Was?«
Checker: »Ey Puppe, ficken?«
Assibratze: »Ey, du schwule Arsch, habsch kein Bock drauf!«
Checker: »Aber isch, also Hosen runter!«

dr. sommer erklärt weltreligionen

– Dieburg. In einer Schule.

Im Religionsunterricht. Zwei Mädels in der Gruppendiskussion.

 # 1: »Ich glaub ja nicht dran, dass Maria und Josef keinen Sex hatten. Wie soll sie denn sonst schwanger geworden sein?«
#2: »Naja, die haben halt einfach beim Petting nicht richtig aufgepasst.«

solange sie's nicht von papi weiß

– Braunschweig. In einem Bus.

Zwei Frauen mit ihren Kindern (ca. acht) unterwegs in die Stadt. Die Route des Busses führt an der Straße vorbei, in der das horizontale Gewerbe zu Hause ist. Hinten sitzen der Junge und das Mädchen, ein paar Reihen weiter vorn die Mütter.

Mädchen (normale Lautstärke): »Mutti, guck mal, da steht 'ne Fickfrau!«
Mutter: »Was hast du gesagt?«
Mädchen (ziemlich laut): »Guck mal Mutti, da steht 'ne Fickfrau!!«
Mutter (peinlich berührt): »Das heißt nicht Fickfrau, sondern Prostituierte.«
Mädchen (wieder laut): »O-k-a-y, dann steht da eben eine Prostitutiiierte.«
Mutter zu ihrer Freundin: »Ich glaub, wir müssen hier raus ...«

heute: mein erster Organismus

– Langenfeld.

Zwei Jungs (ca. 13) laufen hinter einer hübschen Blondine her.

#1: »Boah, die ist so geil, die muss ich nur angucken, dann krieg ich einen Organismus!«

#2: »Mann, bist du blöd, nur Frauen kriegen einen Organismus! Männer kriegen einen Samenerguss.«

sag niemals nie

— Bremen. In der Straßenbahnlinie 1, zwischen Hauptbahnhof und Kurfürstenallee.

Ein richtig besoffener Mann (beim Döneressen) und eine recht angeheiterte Frau sitzen in der Bahn. Sie unterhalten sich über die Freundin des Mannes.

Sie: »Ich weiß gar nicht, was die hatte, als würde bei uns jemals was laufen. Dann macht die mich da voll an!«

Er: »Ich versteh das auch nicht. Ich hab ihr gesagt, dass du nur eine Freundin bist, aber die war voll auf Krawall.«

Sie: »Das ist doch nicht so schwer zu verstehen ... es würde einfach NIEMALS etwas zwischen uns passieren.«

Er: »Ach ne. Ich kann dir auch echt nicht sagen, wie die darauf kommt ... (Schweigen) ... Aber wenn zwischen uns beiden etwas wäre, wäre das ja eh nicht so schlimm.«

Sie: »Ne, eigentlich nicht ... Haste denn noch Lust mitzukommen?«

Er: »Joah, schon. Hast du denn noch Kondome? Sonst müssen wir hier aussteigen und bei der Tanke welche holen.«

Sie: »Hab ich noch.«

Er: »Hast du auch noch Bier?«

es gibt immer einen dümmeren spruch

– Hannover. In der Fußgängerzone.

Mädchen: »Sag mal, findest du mich eigentlich hübsch?«
Junge: »Es gibt immer einen, der hässlicher ist als du!«

emanzipation = entmannzipation?

– Jena. In einem Café.

Neben mir sitzen drei Mädels Anfang zwanzig. Sie unterhalten sich anscheinend über ihre Eroberungen der letzten Woche. Man erhält den Eindruck, dass es mehr um bestimmte Körperteile im Speziellen geht als um die Personen im Allgemeinen.

#1: » ... Boah, und der eine war so 'ne Schildkröte.«
#2: »Warum denn Schildkröte?«
#1: »Naja, stell dir mal 'ne Schildkröte vor. Kleiner müder Kopf, kommt langsam aus seinem Panzer raus und bewegt sich dann einen Zentimeter in der Minute.«
#3: »Mein Letzter war eher so ein Lurch. Lang, schnell, wendig ... aber trotzdem irgendwie eklig.«

hardcore family

– Hamburg. An der U-Bahn-Haltestelle Jungfernstieg.

Gegenüber von mir sitzen zwei Jungen (ca. zehn). Es kommt folgendes Gespräch zustande:

#1: »Hey, als was arbeitet dein Vater eigentlich?«
#2: »Keine Ahnung, ich glaube, der lebt in einem anderen Land oder so was ...«
#1: »Okay ... und was macht deine Mutter?«
#2: »Meine Mutter ist Schauspielerin in Filmen, aber ohne Kleidung.«

schnellboot in den hafen der ehe?

– Köln. Venloerstraße, Ecke Thebäerstraße.

Ein englischsprachiger Passant (vermutlich Afrikaner) zu meiner Freundin, die gerade ihr Fahrrad abschließt:

Er: »May I ask you a question?«
Sie: »Yes, but I don't have much time, so please make it short!«
Er (überlegt kurz): »Are you married?«

porno killed the videostar

– Aachen. In einem Handyladen.

Zwei coole Checker stehen in einem Handyshop und warten darauf, dass der Verkäufer das gerade gekaufte Handy abrechnet. Auf einem kleinen Fernseher läuft MTV.

#1: »Ey, Alder, ich hab gestern 'nen Porno auf MTV gesehen!«
#2: »Geil Mann, echt?«
#1: »Ja, Mann, isch schwör ... und kein normaler. Einer mit Frauen!«
#2 (mit großen Augen): »Krass!«

lustlose lust

– Köln. Hauptbahnhof.

Sonntag früh um sechs an der Supermarktkasse. Ein turtelndes Pärchen, das augenscheinlich gerade von einer Party auf dem Weg nach Hause ist, kauft noch einen Piccolo und ein Bier als Absacker. Das Ganze läuft mit viel Geknutsche und Gefummel ab. Beide bleiben dann kurz vorm Eingang stehen und führen ein kurzes Gespräch. Der Mann kommt allein zurück zu mir an die Kasse und sagt mit genervter Stimme:

»Ich hab zwar keinen Bock auf diese Frau, aber habt ihr auch Kondome?«

missglückte anmache

– Münster. Im Kneipenviertel.

Samstagnacht. Zwei attraktive Frauen (ca. 22) gehen an der Schlange vor einem Geldautomaten vorbei.

Typ (betrunken): »Hey, geiler Arsch!«
Frau: »Halt die Fresse, Jan!«
Typ: »Hä? Hääääää? Woher kennst du mich?«
Frau: »Wir waren mal zwei Wochen zusammen!«

arsch sucht dumpfbacke

– München. Rotkreuzplatz, in der Straßenbahn.

Zwei junge Typen unterhalten sich.

#1: »Eh, die kommt nie mit mir zusammen!«
#2: »Klar, die steht doch voll auf dich.«
#1: »Nee, die hat viel zu viel Menschenkenntnis.«
#2: »Hä?«
#1: »Na, die checkt genau, was ich für ein Arschloch bin.«

never change a losing horse

– Bremen. Bahnhofsplatz.

Ein etwas angetrunkener Mann nähert sich einer Frau.

Mann: »Hast du nicht Lust, mit mir einen Kaffee trinken zu gehen?«
Frau: »Nein!«

Der Mann bleibt bei der Frau stehen, die Frau geht einige Meter weiter, der Mann hinterher.

Mann: »Wir können auch zu mir nach Hause gehen.«

Die Frau geht weiter, der Mann wieder hinterher.

Mann: »Ich hab auch mein Bett frisch bezogen.«

Die Frau geht weg und verschwindet in der Bahnhofshalle.

löffelstellung inklusive

– Bielefeld. In einem Real-Markt.

Zwei Jungen (ca. 16) unterhalten sich darüber, was sie kürzlich im Fernsehen geguckt haben.

#1: »Boah, und dann habe ich letztens Uri Geller geschaut! Ich sach dir, die gingen ab, ey! Das war heftig!«
#2 (leichte Skepsis und Ekel im Blick): »Urinella? Du bist voll widerlich! Du weißt genau, auf so scheiß Kack- und Piss-Pornos steh ich nicht!«

mucki-mathe

– Frankfurt. Im McFit unter der Dusche.

Ein Wandschrank türkischer Herkunft zu einem Mitdu-scher:

»Hey! Weißt du, am Wochenende ...«
(hebt ersten Finger): »... isch«,
(hebt zweiten Finger): »... Kollege«,
(hebt dritten Finger): »... seine Freundin«,
(hebt vierten Finger): »... meine Freundin«,
(bekommt leuchtende Augen): »... haben konkret flotte Dreier gemacht!«

porzellanpüppchen vs. gummipuppen

– Dachau.

Vor einigen Jahren gab es bei uns im Ort eine öffentlich ab-gehaltene Diskussionsrunde über das Pfarrhaus direkt neben der Kirche. Dieses Pfarrhaus war lange leer gestanden, nun frisch renoviert und sollte – da der Pfarrer längst woanders wohnte – einem neuen Zweck zugeführt werden. Während der Versammlung wurde der Einzug eines Beate-Uhse-Ladens in das alte Pfarrhaus debattiert.

Alle waren entrüstet – bis auf meine Mutter, die Beate Uhse mit Käthe Kruse (und deren Sammlerpuppen) verwechselte und den Vorschlag verteidigte:

»A geeee, de paar Puppn do, des macht doch nix!!«

es gibt themen, die eignen sich einfach nicht für small talk

– Leipzig. In der Straßenbahn.

Zwei Typen unterhalten sich.

#1: »Sag mal, hast du mich vorhin nicht gesehen, als du an mir vorbeigerannt bist?«
#2: »Nee, ich wollt nur schnell um die Ecke. Ich mag es nicht so, wenn man mich aus dem Sexshop kommen sieht.«

alter besen, junge bürste

– Mühlheim. In einem Laden für Geschenkartikel.

Die Chefin bedient eine alte zahnfreie Oma, welche Stammkundin in ihrem Laden ist.

Chefin: »Hallo! Wie geht es Ihnen?«

Oma: »Nich gut! Gar nich gut!«

Chefin: »Wieso? Was ist denn los? Fehlt Ihnen was?«

Oma: »Mein Sohn hat 'ne neue Freundin! Dat is 'ne Schwatte!!«

Die Chefin ist peinlich berührt und ringt etwas nach Worten.

Chefin: »Aber das sind doch sehr hübsche Frauen!«

Oma: »Ach watt! Der will die doch sowieso nur bürsten!!«

schuhe gut, alles gut, oder?

– Hamburg. In der U1 am Hauptbahnhof.

Ein Typ (ca. zwanzig) im Gespräch mit einem gleichaltrigen Mädel.

Typ: »Ach, ich weiß nicht ... Ich glaub, die Kleine steht nich auf mich.«

Mädel: »Klar steht die auf dich! Immerhin hat sie gesagt, dass sie deine Schuhe mag, oder?«

Typ: »Und?«

Mädel: »Wenn 'ne Frau zu 'nem Typen sagt, dass sie seine Schuhe mag, heißt das: ›Ich will dich ficken!‹«

Typ: »Echt?«

Mädel: »Ja, is so.«

Typ (zufrieden): »Hmmm ...«

sextipps von dr. dreirad

– Mosbach.

Ein junger Typ läuft auf dem Gehsteig. Zwei kleine Kinder rufen ihm über den Gartenzaun zu.

Mädchen: »Ey! Hast du 'ne Freundin?«
Typ: »Ich? Nö.«
Junge: »Wieso? Willst du nicht ficken?«

smoke talk

– Hamburg. Jungfernstieg.

Eine junge rotblonde Frau (ca. 25) sitzt an der Binnenalster und sonnt sich. Ein Mann um die vierzig kommt vorbei und spricht sie an.

Sie: »Hmm?«
Er: »How do you do?«
Sie sieht ihn erst fragend an, dann antwortet sie: »Fine, and you?«
Er: »Ach, Sie kommen aus Deutschland?«
Sie: »Ähm, ja ...«
Er: »Sie sehen so britisch aus.«
Sie: »Wie kommen Sie denn da drauf?«
Er (überlegt): »Die Haarfarbe, das Gesicht ...«
Sie: »Nö, ich komm aus Bayern.«
Er: »Na dann ... haben Sie eine Zigarette?«

lost in latium

– Irgendwo zwischen Dortmund und Winterberg. Im Regionalexpress.

Freitagnachmittag. Der Zug ist zum größten Teil mit Kegelclubs auf dem Weg ins Sauerland besetzt. Mir gegenüber sitzt ein gut aussehendes, etwa 17-jähriges Mädchen. Sie hat ein Schulbuch auf dem Schoß und lernt Latein. Natürlich dauert es nicht lange, bis ein Kegelbruder das Mädchen anspricht:

Kegelbruder: »Was lernst du denn da?«
Mädchen: »Latein.«
Kegelbruder: »Ja, das ist immer gut, wenn man viele Sprachen kann, ne?«

Das Mädchen hat offensichtlich keine Lust, sich mit dem Typen in ein Gespräch zu vertiefen und lässt es dabei bewenden. Nach einer Gedankenpause fängt er wieder an:

»Und ... warst du schon mal dort?«

demenzbock jagt allgäugams

– Sonthofen. Im Regionalexpress.

Eine Gruppe von ca. zwanzig Rentnern – dem Dialekt nach zu urteilen alle Hessen – befindet sich auf der Rückreise von einem Tag in den Alpen. Ein älterer Herr um die 75 flirtet die ihm gegenübersitzenden, ungefähr gleichaltrigen Rentnerinnen unbeholfen und zum Amüsement aller an:

»Na, Mädel, hast grad dein fünfundzwanzischten gefeiät, oddä?«

Mehr platte Sprüche folgen, ohne dass seine Flirtversuche Erfolg hätten. Am nächsten Bahnhof steigen die Frauen aus, was den Rentner zu der Bemerkung veranlasst:

»Ei, des sin Schnäggä hier im Allgäu. Nix Aids, nix Malaria, nix Tribbä ... alles reinrassische Weibä!«

viele wege führen nach rom

– *Irgendwo in Nordrhein-Westfalen. In einer Studentendisco.*

Er (lallend): »So wie du aussiehst, findest du doch heute Abend keinen mehr.«
Sie: »Meinst du?«
Er: »Bin ich mir sicher. Geh besser mit mir mit!«
Sie: »Okay.«

willkommen auf dem boden der tatsachen

– *Berlin. In der Straßenbahn M4 Richtung Falkenberg.*

Auf der Höhe Prenzlauer Berg. Zwei Jugendliche Marke

Möchtegern-Gangsta (ca. 13) unterhalten sich lautstark über ihre angeblichen Eroberungen, sodass alle umstehenden Passagiere mit Vergnügen lauschen können.

#1: »Ey, und dann die ... ey, Alder!« (lacht)

#2: »Was ist mit der?«

#1: »Ey, das glaubst du nie. Die kam neulich zu mir her und hat mich voll angemacht!«

#2: »Ach was!«

#1: »Doch!«

#2 (Augen werden größer): »Aber die ist doch voll geil? Was hat sie denn zu DIR gesagt?«

#1: »Ey, die kam voll nah her und hat zu mir gemeint: ›Wenn ich mal Lust auf Ficken habe, dann ruf ich dich an!‹«

(Kurze Pause)

#2 (vor Neid und Anerkennung völlig aus dem Häuschen): »Alder, das ist ja der Hammer. Krass!«

#1: »Ja, hab voll den Ständer gekriegt!«

#2: »Aber die treibt's doch sonst nur mit Älteren!«

#1: »Ja, eben!«

Beide lächeln einige Momente stolz und selig vor sich hin.

#1 (zieht plötzlich ein bedrücktes Gesicht und sieht nachdenklich zu Boden): »Ja, das war aber glaub ich leider nur ein Scherz von ihr, weißte?«

#2: »Ach so.«

drogeriemarkt oder schwangerschaftsberatung –
was darf's denn sein?

– Euskirchen. In einem Hotel.

Ein Gast ruft die Hotelrezeption an.

Gast: »Ich hab'n Problem. Ich hab mein Kondom vergessen.«
Empfangsmitarbeiter: »Aha. Brauchen Sie jetzt die Pille danach oder ein Kondom?«
Gast: »Was?«
Empfangsmitarbeiter: »Ich lege Ihnen umgehend eins vor die Tür.«

endlich hat mein junge es zu etwas gebracht!

– Berlin. Vor dem Knaack-Club.

Draußen sitzt ein Checker um die 18 mit einem wesentlich älter wirkenden Mädchen und knutscht wild herum. In einer kurzen Pause sagt er:

»Alder, wenn isch meiner Mama verchecke, dass isch Studentin geknuscht habe ... ist die krass stolz auf misch!«

Beziehungen –

„Warum rennst du mir jetzt denn nicht hinterher?"

Liebe. Leidenschaft. Eifersucht. Die ganz großen Gefühle. Von verliebten Sirenen in Köln, über das außereheliche Stelldichein in Berlin bis hin zum flaschenpfandgierigen Ehe-Tyrannen im Freizeitpark. Deutschlands Beziehungskisten haben es so richtig in sich. Ein ungeschminkter Blick hinter die Kulissen trauter Zweisamkeit zeigt eine Realität, die mit der weichgespülten Romantik in Vorabend-Seifenopern so gar nichts gemein hat.

drehbuch leben

– Lauffen. In einem Café.

Das Café ist gut gefüllt, es herrscht angeregte Plauderstimmung. Auf einmal ein lautes Schluchzen. Alle Blicke wandern zu einem Pärchen. Das Mädchen ist total verheult, der Junge, dem das Ganze sehr peinlich ist, versucht sie zu beruhigen. Auf einmal steht das Mädchen auf und schreit ihn an:

»So was kannst du doch nicht sagen! So was verletzt mich nur noch mehr!«

Sie dreht sich um und rennt aus dem Café. Der Junge bleibt zurück und macht der Bedienung klar, dass er gerne die Rechnung hätte. Die Herumsitzenden fangen sofort an, das eben Geschehene lautstark auszudiskutieren. Nach ungefähr einer Minute stürmt das Mädchen wieder herein, bleibt am Eingang stehen und schreit durch das ganze Café:

»WARUM RENNST DU MIR JETZT DENN NICHT HINTERHER?!«

besorgst du's mir, besorg ich's dir

– Hamburg. In einer Nobelboutique.

Ein Paar beim Shoppen. Sie ist mit zwei Oberteilen in die

Umkleide gegangen, während er davor wartet. Sie probiert erst das eine, dann das andere Oberteil an. Nachdem sie noch einmal das erste anprobiert hat, kommt sie verzweifelt aus der Umkleidekabine heraus.

Sie: »Ach menno, ich kann mich einfach nicht entscheiden!«
Er: »Dann nimm doch beide.«
Sie: »Echt, du kaufst mir beide?«
Er: »Ja, Schatz.«

Sie ist freudig erregt, hüpft auf der Stelle, geht zu ihm, drückt ihm einen Kuss auf die Wange und haucht ihm entgegen:

»Danke, Schatz, das mach ich dir im Bett wieder gut!«

verliebt in berlin ... und verheiratet

– *Berlin. Alexanderplatz.*

Auf dem verregneten herbstlichen Alex. Ich streite mit meiner Frau um unseren einzigen Regenschirm. Neben uns knutscht ein junges Paar eng umschlungen. Sie lacht auf, als sie unsere kleine Kabbelei bemerkt.

Ich: »Gell, Sie sind nicht verheiratet, oder?«
Sie (schaut mich mit großen Augen an): »Emm ... ich nicht, aber er!«

50 prozent romantiker

– Trier. In einem Bus.

Mir gegenüber sitzen drei Jugendliche, die sich laut unterhalten. Als wir an einem Hochhaus vorbeifahren, stupst einer der drei seinen Kollegen an:

»Ey, Alder, da wohnt meine Freundin, ich vermiss die voll ...«

(Pause)

» ... aber die Schlampe is ja in Luxemburg!«

allemal besser als sarah connor

– Köln. Marktplatz.

Ein Krankenwagen mit Blaulicht und Sirene braust vorbei. Neben mir ein Händchen haltendes Liebespaar, das auch die Straße überqueren will. Sie zu ihm mit einem Kopfnicken auf den Krankenwagen weisend:

»Horch Schatz, sie spielen unser Lied!«

bei humor hört der spaß auf!

– Berlin. Sonnenallee.

Zwei Typen im Gespräch an der Haltestelle.

#1: »Endlich hast du die abgeschossen.«
#2: »War nicht leicht ... aber Mann, hat die mich genervt. Ständig dieses ›Genau wie bei Mario Barth!‹-Getue. Nach dem Autounfall neulich meint die zu mir als Erstes: ›Das ist SO wie bei Mario Barth!‹ Diese Schrulla. Selbst beim Schlussmachen, Alter! Ich geh zu ihr und sag, wir müssen reden, und die meint: ›Jetzt kommt aber nicht die Mario-Barth-Nummer, oder?‹«
#1: »Naja, Humor scheint sie ja doch zu haben ...«
#2: »Ne! Ich brauch echt was mit mehr Niveau. Von mir aus Helge Schneider oder Woody Allen oder so was ... aber nie mehr so ’ne unterbelichtete Mario-Barth-Schrulle!«

reich durch alimente – so geht's

– Berlin. In einer U-Bahn.

Zwei leicht pennerhaft wirkende Männer um die vierzig. Anscheinend geht es um die Freundin von #1.

#1: »Weeste, ick mag die Kleene halt ... Hat halt nur schon drei Kinder.«

#2: »Watt? Drei Bälger?«
#1: »Na, und die hat se von drei oder vier Typen.«

besteck oder bestattung!

– *Essen. An einer Pommesbude.*

Ein Pärchen Anfang zwanzig teilt sich eine Portion Pommes.

Er: »Nimm ruhisch.«

Sie greift mit den Fingern zu.

Er: »Nimm den Gabel ... sonst bring isch disch um!«

Beide schauen sich daraufhin verliebt an.

bürohäschen

– *München. In einem Büro.*

Kolleginnen unter sich. Sie unterhalten sich schon mindestens zehn Minuten lang über ihre Männer.

#1: » ... ja und dann hat mein Hase gesagt ...«
#2 *(schaut sie total aufgeregt an):* »Du hast einen Hasen?«

da geht kein lichtchen auf

– Dresden. Deutsches Hygienemuseum.

In einer Dauerausstellung gibt es eine gläserne Frau. Wenn man an dieser auf verschiedene Knöpfe drückt, leuchten die jeweiligen Körperteile und Organe des Modells. Vor besagtem Exponat steht ein Pärchen, der Mann drückt auf den Knopf, der das Gehirn aufleuchten lässt.

Er: »Guck mal! Da leuchtet das Gehirn!«
Sie: »Wo?«

mit dieser frau hat er den salat

– Schwalbach. In einem Minimal-Markt an der Gemüsetheke.

Ein Mann (ca. dreißig) greift nach einem Feldsalat und schaut ihn sich an. Er scheint sich gerade mit dem Exemplar angefreundet zu haben, da erscheint hinter ihm seine Partnerin und schnauzt ihn an.

Sie: »Nimm den bloß nicht! Der schmeckt nicht, weil der ist reduziert!«
Er (wie ein geschlagener Hund): »Aber ... der sieht doch gut aus.«
Sie (vorwurfsvoll kreischend): »Nee, der ist doch reduziert! Wenn man DICH mal was machen lässt!«

dem date das genick gebrochen

– Lindau. In einem Restaurant.

Ein Paar (ca. dreißig), gut aussehend und gut gekleidet, diniert am Tisch neben uns. Sie scheinen sich noch nicht lange zu kennen. Beim Dessert kommt es zu folgendem Dialog.

Er: »Ach, Pferde mögen Sie, ja?«
Sie: »...«
Er: »Ach, reiten, ja? Interessant. Na, mir sind die suspekt, diese großen Viecher. Also ich sag ma so: Zu einem Tier, dem ich nicht eigenhändig das Genick brechen könnte, also ich mein jetzt, vollkommen ohne fremde Hilfe, zu so einem Tier könnte ich NIE eine tiefe Beziehung aufbauen. Völlig ausgeschlossen.«
Sie (entsetzt): » ... «
Er: »Naja, nur im Spaß ... hähä ... hähä ....« (hüstel)

die masken fallen

– Frankenthal. Familia-Center.

Ein älteres Ehepaar steht diskutierend an der Kasse.

Er: »Heeeer, du gehscht mer uff de Sack!«
Sie: »Was glaabscht du eigentlisch? Du gehscht mer zu Lebtag schunn uff de Sack!!!«

frau oder tv?

– Koblenz. In einem Kaufhaus.

In der Dessousabteilung läuft ein junges Teenie-Pärchen umher. Sie sehr interessiert, er äußerst lustlos. Sie entdeckt ein sehr aufreizendes Spitzenoutfit, er schaut weiterhin total desinteressiert.

Sie: »Guck mal, ist das nicht schön?«
Er: »Hmmm ...«
Sie: »Ich fragte dich, ob dir das hier auch gefällt? Das wäre doch was fürs Wochenende!«
Er: »Schon ...«
Sie: »Aber?«
Er: » ... aber meine Eltern sind doch am Wochenende zu Hause.«
Sie: »Dann gehen wir halt zu mir.«
Er (entsetzt): »Aber du hast doch gar kein PREMIERE!«

make war not love

– München. Café Jasmin.

In der Ecke sitzt ein turtelndes Pärchen.

Bedienung: »Ich bin gerade frisch getrennt und vertrage so viel Romantik nicht. Könnt ihr wiederkommen, wenn ihr euch streitet!?«

meine freundin ist ein tanzbär

– Nürnberg. In einer U-Bahn.

Zwei Typen (ca. 25) unterhalten sich offensichtlich über die neue Freundin von #1.

#1: »Naja, läuft alles eigentlich ganz gut ...«
#2: »Aber?«
#1: »Naja, sie rasiert sich halt überhaupt nicht ... nicht mal die Beine!«
#2: »Siehste, das ist halt das Problem bei den Waldorfschülern.«
#1: »Mhhhm.«

(Pause)

#1: »Dafür kann sie ihren Namen tanzen!«

isch will so bleiben wie isch bin!

– Bonn. Vor dem Hauptbahnhof.

Ein Mädchen (ca. 19, bunte Kleidung, bunte Haare, jede Menge Piercings und hochschwanger) sitzt neben ihrem ähnlich gekleideten Freund und raucht gemütlich. Er weist sie darauf hin, dass das Rauchen nicht unbedingt förderlich für das Kind sei.

Sie (sehr laut): »Isch wäd dir mall wat saren! Isch wäd doch weje nem Kenk, dat isch eh net jewullt han, minge Lewensjewohnheiten nisch verändern!«

hasi bei den bunnies

— *Berlin-Neukölln. In einer Videothek.*

Ein Mann mit einem Kinderwagen betritt den Laden. Im Kinderwagen befinden sich neben einem Kind noch ein Haufen Tiefkühlpizzen, Bier und ein Radio, aus dem »YMCA« von den Village People dröhnt. Der Mann schiebt den Wagen durch die Videothek, bleibt vor dem Eingang zur Ü18-Abteilung stehen und brüllt lautstark:

»Hasi!? Bist du etwa in der Fick-Abteilung?«

Er schiebt den Kinderwagen samt Inhalt kurzerhand in besagte Abteilung. Keine Minute später hört man ihn rufen:

»Och nö, Hasi, nicht jetzt!«

liebe ist ... zement schleppen

— *Braunschweig. In einem Baumarkt.*

Der Kunde vor mir legt eine Schachtel Nägel auf das Laufband. Die Kassiererin scheint ihn zu kennen.

Kassiererin: »Ja, der Herr Jacob! Wo haben Sie denn heute Ihre Frau gelassen?«
Er: »Ach, das bisschen kann ich auch so tragen!«

katze tot, mieze weg

– Unna. In einer Schule.

Ein Pärchen unterhält sich.

Sie (schluchzend): »Meine Katze ist am Wochenende gestorben!«
Er: »Ist doch nicht schlimm, sie wird jetzt sicher ein super Leben im Himmel haben. Hey, komm schon, die Katze ist tot! Also Kopf hoch! Du kennst doch das Sprichwort ›Es ist zu schön, um wahr zu sein.‹ Diesmal ist es aber ›zu wahr, um schön zu sein‹.«
Sie: »Du bist so unsensibel!«

Daraufhin rennt sie heulend davon.

orkan in der hose

– Wyk auf Föhr. Strandpromenade.

Ein Rentnerpaar spaziert an der beliebten Strandpromenade. Der Mann furzt.

Frau: »Mensch Herbert, hier sind auch noch andere Leute!«
Mann: »Aber Hilde, ich habe furchtbare Darmwinde! Das musst du dir so vorstellen wie die Orkane hier an der Nordsee.«
Frau: »Hoffentlich hast du wenigstens den Filter eingebaut, sonst habe ich wieder die Arbeit.«
Mann (sehr errötet): »Hilde, das können wir auch im Zimmer besprechen.«

sei pünktlich, sonst sing ich!

– München. In einer S-Bahn.

Zwei Männer unterhalten sich übers Spät-nach-Hause-Kommen.

#1: »Ich schleich mich immer ganz leise rein, weil wenn meine Alte merkt, dass ich erst so spät heimkomme, wird sie zur Arie!«

meine beziehung ist eine griechische tragödie

– Nürnberg. Am Weißen Turm.

Pärchen beim Shoppen.

Sie: »Ich will noch zum Olymp und Hades (sie spricht: Heyd's).«

Er: »HA-DES.«

Sie: »Was?«

Er: »Olymp und Hades. Himmel und Hölle. Griechenland.«

Sie: »Du bist immer so komisch.«

mit erwin spielt sie ja schon lange nicht mehr ...

– Mainz. Auf einem kleinen Flohmarkt.

An einem Stand liegt ein vollkommen unnützes, dämlich aussehendes, ballähnliches Spielzeug herum. Eine ältere Dame (ca. sechzig) und ihr Mann treten an den Stand. Sie entdeckt das Spielzeug, nimmt es begeistert in die Hände.

Sie: »Guck mal Erwin, is das nit toll?«

Er: »Joah ...«

Sie: »Was soll das denn kosten?«

Verkäufer: »Fünf Euro.«

Sie: »Ach komm, das nehmen wir mit!«

Er: »Aber was willst du denn überhaupt damit?«

Sie: »Naja, vielleicht für unsere Kinder!«

Er (verwirrt): »Aber wir haben doch gar keine Kinder!«

Sie (entrüstet): »Na, dann halt für meine Nichte!«

Er: »Ja, du hast doch gar keine Nichte!«

Sie (sich sichtlich unwohl fühlend): »Ach, jetzt lass mir doch einfach mal meinen Spaß!«

parfum von hugo ross?

– Plön.

Ein junges Pärchen verabschiedet sich voneinander.

Er: »Auf Wiedersehen, mein Pferdeäpfelchen!«

weniger stress mit wireless

– Landshut. In einer Regionalbahn.

Zwei Frauen unterhalten sich.

#1: »Der will sich jetzt trennen, nur weil ich ab und zu am Laptop sitz. Ja gut, manchmal surf ich halt in diesen Partnerbörsen. Hat doch nix zum Sagen, oder? Und er kommt dann immer und sagt: ›Koch was.‹ Neulich hat er sich dann Pizza bestellt und dann kam der Idiot mit der leeren Pizzaschachtel und dem Pizzamesser. Ich hatte gerade die Mail von dem süßen Typen offen, du weißt schon, der, wo ich dir erzählt hab. Das hat der gesehen und hat voll mit dem Pizzamesser rumgefuchtelt und dann hat er einfach die Telefonschnur durchgeschnitten.«
#2: »Der spinnt doch!«

Die andere betrachtet nachdenklich ihre künstlichen Fingernägel, die liebevoll mit kleinen Bildchen beklebt sind.

#1: »Ja, und dann sagt der zu mir, ich soll wenigstens was für die Kinder kochen und nicht immer meine Nägel machen!«

#2: »Ich hab schon immer gewusst, mit dem stimmt was nicht!«

sie führen schon seit längerem eine fernbeziehung

– *Kiel. Westring.*

Nachts um zwei, auf dem Weg nach Hause. Uns kommen einige schwerst betrunkene Teenager entgegen. Ein Mädchen und ein Junge haben über einen Abstand von ungefähr fünfzig Metern ein äußerst erfolgreiches Trennungsgespräch.

Sie: »Ich hasse dich!«
Er: »Sag das noch einmal!«
Sie: »Was soll ich noch einmal sagen?!«
Er: »Du hasst mich!«
Sie: »Ich hab was?«
Er: »Du hasst mich!!!«
Sie: »Ich hab WAS?«
Er: »Du HASST mich!!!«
Sie: »Ich hab WAAAS???«

da muss sie wohl überzeugungsarbeit leisten

– Tübingen. In einem Sportgeschäft.

Nachdem eine Kundin ein recht teures Outfit gefunden hat, fehlt ihr noch der letzte Impuls, sich dafür zu entscheiden.

Verkäuferin: »Dann überlegen Sie es sich doch noch mal in Ruhe, ich kann es gerne bis morgen für Sie zurückhängen.«
Kundin: »Sehr schön, dann kann ich noch eine Nacht mit meinem Mann drüber schlafen.«

und sagte kein einziges wort

Nürnberg. In einem Tanzstudio in der Südstadt.

Ein Pärchen (ca. 35) übt den Walzer.

Sie: »Boah, du hast heute schlimmen Mundgeruch!«
Er: »Ja und? Was soll ich jetzt machen?«
Sie: »Halt einfach den Mund und sag nix!«
Er: »Den ganzen Abend?«
Sie: »Ja, bis wir daheim sind.«

marktlücke: bohrmaschinen zum anziehen

– Berlin. Im C&A in den Gropius-Passagen.

In der Kabine neben mir probiert ein Mann immer wieder Klamotten an, die ihm seine Freundin bringt. Irgendwann stöhnt er genervt:

»Warum muss ich mir denn immer Klamotten kaufen? Kann ich nicht was kaufen, was Strom verbraucht?«

von dunst und galaxien –
    von männern und frauen

– Lohmar. Auf einer Wiese.

Grillabend im Sommer. Ein Junge und ein Mädchen liegen zu später Stunde auf der Wiese und schauen in die Sterne.

Sie (sanft): »Guck mal, ist das nicht romantisch? Man erkennt sogar die Milchstraße.«
Er (total genervt): »Mann, das is 'ne Wolke!«

you can't hide but you can run

– Pegnitz. Zu Ostern.

Unsere Nachbarn, ein älteres Ehepaar, in ihrem Garten.

Frau: »Wo sind denn jetzt die ganzen Sachen hin?«
Mann: »Na, die hab ich versteckt!«
Frau: »Nee, das machen wir nicht! Hol das alles wieder raus!«
Mann: »Aber ich find das schön!«
Frau: »Nee du, die armen Kinder. Und wo ist denn das Körbchen?«
Mann: »Hab ich auch versteckt. Ich hab alles versteckt.«
Frau: »Nee, so fangen wir gar nicht erst an. Du läufst jetzt schön durch den Garten und sammelst alles wieder ein! Verstecken machen wir nicht!«

was du verlierst, ist, was du bist

– *Wesel. In einem Real-Markt.*

Ein dickes Paar in Jogginganzügen, sie dazu mit hohen Pumps, schlurft durch die Gänge. Sie schiebt den Wagen, er läuft ein paar Meter hinter ihr.

Er: »Ey, Schatz, weisse watt du biss?«
Sie: »Nee, weiß ich nich! Was bin isch?«
Er: »Du biss dein Absatz am Verlieren!«

meine bank: die gang-bank

– Remscheid. Am Bahnhof.

Zwei Mädels (ca. 18) unterhalten sich neben mir auf dem Bahnsteig. Laute Technomusik dröhnt aus ihren Handys.

#1: »Ey, hast du Geld mit?«
#2: »Ich brauch kein Geld, ich hab genug Kerle.«

wenn roman polanski das darf

– München. Favorit Bar.

Zwei Typen um die 25.

#1: »Du brauchst mal gar nix sagen! Deine Freundin sieht aus wie 16!«
#2 (mit leuchtenden Augen): »Schon, ne? Geil, oder?«

wie viele flaschen kostet wohl ein scheidungsanwalt?

– Brühl. Phantasialand.

Ein Eintritt in den Freizeitpark kostet dreißig Euro. Da sollte man meinen, dass demgegenüber ein paar Cent bedeutungslos sind. Nicht so für den Mann, der mit seiner

Frau vor uns bei einer Attraktion ansteht. Sie wirft achtlos eine Flasche in den Mülleimer.

Er (extrem laut): »Bist du bescheuert? Die kannst du doch nicht wegschmeißen! Da ist Pfand drauf!!!«
Sie (kleinlaut): »Ja, tut mir leid.«
Er: »Nee! Nix, tut mir leid! Du holst die jetzt da wieder raus! Aber SOFORT!!!«

wir sind daily soap

– *München. In einer U-Bahn.*

Zwei Teenie-Mädels (ca. 15) unterhalten sich.

#1: »Was machst du heut noch?«
#2: »Ich geh zum Jusuf.«
#1: »Echt, bist du immer noch mit dem zusammen? Der ist doch langweilig.«
#2: »Ja, hast recht. Glaub, ich mach Schluss heute.«
#1: »Echt? Geil. Kann ich mitkommen, zugucken?«

warum frauen schlecht einparken und männer immer noch daran glauben

– *Thüringen. Auf der Autobahn.*

Ich höre Autoradio. Der männliche Moderator kündigt an:

»So, liebe Hörer, gleich gegen neun Uhr zehn werden Sie erfahren, warum Frauen immer alles pauschalisieren.«

wsv – alles muss raus

– *Münster. Galeria Kaufhof.*

Pärchen beim Shopping.

Sie: »Schatz, warum läufst du denn jetzt so schnell?«
Er (genervt): »Ich muss kotzen!«

auf den wunden punkt gebracht

– *Mainz. Bei einem Arzt im Behandlungsvorzimmer.*

Frau: »Kann ich ein Rezept für meinen Mann haben? Er bräuchte diese Salbe.«
Arzthelferin: »Kann er nicht persönlich vorbeikommen?«
Frau: »Er ist viel unterwegs, hat wenig Zeit.«
Arzthelferin: »Wozu braucht er die denn?«
Frau: »Naja, wie soll ich's sagen ... für unter seinen dicken Bauch!«

nur das jein-wort gegeben?

– *Hannover. Hauptbahnhof.*

Ich laufe an zwei Frauen (ca. dreißig) vorbei und höre folgenden Satz:

»Ich bin mir jetzt nicht so sicher, ob wir zusammen sind ...«

(Pause)

» ... jetzt, wo er Sabine geheiratet hat.«

FAZ statt FAT

– *Kiel. Plaza-Einkaufszentrum.*

Eine Promoterin bietet einem Ehepaar ein dreiwöchiges kostenloses Zeitungsprobeabo an.

Er: »Ich wohne im dritten Stock. Da abonniere ich doch keine Zeitung, die unten in den Briefkasten gesteckt wird!«
Sie (guckt an ihm runter, bleibt beim Bierbauch hängen): »Solltest du aber vielleicht.«

zwangsnahrung für pantoffelhelden

– Darmstadt. Im Aldi, Stadtmitte.

Ein Pärchen in den Zwanzigern an der Kasse. Er räumt fleißig die eingekauften Waren auf das Fließband, während sie gelangweilt daneben steht. Plötzlich zieht er eine Packung Maultaschen aus dem Wagen, hält kurz inne und fragt sie:

Er: »Wieso hast du denn Maultaschen eingepackt?«
Sie: »Die magst du doch so gerne.«
Er: »Nee, die schmecken mir überhaupt nicht!«
Sie: »Doch, die isst du!«

gandalf = göring?

– München. In einer Videothek.

Er: » ... Nein, den hab ich schon gesehen. Wie wär's mit ›Herr der Ringe‹?«
Sie: »Nä! Das ist doch nur Bumm, Bumm!«
Er: »Wie Bumm, Bumm?«
Sie: »Den hab ich schon mal gesehen, nur Rumgeballere die ganze Zeit!«
Er: »Geballere? Ich finde, die reden da mehr als ... außerdem können die nicht ballern, die haben Schwerter und so.«
Sie: »Ja, und was ist mit den ganzen Panzern, die da rumballern? ... Schatz, ich mag halt einfach keine Nazi-Filme.«

kein zauber mehr in der kiste

– *Augsburg. Im Saturn-Markt in der City-Galerie.*

Ein Ehepaar kauft einen Stabmixer.

Kassiererin (verdutzt): »Ach, die Dinger heißen ja wirklich ›Zauberstab‹!«
Kundin: »Ja, damit wir wenigstens einen Zauberstab im Haus haben!«

Kinder und Familie –

„Ey, guck disch mal die Mutter an, Alter!"

Die liebe Familie ... ist ein Auslaufmodell – behaupten Soziologen, Pädagogen und Politiker der Nation. Doch was kommt danach? Die böse Familie? Familie 2.0, Familie Doof, Familie Hartz IV oder Familie Multipaps? Sie wissen es auch nicht? Dann lauschen Sie doch einfach mal! Denn wenn die Kleinste über Omas Falten sinniert, Papa die weite Welt erklärt und Mama mal wieder den Kopf verliert, sind Sie mittendrin im Generationenhaus Deutschland. Und Kindermund tut schließlich Wahrheit kund, auch wenn Mami und Papi diese nicht einmal mehr buchstabieren können.

guck disch mal die mutter an

— Würselen. Flohmarkt am Globus.

Vor mir läuft eine leicht asozial angehauchte Familie (Mama, Papa, Tochter, ca. fünf). Die Kleine langweilt sich wohl. Sie schlägt ihrem (schlanken) Vater von hinten auf den Po.

Tochter: »Papa, Fettwurst!«
Papa (völlig unberührt): »Ey, guck disch mal die Mutter an, Alter!«

was der eine zu viel hat ...

— Overath. In einem Supermarkt.

Eine Frau steht mit ihrem Sohn (ca. drei) an der Kasse.

Frau: »Warte hier, bis der Papa kommt!«
Sohn: »Welcher Papa?«
Frau (genervt): »Wie, welcher Papa? Wie viele Papas hast du denn?«
Sohn (überlegt kurz): »Fünf?«

... hat die andere zu wenig

– *Essen. In einer Videothek.*

Vor uns läuft ein kleines Mädchen vorbei. Ihr folgt ein Mann (ca. vierzig).

Mädchen: »Papi!«
Mann (trocken): »Ich bin nicht dein Papi, ich bin nur die Liebe deiner Mutter.«

bestens konditioniert

– *Berlin. In einem Bus.*

Eine Mutter steht mit ihrem Kinderwagen im Bus. Dieser hält und hupt mehrmals, darauf das zweijährige Mädchen lautstark:

»Mein Papa sagt immer Arsch, wenn einer Tuuttuut macht!«

absprung geschafft!

– *München. In der U6 am Harras.*

Eine vierköpfige Familie (Vater, Mutter, zwei Mädchen) mit jeweils einer Reisetasche steigt in die U-Bahn ein. Die Bahn fährt an.

Vater (stöhnend): »Mist, ich hab vergessen zu stempeln.«
Tochter (ca. neun, laut fragend zur Mutter): »Fährt Papa jetzt schwarz? Ist das nicht illegal?«
Vater: »Ich renn an der nächsten Haltestelle raus und stempel.«

Die U-Bahn kommt zum Stehen. Der Vater rennt raus, Türen gehen zu und die Fahrt geht ohne Papa weiter. Daraufhin die etwas ältere Tochter ganz nüchtern:

»Papi wollte eh nie mit nach Rimini.«

reine vorsichtsmaßnahme

– *Hamburg. Am Bismarck-Denkmal.*

Eine Mutter und ihr Kind gehen auf dem Bürgersteig entlang. Das Kind springt etwa einen Meter von der Mutter entfernt hin und her. Die Mutter ist etwas genervt und möchte das Kind an die Hand nehmen. Als das Kind nicht folgt, sagt die Mutter:

»Haben wir nicht neulich zusammen diesen Bericht über die Kinderschänder gesehen, die die Kinder wegschnappen? Also los jetzt, komm an meine Hand!«

bei so viel offenheit kann man nur die stirn runzeln

– Stuttgart.

Ein dreijähriges Mädchen und seine achtzigjährige Oma.

Mädchen: »Oma, wann stirbst du eigentlich?«
Oma (entrüstet): »Wie kommst du denn auf so etwas?«
Mädchen: »Na, du hast schon so viele Runzeln im Gesicht.«

auf und nieder immer wieder

– Winnweiler. In einem Aldi.

Ein Junge (ca. acht) zu seiner Mutter: »Mama, ich hunn do was gelees üwwer den Dax. Mama, was issen de Dax?«
Mutter: »Hah, des iss des, wo manchmal hochgeht unn manchmal runner!«

bi-ba-butzebahn

– Im ICE von München nach Köln.

Alle Passagiere sind in ihre Zeitungen vertieft oder sehen stumm aus dem Fenster, sodass die gesamte Geräuschkulisse einem ca. fünfjährigen Mädchen gehört, das mit Buntstiften malt und laut dazu singt:

»Es tanzt ein Bi-Ba-Bi-Ba-Butzemann in unsrem Haus herum, fidebum.«

Das Singen, anfangs leise, wird immer lauter und kraftvoller, das Mädchen malt und singt immer wieder vom Butzemann, bis sich die anderen Passagiere langsam genervt zu ihr und ihrer Mutter umdrehen.

Mutter (peinlich berührt): »Sei doch mal leiser.«
Mädchen: »Aber wieso?«
Mutter: »Was würdest du denn machen, wenn die anderen Leute im Zug plötzlich alle anfangen würden, hier laut rumzusingen?«
Mädchen (begeistert): »Na, da würde ich doch mitsingen!«

hauptsache ungesund, der rest ist egal

– Freiburg. In einem Burger King.

Eltern und kleines Kind betreten das Restaurant. Das Kind freut sich, strahlt über das ganze Gesicht, läuft zum Tresen und brüllt:

»YEAAH, MCDONAAAAAALD'S!!!«

fahr vorsichtig, es könnte auch dein haus sein!

– Siegen. Im Auto.

Die Familie fährt durch die Stadt.

Vierjähriger: »Papa, gaaanz schnell fahren!«
Papa: »Darf ich hier nicht.«
Vierjähriger (nickt): »Zu viele Häuser.«

und dazu noch das golgatha-set von playmobil!

– Karlsruhe.

Meine fünfjährige Tochter und ich schreiben zusammen den Wunschzettel für den Weihnachtsmann. Nach einigen altersentsprechend angemessenen Wünschen kommt dieser hier:

»Ein Jesuskreuz fürs Zimmer wo Jesus drauf ist und gestorben aussieht, mit geschlossenen Augen in Bunt oder Rosa.«

dass mir ja alles dran bleibt!

– Werder/Havel. Bei einem Kinderarzt.

Ein kleiner Junge (ca. vier) mit seiner Mutter im Wartezimmer.

Mutter: »So, jetzt gehen wir in das Zimmer.«
Junge: »Aber nich den Pullermann abschneiden, ja?«
Mutter: »Nee, das machen die nich.«
Junge: »Echt nich?«
Mutter: »Ja.«

schweine sind mir wurst

– *Maltitz.*

Abendbrot im Kreise der Familie.

Kind: »Ich ess aber keinen Rinderbraten!«
Mutter: »Die Rinder tun dir wohl leid?«
Kind: »Ja! Ich ess nur Schweine.«
Mutter: »Ach, die tun dir wohl nicht leid?«
Kind: »Nein, weil die stinken!«

die mär vom hässlichen entlein

– *Bremen. In einem Bus.*

Zwei Mädchen (ungefähr in der sechsten Klasse) unterhalten sich.

#1: »Im Moment seh ich noch hässlich aus, aber das geht wieder weg!«

prämortale diagnostik

— Mallorca. Im Kloster San Salvador.

Tochter: »Lass uns eine Kerze für Oma anzünden!«
Mutter: »Hä? Oma lebt doch noch!«
Tochter: »Aber nicht mehr lange!«

do you speak english? nein, danke!

— Velbert.

Ein dreijähriges Mädchen zu Besuch bei Oma.

Mädchen: »Oma?«
Oma: »Ja, Schätzchen.«
Mädchen: »Ich bin so froh, dass ich keine Engländerin bin.«
Oma: »Warum das denn?«
Mädchen: »Weil ich doch gar kein Englisch kann!«

er hatte das kühe melken satt

— Bochum. Vor einem Kiosk.

Zwei Jungs um die zwölf.

#1: »Hey, was macht dein Vater von Beruf?«
#2: »Der ist Bauer, weißt du?«

#1: »Echt?«
#2: »Ja, voll krass ... der baut Straßen!«

fliegender elefant – es gibt ihn doch

– Im Flugzeug.

Ein Vater sitzt mit seiner Tochter (ca. zwei) neben dem Gang. Auf der anderen Seite des Ganges sitzt eine deutlich übergewichtige Frau. Als ihr etwas hinunterfällt, stellt sie sich in den Gang, dreht den beiden den Rücken zu und beugt sich vornüber, um es aufzuheben. Die Kleine hebt die Arme und ruft begeistert:

»Ein Elefant!«

frei, gleich – öffentlich!

– Hannover. In einem Wahlbüro.

Eine Familie mit zwei Kindern (ca. drei und sechs) kommt zur Ausübung ihrer staatsbürgerlichen Pflicht am Sonntagnachmittag in den gut gefüllten Wahlraum. Er nimmt den dreijährigen Jungen mit in die Kabine, sie das sechsjährige Mädchen. Man lässt sich Zeit und erklärt dem Nachwuchs das Prozedere.

Auf dem Weg zur Urne treffen sich Vater und Mutter wieder und das Mädchen fragt den Vater für alle Anwesenden deutlich hörbar:

»Papa, hast du auch die CDU gewählt?«

gaaanz harte jungs

– Detmold. Im Klamottenladen Cantus.

In der Spielecke für Kinder sitzt ein etwa sechsjähriger Junge vor dem Fernseher und guckt eine Folge von ›Tom und Jerry‹. Als ich hinter ihm vorbeilaufe, bemerkt er mich und dreht sich erschrocken zu mir um. Als er realisiert, dass ich ihn beim ›Tom-und-Jerry‹-Gucken sehe, beschwert er sich sogleich lauthals und genervt:

»Mann! Wo gibt's denn hier die harten Horrorfilme?«

Als ich nach einigen Minuten wieder vorbeikomme, sehe ich aus den Augenwinkeln, dass er wieder genauso vertieft in ›Tom und Jerry‹ dasitzt wie zuvor.

gewinnermentalität

– Augsburg. Im Ikea.

Ich war neulich mit zwei Freunden im Ikea unterwegs, da ich eine neue Badezimmereinrichtung brauchte. Unter anderem gibt es dort auch einen kleinen Schminkspiegel mit Standfuß. Im gleichen Moment wie ich geht ein Junge (ca. acht) an dem Spiegel vorbei, blickt hinein, begutachtet sich noch zwei, drei Sekunden in dem Spiegel, um ihn dann mit beiden Händen über seinen Kopf zu heben und aus lautstarker Kehle zu brüllen:

»So seh'n Sieger aus, schalalalala, so seh'n Sieger aus, schaaa-lalalalala ...!«

schule fiel aus wegen passiert nix

– *Lübeck. In einem Bus.*

Ein fünfjähriger Junge rennt quer durch den Bus und schmeißt schreiend sein Spielzeug durch die Gänge. Daraufhin die Mutter keifend:

»Sandmann fällt heute aus, wegen is nicht.«

gut gebaut oder falsch gebaut?

– *Kiel. In einem Bus.*

Eine Mutter und ihr Sohn (ca. fünf) sitzen neben mir im Bus. Vor uns sitzt eine Frau mit einem sehr großen Busen und einem tiefen Ausschnitt. Der Kleine kommt aus dem Staunen gar nicht mehr heraus, bis er dann fragt:

»Mama, hat die Frau vorne einen Po?«

high noon im kindergarten

– *Sprockvögel.*

Zwei Kinder spielen ›Cowboy und Indianer‹.

#1: »Peng, Peng ... Du bist tot.«
#2: »Nee, bin ich nicht! Du hast vorbeigeschossen!«
#1: »Wenn du nicht SOFORT tot bist, spiele ich nicht mehr mit dir!«

halt dich an deinem schnitzel fest

– *Hoppstädten. Auf dem Sportplatz.*

Während eines Fußballspiels. In unserer ›Fankurve‹ ziehen meine Kumpels mal wieder einen Freund auf.

#1: »Ja, ja ... dem Kurt musste man früher auch Schnitzel um den Hals hängen, damit wenigstens der Hund mit ihm spielt.«

Kurt schaut gespielt betröppelt auf den kleinen fünfjährigen Sohn von einem der Männer und seufzt:

»Jaa ... mich hat früher niemand lieb gehabt.«

Junge (treuherzig dreinblickend): »Doch! Der HUND!«

ich bin ein biber!

— Freiburg.

Kind (ca. drei) zeigt auf ein Bild.

Kind: »Schau mal, Mama, eine Katze!«
Mama: »Nein, Schatz, das ist ein Biber!«
Kind: »Butzemann?«

immerhin ist er stubenrein

— Hannover. In einem Bauhaus.

Eine Frau versucht verzweifelt, mit Mann und Sohn eine neue Badewanne auszusuchen, wobei vor allem der Sohn (ca. fünf) hinderlich ist.

Sie (entnervt zu ihrem Sohn): »Warte hier mal einen Moment.«

Daraufhin verschwindet sie mit ihrem Mann um die Ecke. Zwei Minuten später tönt es aus der Sanitärabteilung durch den ganzen Baumarkt:

»Maaamaaaa! Fertig!«

kein vater, keine ahnung

– Neutraubling. In einem Gymnasium.

Zwei Mitschülerinnen unterhalten sich:

#1: »Ich bringe meinem Bruder zurzeit immer Englisch bei, weil er das nicht so gut kann.«
#2: »Wie, du hast einen Bruder? Du hast doch immer gesagt, deine Mutter ist alleinerziehend.«

taktgefühl muss er noch lernen

– München. In einer S-Bahn.

Mutter und Sohn in der S-Bahn. Gegenüber sitzt eine etwas übergewichtige Dame.

Der Sohn zur Mutter: »Gell Mami, über die dicke Frau reden wir erst, wenn wir zu Hause sind?«

kindermund hat's gerne rund

– Passau. In einem Kindergarten.

Erzieherin knuddelt mit einem Kind.

Kleiner Junge: »Du, hast du auch einen Busen?«

Erzieherin (ganz verwundert): »Ja, natürlich!«
Kleiner Junge: »Kannst du den mal mitbringen, dann ist es nämlich viel kuscheliger.«

blinde behindertenfreundlichkeit

– Zittau. An der Fußgängerampel.

Kleiner Junge: »Papa, warum piept denn die Ampel, wenn sie grün ist?«
Vater (genervt): »Das ist für die Taubstummen.«

kirchenbau im comic-kollektiv

– Bad Doberan. Im Münster.

Ein vierjähriger Junge spaziert mit seiner Mutter durch das Münster.

Junge (vor Altar): »Hat das Bob der Baumeister gebaut?«
Mutter: »Ja, das hat Bob der Baumeister gebaut.«
Junge (ein paar Meter weiter): »Hat das hier Bob der Baumeister gebaut?«
Mutter: »Ja, hat er.«

Nun stehen sie vor einem Modell der gigantischen Klosteranlage.

Junge: »Hat das alles Bob der Baumeister gebaut?«
Mutter (leicht genervt): »Ja.«
Junge: »Hat der das alles allein gebaut?«
Mutter: »Nee, dem hat noch der Spongebob geholfen.«

wenn das kultur ist, tanz ich meinen namen!

– Coburg. Im Hofgarten.

Im Rahmen der Ausstellungseröffnung des Bildhauers David Nash tritt auch die hiesige Rudolf-Steiner-Schule mit einem Eurythmie-Tanz auf. Während der Vorführung quengelt ein ungefähr eineinhalbjähriges Kind hörbar im Publikum. Die Reaktion der Mutter:

»Psssst, das is KULTUR!«

auch eltern können aus fehlern lernen

– Leverkusen. In einem Bus.

Im Bus stehen ein Junge und ein Mädchen nebeneinander. Das Mädchen greift am Jungen vorbei, um sich an der Stange festzuhalten.

Junge: »Nimm deinen Arm da weg, du bist meine Schwester und nicht meine Freundin.«

Mädchen: »Na und? Ich kann doch als deine Schwester meinen Arm um dich legen, oder?«

Junge: »Du bist ja nicht mal meine richtige Schwester, du bist nur adoptiert!«

Mädchen: »Immerhin haben mich Mama und Papa gewollt!«

man muss schließlich prioritäten setzen

– Stuttgart. Flughafen, Ankunftsbereich.

Ein junger Vater holt mit seiner Tochter (ca. drei) die Mutter und eine Freundin ab, die gerade gelandet sind.

Freundin: »Na, Amélie, hast du deine Mama arg vermisst?«

Das kleine Mädchen überlegt offensichtlich ernsthaft, schüttelt dann den Kopf und strahlt:

»Ich durfte im Auto vorne sitzen!«

kleiner mann k. o.

– Essen.

Meine Neffen (sechs und neun) spielen im Garten Fußball. Der Große erwischt den Ball wider Erwarten gut und schießt mit einem Dropkick den Ball in Richtung seines kleinen Bruders. Der kann nicht ausweichen und bekommt den Ball zwischen die Beine. Schluchzend bricht er zusammen. Ich hebe ihn auf und versuche zu eruieren, wie schlimm es denn ist. Er zieht den Bund seiner Sporthose auf, schaut hinein und besieht sich seinen kleinen Freund.

Schluchzend meint er: »Ich glaub, der is tot.«

Sein großer Bruder schaut auch in die Hose, wendet sich – den Ball schon wieder auf den Boden tippend – ab und entgegnet:

»Quatsch, der ist nur ohnmächtig!«

mcparkhaus

– *Basel. Parkhaus Badischer Bahnhof.*

Mit einem befreundeten Pärchen in Basel beim Shoppen. Wir fahren in ein Parkhaus und halten vor der Barriere an, um das Parkticket zu entnehmen. Von hinten tönt daraufhin der kleine Sohn des anderen Pärchens:

»Für mich ein Happy Meal!«

kuckuck, wo bin ich?

– Bergisch Gladbach.

Mein Mann und ich liegen am Sonntagmorgen im Bett und möchten eigentlich noch schlafen. Die lieben Kleinen haben aber andere Pläne und versuchen, uns zu wecken.

Kind (drei): »Mama! Papa! Aufstehen!!«
Papa (müde): »Wir sind nicht da. Guckt mal, ob wir im Wohnzimmer sind.«
Die beiden Quälgeister machen sich zu unserem großen Erstaunen tatsächlich auf die Socken. Nach ein paar Minuten herrlicher Ruhe stehen sie allerdings wieder vor dem Bett.

Kind: »Neeee! Im Wohnzimmer seid ihr nicht.«

marketing hat meine kindheit zerstört!

– Fulda. In einem Supermarkt.

Während eines Wochenendeinkaufs hab ich mich über das Kindergeschrei in einem der Gänge gewundert. Bei näherem Hinhören konnte ich Folgendes aufschnappen.

Große Schwester (ca. sechs) rennt ihrem schreienden kleinen Bruder (ca. vier) brüllend hinterher:

»Ja, renn bloß weg! Und wenn du weiterheulst, verrat ich jedem, dass deine Jacke von KIK ist!!!«

als staubsauger hat er sich nicht bewährt

— Heppenheim. Im Media Markt.

Ein Ehepaar (Mitte vierzig) lässt sich in der Haushaltswarenabteilung von einem Angestellten beraten. Es läuft eine Alt-gegen-Neu-Aktion. Beim Kauf eines Neugerätes bekommt das Ehepaar Rabatt, wenn es ein altes Gerät zurückgibt.

Verkäufer: »Haben Sie denn nichts Unnützes im Keller?«
Mann: »Doch, unseren Sohn.«

nesthocker a.d.

— Köln. Im Bus nach Zündorf.

Ein junger Mann (Mitte zwanzig) betritt mit zwei Einkaufstaschen bepackt den Bus und trifft dort auf einen Bekannten im gleichen Alter.

Bekannter (etwas verwundert): »Warst du einkaufen?«
Mann: »Ja, ich musste. Mir ist was voll Krasses passiert. Ich komm gestern von der Arbeit nach Hause, da ist meine Mutter ausgezogen!«
Bekannter: »Wie? Ohne dir was zu sagen?«

Mann: »Ja, ich bin ganz normal zur Arbeit und als ich wiederkam, waren sie und alle Möbel weg! Und weißt du, was ganz schlimm war?«
Bekannter: »Was?«
Mann: »Als ich heute frühstücken wollte, war kein Brot da!«

pony und überbiss hat sie ja schon

– Im Flugzeug nach Hamburg.

Eine Frau im Flugzeug sitzt neben einem hässlichen kleinen Mädchen.

Frau: » ... und was willst du mal werden, wenn du groß bist?«
Mädchen: »Eine Ballerina ...«

(Pause)

» ... oder ein Pferd.«

in zehn jahren steht auch er auf doofe

– Lüdenscheid. In einer Schule.

Grundschule, erste Klasse. Die Kinder sollen, wenn sie einen neuen Buchstaben lernen, diesen im Versandhauskatalog suchen und ausschneiden. Ein Junge (sechs) kommt aufgebracht zur Lehrerin, mit dem Katalog in der Hand. Aufgeschlagen ist die Seite, auf der Badewannen abgebildet sind. Darin liegen Frauen, die zwar nackt sind, doch durch den Schaum sieht man nichts.

Junge: »Frau Mamsenhut, gucken Sie mal! Die haben sich ja alle nackt fotografieren lassen! Sind die doof?«

nicht jeder tag ist muttertag

– Hamburg. In der U2, Haltestelle Mundsburg.

Die U-Bahn ist voll. Auf einmal hört man aus einer Gruppe von Menschen Folgendes:

»Hey du, der alte Drachen ruft wieder an! Scheiße, der alte Drachen ruft wieder an!«

Ein junger Typ (ca. zwanzig) guckt aufs Display und geht ran. Er schreit fast in sein Handy:

»Ich hab keine Zeit zum Telefonieren, ruf nächste Woche noch mal an!«

Daraufhin zu seinem Freund: »Sorry, aber da war meine Mutter dran!«

ob bei den genen eine einschulung nötig ist?

– *Vlotho.*

Eine Mutter mit Kind unterhält sich mit einer Bekannten.

Bekannte: »Geht der Kleine denn jetzt auch schon in die Schule?«
Mutter: »Ja, wir gehen gerade die Liste von der Schule durch, was man alles besorgen muss. Aber die sind ja so blöd ... aber so was von blöd! Da steht drauf, sie sollen sechs Wachsmaler mitbringen und jetzt war ich schon beim WEZ und bei Jakobs, aber die haben immer nur Packungen mit vier oder mit acht Stiften drinne!«

philosophisches zur weihnachtszeit

– *Berlin.*

Kurz vor Heiligabend.

Tochter (fünf): »Du, Mama, was mache ich denn, wenn ich mal nicht mehr an den Weihnachtsmann glaube?«

punk von gestern

– Im Regionalexpress zwischen Nürnberg und Roth.

Eine Gruppe Jugendlicher steigt in den Zug ein. Einer von ihnen hat einen knallbunten Irokesenschnitt. Sie setzen sich auf einen Vierersitz neben eine Familie (Mutter, Vater, zwei Töchter, etwa vier und sechs).

Kleine (deutet auf den Iro): »Mama, guck mal den Mann da an!«
Mutter (lacht): »Ja, so hat der Papa auch mal ausgeschaut.«

Der Vater grinst erst die Leute und dann seine Tochter an. Diese betrachtet skeptisch seine glänzende Glatze und fragt dann wieder ihre Mutter:

»Und wieso is er jetzt so hässlich?«

noch schlimmer: in zehn jahren gibt es immer noch techno

– Hamm. Auf dem Bahnsteig.

Auf dem Nebengleis warten Hunderte von Jugendlichen auf den Zug zur Loveparade nach Dortmund.

Kleines Mädchen: »Du Mami, warum sind da drüben so viele komische Leute? Was machen die da?«

Mutter: »Ach, Süße, die sind alle total besoffen und zuge-kifft und fahren zur Loveparade ... Und das Schlimme ist – in zehn Jahren bist du wahrscheinlich auch dabei!«

schlecht gebrüllt, löwe!

– Jülich-Welldorf.

Mein dreijähriger Bruder und sein bester Freund haben mal wieder Unsinn angestellt und meine Mutter hat sie angebrüllt. Als sie nach der überstandenen Standpauke außer Sicht-, aber nicht Hörweite ist, sagt mein Bruder zu seinem Freund:

»Die brüllt manchmal, aba die tut nix!«

lauf yannis, lauf!

– Kiel. Im Schrevenpark.

Eine junge Mutter beim Joggen. Etwa zwanzig Meter vor ihr läuft ein kleiner Junge. Sie hat einige Probleme, an ihm dranzubleiben.

Mutter: »Yannis! Jetzt lauf doch nicht so schnell!«
Yannis: »Das muss ich aber, Mama, dann bin ich da, bevor ich nicht mehr kann!«

schaf kauft schaf

— Duisburg. Im Ikea.

An der Kasse. Vor mir steht eine Frau mit Kind im Einkaufswagen. An der Kasse liegen kleine süße Stofflämmer zum Verkauf aus.

Mutter (zu ihrem Kind): »Schantalle, mach das Mäh ma ei!«

take a walk on the wild side

— Köln. Im Rewe am Hohenzollernring.

Eine gut gekleidete, attraktive Dame um die sechzig verlässt mit ihrem Enkel den Supermarkt. Sie hält ihm strahlend eine Papiertüte mit Brezeln unter die Nase.

Sie: »Möchtest du?«
Er: »Gerne, danke.«
Sie: »Wir sollten allerdings im Gehen essen. Die hab ich nämlich grade geklaut.«

... und papa war mal ein wilder hengst

– Frankenstein.

Unser Sohn ist etwa drei Jahre alt, als er zum ersten Mal die Frage aller Fragen stellt:

»Papa, wo komme ich eigentlich her?«

Ich: »Aus dem Bauch von der Mama.«
Er: »War die Mama mal ein Känguru?«

äffentliches ärgernis

– Frankfurt a. M. Im Zoo.

Vor dem Orang-Utan-Gehege im Frankfurter Zoo stehen Oma plus Enkel und betrachten das polygame Orang-Utan-Familienleben (einmal Mann, dreimal Weib + zweimal Kind). Die Oma startet den ambitionierten Versuch, ihrem Enkel etwas über Orang-Utans, gleichzeitig aber auch über bürgerliches Familienleben zu erzählen.

Oma: »Also, des is der Vadder, der hält den Laden zusamme.« (Deutet auf das beleibte Orang-Utan-Männchen, vorne am Käfiggitter).

Der Enkel nickt und guckt.

Oma: »Und des is die Mudda (deutet auf eine der ruhig rumsitzenden Äffinnen), die guckt, dass Zuhaus alles stimmt.«

Der Enkel nickt und guckt.

Nun bewegt sich das Orang-Utan-Männchen gemächlich, aber zielsicher zu einem seiner Weibchen, besteigt es von hinten und führt eindeutige Bewegungen aus.

Enkel: »Omma, was macht der daaaa?«
Oma (nimmt Enkel an die Hand und wirkt sichtlich nervös): »Komm, wir gehn jetzt weiter zu den Fischen!«

vaterliebe oder fahrerliebe?

– Worms. Beim Flugtag.

Eine Frau mit zwei kleineren Kindern schaut einem einmotorigen Sportflugzeug beim Starten zu. Der Vater der Familie sitzt wohl als Gast mit in der Maschine. Nachdem das Flugzeug abgehoben hat, sagt der etwa achtjährige Junge zu seiner Mutter:

»Hoffentlich stürzt Papa nicht ab, der hat den Autoschlüssel!«

verliebt, verlobt, ver ... schoben

– Verden. Vor dem Standesamt.

Nach unserer standesamtlichen Trauung stehen wir mit Freunden und Kollegen vor dem Standesamt und stoßen an, als eine Frau mit ihren zwei Kindern vorbeikommt.

Kind: »Mama, was machen die da?«
Mutter: »Die heiraten ... (kurze Pause) ... das ist das, was dein Papa und ich noch nicht geschafft haben!«

frankensteins zivi

– Berlin-Schöneberg.

Zwei Kinder auf dem Spielplatz eines Kindergartens.

#1: »Ich hab mal 'n Monster gesehn!«
#2: »Wo?«
#1: »Na, hier!«
#2: »Asoo, ne, das is der Zivi.«

... und erst recht nicht mim ohne pille

— Mannheim. Bei einem Frauenarzt.

Eine Mutter und ihre Tochter sitzen im Wartezimmer. Die Tochter (ca. 14) heult.

Mutter (keift lauthals): »Wie bleed kann ma eichentlich sin! Hab isch dia beigebrocht mim ohne Gummi zu bumse?«

von wem hast du das nur?

— Recklinghausen.

Mutter spricht mit ihrem Kind auf der Straße. Das Kind versteht sie nicht richtig.

Kind: »Häh?«
Mutter: »Datt heiß nich ›häh‹, datt heiß ›watt‹!«

an diesem tag wurde ihr klar: der bart muss weg

— Ludwigsburg. In einer Kindertagesstätte.

Kind: »Du? Warst du früher auch mal ein Kind?«
Erzieherin: »Ja, na klar.«
Kind: »Warst du ein Junge oder ein Mädchen?«

schneewittchen und die sieben pferde

– Frankfurt am Main. In einem Schuhgeschäft.

Ein Mädchen (ca. zehn) zu seinen Eltern:

»Ich will die Schuhe nicht! Und wenn ich die nicht will, dann bringen mich keine sieben Zwerge dazu!«

lügen haben lange ohren

– Frankfurt. Flughafen.

Ein kleiner Junge und ein Mädchen unterhalten sich über Haustiere.

Mädchen: »Ich hab eine Katze. Die heißt Minka! Hast du auch ein Tier?«
Junge: »Ja, ich hab einen Hasen.«
Mädchen: »Wie heißt dein Hase?«
Junge (zu seiner Mutter): »Mama, wie heißt mein Hase? Hab ich überhaupt einen Hasen?«
Mutter: »Nein, mein Schatz. Du hast keinen Hasen.«

der schnullertyrann

– Im IC von Frankfurt nach Hamburg.

Zwei Muttis und ihre drei lauten Kinder nerven das Abteil.
Es ist erbarmungslos warm, die Kinder drehen total durch.
Junge (ca. vier, mit Schnuller) springt auf dem Sitz rum.

Mutter: »Kevin, springst du noch einmal auf dem Sitz
rum ...«
Kind (nimmt seinen Schnuller raus): »Maul!«

Peinlichkeiten –

„Watt? Bist du total Panne, oder watt?"

Es gibt gute und schlechte Ideen. Sich mal wieder einen Fruchtsalat zuzubereiten ist meist eine gute Idee. Ihn jedoch mit grünen »Advocardos« anzurichten, ist eher eine Idee der schlechteren Sorte. Der Weg ins Reich der Peinlichkeiten, wo rote Köpfe, verschwitzte Hände und schwindelerregende Pulsfrequenzen regieren, ist meist kurz und die Aufnahme in den Club der Gelackmeierten kostet nicht viel. Eine junge Frau in Krefeld entscheidet sich für zehn Euter Praxisgebühr, in Berlin manövriert sich ein junger Papagei vor einer Disco äußerst zielstrebig in die Bredouille. Wenn es darum geht, sich lächerlich zu machen, sind die Menschen zwischen Aachen und Zittau äußerst fantasievoll. So dramatisch die Folgen oft für den Betroffenen sein mögen. Schlechte Ideen haben auch einen großen Reiz: Diejenigen, die Zeugen von brillanten Peinlichkeiten werden, haben einen Mordsspaß.

papagei in lebensgefahr

– *Essen. Auf einer Gothic-Veranstaltung in der Zeche Carl.*

Ein schmächtiges Bürschchen in papageienbunter Kleidung und damit nicht gerade als Angehöriger der Zielgruppe des Events erkennbar, nähert sich dem Türsteher, der etwa zwei Köpfe größer und dreimal so schwer ist.

Türsteher: »Einen Moment … ich überlege gerade noch, ob ich dich hier reinlassen kann.«
Bürschchen: »Watt? Bist du total Panne, oder watt?«

€utscher versprecher

– *Krefeld. Im Wartezimmer einer Arztpraxis.*

Eine junge Dame mit außerordentlich großem Dekolleté betritt die Praxis und wartet an der Rezeption. Die schmächtige Sprechstundenhilfe nimmt der Dame das Versichertenkärtchen ab und zieht es durch den Scanner mit den Worten:

»Wunderbar, Frau Müller. Dann bekomme ich für dieses Quartal noch zehn Euter, bitte.«

(Pause)

»Oh Gott … Euro! Ich wollte sagen EURO.«

diese frucht ist anwalts liebling

– *Bremen. In einem Supermarkt an der Kasse.*

Kunde möchte eine Avocado kaufen. Die Kassiererin kann diese nicht so recht zuordnen.

Kassiererin: »Uiuiui, keine Ahnung, was das Ding kostet.«

Sie dreht sich zu ihrer Kollegin an der Nebenkasse um.

Kassiererin: »Sach ma, was kostet denn die Advocardo?«

nach dem semester zog sie nach exil um

– *Wuppertal. Universität.*

In einer Vorlesung zum Wirtschaftsprivatrecht.

Dozent: » ... eine der Grundideen ist, dass der Gesellschaftssitz nach Gusto verlegt werden kann.«
Studentin (zur Nachbarin): »Wo ist denn Gusto?«

ans kreuz mit ihr

– Passau. Im Geschichtsseminar an der Universität.

Lehramtsstudentin (verwirrt): »Wie? Jesus war beschnitten? Der war doch Christ?«

im team mit al aska und frank reich

– Nürnberg. In einem Büro einer Bankfiliale.

Während der WM 2006. Zwei Angestellte unterhalten sich.

#1: »Und, wie hat Costa Rica gestern gespielt?«
#2: »Keine Ahnung. Für wen spielt der denn?«
#1: »Meinst du das ernst?«
#2: »WAS DENN? Spielt der für Deutschland oder warum sollte ich den kennen?«

unser lehrer doktor spank

– St. Blasien. Kolleg.

Lehrer spricht zu seinen Schülern über die Vorzüge eines Softwareversandes:

»Bei SM kostet es dreißig Euro, ich besorgs euch für sieben!«

plautzentausch

– Berlin. In einem Lidl an der Kasse.

Ein älteres Ehepaar bezahlt seinen Einkauf, der auch ein paar billige Herrenhemden beinhaltet.

Dame: »Die kann man schon umtauschen, oder?«
Kassiererin (freundlich): »Ja klar. Das haben schon einige gesagt, dass die ein wenig eng ausfallen. Wenn die nicht passen, kommen Sie wieder und legen den Bauch hier vor, dann machen wir das.«

dass liehgt wol inn denn gehnen

– Friedrichsdorf. In einem Bücherladen.

Zwei Frauen unterhalten sich.

#1: »Mein Kind hat ja solche Probleme mit der Rechtschreibung.«
#2: »Die hatte ich auch lange, das gibt sich dann mit der Zeit.«
#1: »Ja, mein Mann hat auch Probleme mit der Rechtschreibung, aber seit er das Programm von Lüdenscheid hat, geht es besser.«

darwins vergessene kinder

— In der Regionalbahn nach Köln.

Drei Checker, denen anscheinend langweilig ist, sitzen im Zug auf den Notsitzen. Daneben ist eine Steckdose angebracht. Einer der drei klappt diese auf und liest die angegebene Voltzahl:

»Ey, zweihundertzwanzisch Volt! Krasse Bahn! Ich hab zu Haus 'ne Neun-Volt-Batterie und die pritzelt schon auf der Zunge! Aber zweihundertzwanzisch? Echt krass viel, Alter!«

Die anderen beiden nicken begeistert und zustimmend.

der beginn einer wunderbaren freundschaft

— Limburg. In einer Jugendherberge.

Junger Typ und junge Frau an der Rezeption.

Sie: »Hallo, ich bin Anna.«
Er: »Ich bin der Florian.«
Sie: »Ey, tut mir leid, aber ich mag den Namen Florian gar nicht. Der ist genauso schlimm wie Stefan und Christian.«
Er (mit säuerlichem Gesicht): »So heißen meine beiden Brüder.«

die enkelsohn?

– München. Hauptbahnhof, Gleis 18.

Neben mir steht ein Rentnerehepaar mit kleinem Koffer. Eine ältere Dame kommt dazu.

Ältere Dame: »Mei, wie schön, Sie zu sehen! Was machen Sie hier?«
Rentnerin: »Wir wollen die Kinder und unseren Enkelsohn besuchen!«
Ältere Dame: »Ohhh, Sie haben jetzt einen Enkelsohn? Was ist es denn, Junge oder Mädchen?«
Rentnerin (mit Stolz in der Stimme): »Er ist ein Junge!«

der ultimative small talk

– Tunesien. Im Abflugbereich des Flughafens Djerba.

Ich stehe gelangweilt mit meinem Kumpel in der Check-In-Schlange. Vor uns wartet ein Elternpaar mit einer Tochter (ca. 13). Irgendwann kommt ein anderes Mädchen auf die Tochter zu und die beiden begrüßen sich. Nachdem die Tochter das Mädel als Klassenkameradin vorgestellt hat, stellt sie ihr die Frage:

»Hey, warst du eigentlich auch in Tunesien?«

der witz bist du!

— Mettmann. Auf einer Party.

Erzähler: »Ich kenn einen prima Witz. Also: KOMMT 'ne Frau BEIM Arzt ...«

Die Zuhörer lachen alle laut auf, bis auf eine junge Frau.

Junge Frau: »Verstehe ich nicht, was soll daran so witzig sein?«
Darauf eine andere junge Frau mit erhobenem Zeigefinger: »Bist du blöd! Ich erzähl den noch mal gaaanz langsam für dich: GEHT 'ne Frau ZUM Arzt. Kennst du keine Anti-witze?«

ein und dasselbe nicht weit von sich selbst

— Wilhelmshaven. Im Bus Richtung Volslapp.

Älterer akkurat angezogener Herr schlägt seinen Rentner-Freunden vor, mal wieder Eis essen zu gehen.

#1: »Und wohin sollen wir gehen, zu Venezia?«
#2: »Dachte ich auch ... (mit erhobenem Zeigefinger und intelligenter Miene) Venezia, gibt's ja wirklich! Ist so 'ne Stadt nich weit von Venedig!«

eine nummer zu groß

— Bottrop.

Ein sehr heißer Sommertag. Eine junge Frau mit einem trotz ihrer großen Oberweite extrem weit ausgeschnittenen Neck-Holder-Oberteil steigt in einen Bus vorne beim Fahrer ein. Sie möchte ein Einzelticket kaufen, hat aber nur einen Zwanzig-Euro-Schein dabei, den sie vor sich in Brusthöhe hält. Der Fahrer, der sowieso auf Augenhöhe der Oberweite sitzt, starrt so zwangsläufig auf den Busen der Frau. Die Frau nennt die Zielhaltestelle, ist sich aber nicht sicher wegen des Scheines.

Frau (vorsichtig fragend): »Zu groß?«
Busfahrer (mit starrem Blick): »SEEEHHHR GROSS!!«

quatsch ohne sauce

— Düsseldorf. In einem Aldi.

Zwei Frauen (ca. 25) stehen an der Kasse.

#1: »Ich mach mir heute Abend Nudeln mit Pasta!«
#2: »Kenn ich, schmeckt richtig gut.«
#1: »Ja, aber ich hab mal gehört, dass das fettig ist.«

makrele macchiato

– Regensburg. In einer Nordsee-Filiale.

Kundin: »Einen Cappuccino zum Mitnehmen bitte!«
Angestellte: »Mit oder ohne Geschmack?«

interkontinentalreise ins 17. bundesland

– Hannover. In einer Kantine.

Zwei Kollegen unterhalten sich.

#1: »Gestern hab ich meine Tochter gefragt, wo wir denn
dieses Jahr im Urlaub hinfahren wollen.«
#2: »Und, was hat sie gesagt?«
#1: »Ibiza oder Mallorca. Hab ich gesagt, pass mal auf, mein
Fräulein, so lange, wie ich den Urlaub bezahle, bleibst du in
Europa!«

frauen und die frage nach dem alter

– Berlin. In einem Freizeitbad.

Vor dem Betreten des Schwimmbades erklären wir unserer
Tochter, die gerade ihren fünften Geburtstag hatte, dass
Kinder bis vier Jahre kostenfreien Eintritt haben. Deshalb
behaupten wir an der Kasse, sie sei erst vier.

Kassiererin (zu unserer Tochter): »Na, wie alt bist du denn?«
Tochter: »Heute bin ich vier, aber morgen bin ich wieder fünf!«

ganz normaler rassismus

– *St. Georgen im Schwarzwald. In einer Schule.*

Im Sozialkundeunterricht, Thema Sozialpolitik.

Lehrer: »Was ist denn für dich ungerecht?«
Schülerin: »Na ... zum Beispiel Rassismus zwischen Schwarzen und normalen Leuten.«

da kann man den glauben verlieren

– *Freiburg. In einem H&M.*

Zwei Teenies unterhalten sich beim Shoppen.

#1: » ... jaaa, und der Gregor hat gesagt, er wär ein Atheist, weißt du, was das is?«
#2: »Mhmmm ... weißt du's?«
#1: »Nö.«
#2: »Hat des nicht irgendwas mit Gott zu tun oder so?«
#1: »Ach du Scheiße, ist der also wirklich so ein Gläubiger? Ey Mann, das hätt ich nie gedacht.«

das ist ihr so rausgerutscht

– Saarbrücken. Im Karstadt an Silvester.

Pärchen bezahlt Gleitmittel. Die Verkäuferin gibt ihnen das Rückgeld mit den Worten:

»Guten Rutsch!«

er hatte wohl keinen homor

– Berlin-Kreuzberg.

Sie: »Ey, wa, nee, wie der sich aufführt!«
Er: »Na, hast dich aber auch nicht zurückgehalten!«
Sie: »Ich? Ich hab doch überhaupt nichts gesagt!«
Er: »Du hast gesagt, er wär 'ne schwule Sau!«

alles stümper außer mich

– Bochum. Universität.

Eine Studentin hält ein äußerst schlechtes Referat. Sie schließt mit den Worten:

»Obwohl es Hegel und Mommsen nicht schaffen, meine These zu belegen, möchte ich ihre Werke hier nicht abwerten. Für einige Dinge sind sie vielleicht doch nützlich.«

hohle drohung?

– Freiburg. Auf einem Weinfest.

Zwei Kerle aus einem Freiburger Problemviertel geraten aneinander, da der eine dem anderen die Freundin ausgespannt hat. Die Auseinandersetzung wird handgreiflich, woraufhin der betrogene Kerl dem anderen die Nase blutig haut. Das ›Opfer‹ droht ihm:

»Ich geh heim und hol meine Schrotflinte, und dann stech ich dich ab!«

tagebuch eines vollpfostens

– Hamburg-Eimsbüttel. In einer Kneipe.

Während einer TV-Bundesligakonferenz. Es gibt Elfmeter für Hamburg gegen Leverkusen. Die Szene zum Elfer wird gerade wiederholt.

HSV-Fan (mit Trikot): »Nee, nee, nee, das war kein Elfer, niemals. Wenn überhaupt Foul, war's außerhalb. Du Blindfisch!«

Meine Freundin und ich gucken ihn für seine Fairness bewundernd an. Der Elfmeterschütze legt sich den Ball zurecht.

HSV-Fan: »Den hält er!«

Der HSVler schießt den Elfer knallhart vorbei.

HSV-Fan (jubelnd): »JA! JAA!! JAA!!! Jawoll, weiter so!«
Ich: »Ähm, du weißt schon, dass der für euch war, oder?«
HSV-Fan (sieht mich entgeistert an): »WAAAAS? Nee, nä?«
Ich: »Doch, guck doch, da is grad die Wiederholung, der war für euch.«
HSV-Fan (schaut auf die Leinwand und lässt den Kopf auf den Tisch fallen): »Oh neeeee!!«

kinder können so grausam ... aussehen

– Hannover. In einem Supermarkt.

Eine ältere Dame steht an der Kasse im Supermarkt hinter einer Mutter mit zwei gleich großen rothaarigen Kindern im Kindergartenalter.

Dame: »Ach, ihr seid ja süß! Seid ihr Zwillinge?«
Mutter: »Nein.«
Dame: »Nein? Aber Geschwister doch, oder?«
Mutter: »Nein, sie ist meine Nichte.«
Dame (wendet sich einem der Kinder zu): »Ach, du bist ein Mädchen?«
Mutter: »Nein, das ist mein Sohn.«

ich glaub, ich bin im falschen film

– Mülheim an der Ruhr. Cinemaxx Rhein-Ruhr-Zentrum.

Während eines Filmes im Kino klingelt hinter uns ein Handy. Teenie-Mädel geht aufgeregt dran und schreit:

»Spinnst du, mich anzurufen, ich bin im Kino!«

wenn vorsätze in rauch aufgehen

– Augsburg. In einer Straßenbahn.

Typ, Anfang zwanzig, Ghetto-Style, telefoniert gut vernehmbar mit seinem Handy.

Typ: »Ey, Scheiße Mann, die ham uns voll hochgehen lassen. Gibt kein Pulver mehr in der Stadt ... SOKO Ali-Baba ... Die Wichser warn bei mir und ham die komplette Bude auf den Kopf gestellt. Die ham mein ganzes Geld mitgenommen, fünfzig Mäuse hamse mir noch gelassen, die Ärsche. Keine Ahnung was ich jetzt machen soll. Ey, ich bin voll am Sack.«

(Pause)

»Ja, Scheiße ey. Ey, du hast recht. Mann, ich muss jetzt klarkommen. Ich schwör, ey, ich muss mein Leben ändern und so ...«

(Pause)

»Ey, sag mal, hast du vielleicht noch was zum Rauchen oder so da?«

(Pause)

»Ey, fett Alter, ich komm vorbei!«

hatte ich nicht *alzheimer – erste symptome* ausgeliehen?

– Reutlingen. In einer Bibliothek.

Bibliotheksangestellte bedient eine Kundin um die vierzig.

Angestellte: »Also, Sie haben noch ein *Freche Mädchen, Freche Bücher*-Buch zu Hause.«
Kundin: »Das habe ich nie ausgeliehen, was soll denn das sein?«
Angestellte: »Ein Jugendbuch.«
Kundin: »Ne, ne, das tun Sie mal schön rauslöschen!«
Angestellte: »Das geht aber nicht. Schauen Sie doch bitte noch mal zu Hause nach.«
Kundin: »Was soll ich denn noch sagen? Ich habe das Buch nicht!«
Angestellte: »Was haben Sie denn da in der Hand?«
Kundin: »Ach ... da ist ja das Buch! Das habe ich aber nie ausgeliehen!«

mach's wie rain man!

– Dortmund. In einer Eisdiele.

Ein Mann (Mitte dreißig) schwadroniert über das richtige Verhalten bei Vorstellungsgesprächen:

»Du darfst ja nicht künstlich rüberkommen. Bei einem Vorstellungsgespräch musst du bleiben, wie du bist, verstehst du? Immer autistisch bleiben!«

in gedanken im gemüseland

– Hamburg. In einem Einkaufszentrum.

In der Schlange eines Obst- und Gemüseladens. Ein schlacksiger Mann mittleren Alters ist an der Reihe.

Verkäuferin: »Was darf's denn sein?«
Kunde: »Äh, ja ... ein Pfund Tomaten.«

Die Verkäuferin wiegt die Tomaten ab, während der Mann gedankenverloren in die Gemüsereihen starrt. Danach wendet sie sich wieder an den Kunden.

Verkäuferin: »Darf's sonst noch was sein?«
Kunde (schaut sie verwirrt an): »Nein danke, ich werde schon bedient.«
Verkäuferin: »Ja, ich weiß. Von mir.«

metrosexuelles fettnäpfchen

– Köln. Krankenhaus St. Hildegardis.

Eine hochbetagte Patientin wendet sich peinlich berührt an den jungen Krankenpfleger:

»Es ist mir wirklich sehr unangenehm und ich möchte mich dafür entschuldigen. Ich hatte Sie nämlich zuerst für einen Mann gehalten!«

in unserer familie können wir über alles reden

– Bielefeld. Media Markt, in der PC-Abteilung.

Ein Mädchen (ca. 16) läuft quengelnd hinter ihrem Vater her.

Tochter: »Oh Papa, jetzt kauf das doch. Ich will nach Hause!«
Vater: »Ja, ich bin ja gleich fertig.«
Tochter: »Papa, jetzt beeil dich, ich muss voll dringend auf Klo!«
Vater: »Ja, ich bin ja gleich fertig. Willst du schon mal ins Auto gehen?«

Er holt nachdenklich den Autoschlüssel aus seiner Jackentasche, sagt aber im gleichen Moment:

»Ach nee, dann pupst du wieder so das Auto voll, wir müssen ja auch nach Hause fahren können.«

mal was neues für den duden

— Meiningen (Thüringen). Im Fotoladen Foto Ed.

Eine Frau kommt schnellen Ganges in den Laden gerauscht und fragt:

»Entschuldigen Sie, haben Sie auch Hochzeitsalbümsers?«

dieser doktor ist aus ganz besonderem holz geschnitzt

— Köln. In einem Großraumbüro.

Im Kollegenkreis wird heftig ein ärztliches Gutachten diskutiert.

Kollege: »Also, einfach sagen, das stimmt nicht, würde ich nicht. Der Arzt ist schließlich auf seinem Fachgebiet eine Konifere!«

Dies ruft allgemeines Gelächter hervor. Die anschließende peinliche Pause durchbricht eine Kollegin:

»Ach, machen Sie sich nichts draus Herr Sanchez-Tiex! Ich hätte auch nicht gewusst, wie der Arzt heißt!«

quod erat demonstrandum

– Salzbergen.

Zwei Mädels und ein Junge sitzen im Zug. Der Junge trägt ein T-Shirt mit der Aufschrift ›Jeder hat das Recht dumm zu sein ... einige missbrauchen dieses recht leider ständig.‹

Mädchen: »Hä? Versteh ich nich!«

ins herz geklaut

– Frankfurt am Main. In einer S-Bahn.

Zwei Jungen (ca. 14) unterhalten sich.

#1: »Ey, gib ma Nummer von der Lisa!«
#2: »Wieso, Mann?«
 # 1: »Die sieht voll aus wie Paris Hilton, voll geil, ey.«
#2: »Ja, aber nee. Ich kann dir doch nicht einfach die Nummer von der geben. Das ist voll gegen Privatsphäre und so. Siehste, da kriegt die voll das schlechte Bild von uns. Was denkt'n die dann?«
#1: »Hmmm ... klar. Scheiße, die soll schon denken, ich wär cool und so. Sag doch dann einfach, ich hätte dir das Handy geklaut und die Nummer rausgeschrieben.«

ltu – looping transport unternehmen?

– Düsseldorf. Flughafen.

Ich sitze im Flieger der LTU nach New York im hinteren Drittel der Maschine. In der Sitzreihe vor mir sitzen ein Typ (ca. zwanzig) am Gang und neben ihm am Fenster sein kleiner Bruder (ca. fünf). Der kleine Junge fliegt offensichtlich zum ersten Mal. Er ist sehr aufgeregt und voller Vorfreude, er redet ununterbrochen. Als der Flieger auf der Startbahn ist, sagt der Ältere zu dem Jüngeren beiläufig:

»Onan, du weißt ja, dass wir gleisch nachem Stacht erst mal einen Looping machen, um in die Umlaufbahn zu kommen, ne?!«

Der Kleine guckt den Älteren mit großen Augen an, schluckt und sagt:

»Ja ... klar. Weiß ich.«

Der Ältere daraufhin: »Ja, dann is ja jut. Musste disch jut festhalten dann, ne!? Wir fliegen ja über Kopf kurze Zeit.«

Der kleine Onan wird daraufhin nachdenklich und still. Der Flieger erreicht die Startbahn, beschleunigt ohne Stopp sofort voll durch. Der Flieger wackelt über die Unebenheiten der Rollbahn. Als der Pilot die Nase des Fliegers anhebt und der vordere Teil des Fliegers abhebt, fängt er plötzlich

213

an, so laut zu schreien, dass es wohl selbst dem Piloten nicht entgeht:

»Ich hab Angst, ich hab Angst, ich will keinen LOOOO-PING!!!«

krieg der nachbarn: erster akt

– Gladbeck. In einer Arztpraxis.

Eine etwas betagte Patientin kommt in die Praxis und drückt der Sprechstundenhilfe eine kleine Tupperdose in die Hand.

Patientin: »Ich muss mal meinen Urin kontrollieren lassen.«

Sie reicht der Sprechstundenhilfe die Plastikdose.

Patientin: »Ich sag's Ihnen aber gleich. Das Töpfchen muss ich wieder zurückhaben, das gehört nämlich meiner Nachbarin.«

nächstes mal vielleicht: alles fit in moabit?

– Berlin. Vor der Disco MaBaker.

Eine Gruppe junger Gangsta-Typen um die 18 steht vor dem Club. Endlich sind sie am Türsteher angekommen.

Der Kleinste von ihnen schaut zu dem dunkelhäutigen, drei Köpfe größeren Türsteher hoch.

Typ (mit Fistelstimme): »Na? Alled fresch in Marrakesch?«
Türsteher (gleichgültig herunterblickend und mit wegwinkender Handbewegung): »Ciao-Cescu.«
Typ (ratlos): »Wat denn?«
Freund des Typen: »Du wirst niemals in einen Club kommen, Alter, NIE IN DEINEM LEBEN!!«

musik verbindet. oder nicht.

– Leipzig. Im Club Ilses Erika.

Gespräch zwischen einem Pärchen Mitte zwanzig.

Sie: » ... hört sich irgendwie an wie Nick Drake, oder?«
Er: »Hmm. Schon irgendwie.«
Sie (begeistert): »Du kennst Nick Drake?«
Er: »Na klar.«
Sie: »Den Musiker?«
Er: »Ja, warum nicht?«
Sie: »Echt?«
Er: »Mann! Klar kenn ich ... Nick Drake!«
Sie (skeptisch): »So? Wo kommt der denn her? Was für eine Art Musik macht er?«
Er (aggressiv): »Weißt du was? Das ist mir so was von scheißegal!«

when did norman die?

– München. Gymnasium Gröbenzell.

In einer Geschichtsstunde geht es über den Kriegseintritt der USA in den Zweiten Weltkrieg.

Schülerin: »Wer war eigentlich dieser Paul Harbour, den die Japaner da angegriffen haben?«

no woman, no revolucíon

– Halver. In einem Nippes-Laden.

In dem Laden, in dem ich arbeite, werden seit kurzer Zeit Buttons verkauft. So ziemlich alle Enddreißiger fühlen sich in ihre Jugend zurückversetzt. Eine Frau, die die Buttons gerade entdeckt hat, sagt zu ihrem Mann:

»Und damit hatte ich früher mal die ganze Jacke voll!«

Sie wühlt ein bisschen in der Kiste und hält einen Button mit dem Gesicht Che Guevaras hoch.

»Guck mal, sogar den Bob Marley haben die hier!«

zum führerschein geprügelt

– *Düsseldorf. Fahrlehrerfachschule.*

Dozentin: »Warum brauchen wir Pädagogik?«
Fahrlehreranwärter: »Weil schlage verbode und Gewalt keine Lösung ist.«

(Pause)

Dozentin: »Wir haben wohl noch viel Arbeit vor uns.«

schwieriges beruferaten

– *Paderborn. In einem Bus.*

Ein Fahrgast betritt den Bus. Fahrer und Fahrgast kennen sich augenscheinlich.

Fahrgast: »Jaja, ich arbeite nicht mehr als Elektriker, bin jetzt da in dem Lager bei Wulf ...«
Fahrer: »Aha ...«
Fahrgast: »Du, ich hab ja gehört, du arbeitest jetzt auch nicht mehr als Elektriker?«
Fahrer: »Nee, nicht mehr ...«
Fahrgast: »Und? Was machst du jetzt beruflich?«
Fahrer (verdutzt): »Äh, bitte was?«
Fahrgast: »Ich meine, was du jetzt tust?«

(Pause)

Fahrer: »Ich bin jetzt Lokführer, aber weil wir gerade strei-
ken, verdiene ich mir mit Busfahren was hinzu.«

sind wir nicht alle ein bisschen tourette?

– Bochum.

Auf einer Familienfeier. Ein Mann erzählt, dass ihm etwas
Ungerechtes bei der Arbeit widerfahren ist.

Sie (schaut mitfühlend): »Ach, du Arsch.«
Er (verwirrt): »Häää?«
Sie: »Äh, wollte sagen: du Schwein.«
Er (gänzlich verwirrt): »Warum denn?«
Frau (stotternd): »Ah neee, ich meinte: du armes Schwein!«

und das soll der vater meines kindes werden?

– München. Im Karstadt.

Am vierten Adventssamstag. Ein Pärchen Ende zwanzig in
der Spielwarenabteilung.

Er: »Ich brauch noch was für meinen Cousin. Guck mal,
das wär doch was.«

Stolz hebt er einen Elefanten und ein Zebra aus Hart-
gummi aus einem Glasregal. Die Dinger kosten rund dreißig Euro und sind ziemlich filigran verarbeitet.

Sie: »Spinnst du? Das kannst du doch keinem Zweijährigen
schenken!«
Er: »Warum denn nicht? Die kann meine Tante dann in die
Vitrine stellen und wenn der Kleine hochgehoben wird,
kann er sich die Tiere angucken!«

kalt erwischt

— Bochum-Wattenscheid. An einem Kiosk.

Kunde: »Ich hätte gerne 'ne Dose Cola!«
Verkäufer: »Kalt?«
Kunde: »Ooch, wenn man 'ne Jacke anhat geht's.«

sprich nicht mit der katzenfrau

— Veitsbronn. In einer Metzgerei.

Eine Oma ist an der Reihe. Nachdem sie umständlich und
unentschlossen ihre dreihundert Gramm Aufschnitt ausgesucht hat, fällt ihr noch das Wichtigste ein.

Oma: »Jetzt brauch ich noch Futter für meinen Kater, den
Süßen!«

(unentschlossene Pause)

»Aaaaachhh ... was soll ich denn nehmen? Wissen Sie, mein Kater, der ist doch soooo heikel. Nachher frisst er's mir wieder nicht, dann darf ich's wieder essen.«

stalker oder radio-talker?

– München. Radio Gong.

Der Radiomoderator einer Morning-Show ruft eine junge Frau an, um ihr eine Gewinnnachricht zu übermitteln. Da sie von dem Anruf geweckt wird, geht sie benebelt ans Telefon und klingt etwas verschüchtert.

Frau: »Hallo?«
Moderator: »Hast du Angst?«

Die Frau legt auf. Der Moderator ist etwas perplex und ruft noch mal an. Nun geht die Mutter der jungen Frau ans Telefon und schreit in den Hörer:

»Du bist ein Arschloch und sonst gar nix!«

statt sturm nur laues lüftchen

– Bonn. In einer U-Bahn.

Zwei Mädchen sitzen in meiner Hörweite in der U-Bahn und zermartern sich das Hirn über ein passendes Motto für ihren Abiturjahrgang.

#1: »Mir fällt einfach nix Tolles ein!«
#2: »Lass ma Brainstorming machen.«
#1 (verwirrt): »Aber da is doch gar kein Abi drin!«

stichhaltiges angebot

– Darmstadt.

Unser Taxi hält am Ziel. Der Fahrer dreht sich erwartungsvoll um. Einer der Fahrgäste auf der Suche nach Geld:

»Können Sie auf zwanzig Messerstiche rausgeben?«

ihr ganz persönliches schleudertrauma

– Dresden. In der Herrenabteilung bei Peek & Cloppenburg.

Ein Kunde mit Halskrause (Ende zwanzig) lässt sich von einer molligen Verkäuferin beraten.

Verkäuferin: »Was haben Sie denn mit Ihrem Hals gemacht?«

Kunde: »Ach ... Gokart fahren.«

Verkäuferin: »Gokart fahren? Sind Sie nicht etwas zu alt
fürs Gokart fahren?«

Kunde (sehr trocken): »Sind Sie nicht etwas zu dick, um hier
zu arbeiten?«

too much detail!

– Langenfeld. In einem Real.

Ein Ehepaar ist mit seiner kleinen Tochter beim Einkaufen.

Mutter: »Gib der Mama doch mal einen Kuss!«

Tochter: »Nein!«

Mutter: »Ach komm, nur ein kleines Bussi.«

Tochter: »NEIN!«

Mutter: »Warum denn nicht?«

Tochter: »Du nimmst Papas Pipimann in den Mund! Das
mag ich nicht!«

in your face!

– Berlin. Humboldt-Universität während einer Vorlesung.

Der Dozent erklärt fleißig, hat dabei ein Stück Kreide in der
Hand. Dieses hat er zwischen Daumen und Zeigefinger und

merkt nicht, wie er in Richtung der Studenten seinen Mittelfinger ausstreckt. Der ganze Hörsaal schmunzelt schon, der Dozent bemerkt das Raunen und wird langsam auch etwas unruhig. Dann guckt er gezielt eine Studentin an und fragt:

Dozent: »Darf ich denn auch mal mitlachen?«
Studentin: »Es tut mir leid, aber ... es ... es ist Ihr Gesicht! (dann etwas leiser) Ach du Scheiße!«

versteckte welten

– Landau. In einem Club.

Betrunkener Junge: »Da drin sieht's geil aus. Ich geh da rein!«
Freund: »Alter, das is'n Spiegel!«

über den jordan gewandert und nicht mal 'ne karte geschrieben!

– Bergisch Gladbach. Bus- und S-Bahnhof.

Wie aus dem Nichts taucht eine riesige Gruppe von älteren Menschen in Wanderklamotten auf, ausgestattet mit Walking-Stöcken, Wollsocken bis über die Waden usw. Die Mitglieder wuseln über den Bahnhof und unterhalten sich schnatternd über den neuesten Klatsch und Tratsch.

#1: »Ist das auch mal wieder schön, die ganzen Leute wiederzutreffen!«

(Pause)

»Sach ma, wo ist eigentlich die Anneliese?«

#2 (gleichgültig): »Ach, die ist doch schon seit zwölf Jahren tot.«

mein mann hat mir heute einen strauß brote geschenkt!

– *Dallgow. In einem Supermarkt.*

Ein Mann kommt mit seinem Kassenbon zur Kassiererin zurück.

Mann: »Sag'n se mal, was is denn datt hier? Ich hab doch keen Baguette gekooft.«

Er zeigt auf den ersten Artikel auf dem Bon.

Kassiererin (nimmt den Bon): »Neee, da steht nicht Baguette, sondern Bouquet ... das sind die Blumen, die Sie gekauft haben.«
Mann: »Ach sooo, na dann ist ja alles klar.«

Er verlässt den Laden.

Kassiererin (grinsend): »Jaja, Englisch müsste man können.«

1,2,3,4 eckstein, alles muss versteckt sein

– Berlin. In einem Kindergarten.

Kind (zu Erzieherin): »Die Mama versteckt Papas Lulu immer in der Nachttischschublade.«

wenn dumm geld macht

– Lüdenscheid. In der Fußgängerzone.

Vor mir stolziert eine aufgestylte Mädchenclique. Eines der Mädchen erklärt ihren Freundinnen, wie man ein Studium finanzieren kann.

Mädchen: »Ey, es gibt so'n Stupendium, da kriegt man alles bezahlt.«

im zweifel für den angenuschelten

– Berlin. In einer Bäckerei.

Die Verkäuferin reicht einem Kunden seine Backwaren.

Verkäuferin: »Dreieuroneunzigbitte!«
Kunde: »Wie bitte?«
Verkäuferin (lauter): »Drei Euro neunzig.«

Der Kunde zahlt und geht.

Die Verkäuferin wendet sich erstaunt zur nächsten Kundin.

Verkäuferin: »Nuschel ich?«
Kundin: »Wie bitte?«

sie ist vollkommen aus dem höschen

– *Bremen. Zwischen Brill und Wall.*

Gegen ein Uhr nachts. Ein Mädchen geht mit forschem Schritt und laut protestierend vor ihren zwei Freundinnen die Straße hoch. Sie hat einen Slip in der Hand:

»Da frag ich ›Zeichnet sich mein Schlüpfer ab?‹ Dann heißt es ›Ja!‹ Dann zieh ich ihn aus, und dann ist es auch wieder nicht richtig!!«

zum versprecher verführt

– *Gedenkstätte Dachau.*

Alle neunten Klassen fahren einmal nach Dachau ins ehe-

malige Konzentrationslager. Vor dem Ausflug wurde uns
mehrfach und eindringlich von unserem Lehrer einge-
schärft, dass die Leute, die die Führungen organisieren,
»Betreuer« genannt werden sollen. Als die »Betreuerin«
kommt, geht unser Lehrer auf sie zu und begrüßt sie:

»Sie sind also die ... der Führer?«

vom schluckspecht wurde sie zur schnappschildkröte

– *Grafschaft.*

Auf einer Geburtstagsparty unterhält sich eine Gruppe junger Frauen.

Junge Frau (25): »Ich mag Kinder, ich möchte gerne selber
welche haben.«

Ihr Freund hat dies gehört und wirft für alle im Raum gut
hörbar ein:

»KINDER? DIE SCHLUCKST DU DOCH ALLE
RUNTER!«

Surreales –

„Ich wollt ich wär zwei Hünde."

Ärgern Sie sich auch manchmal über zu hohe Ticketpreise in den öffentlichen Verkehrsmitteln? Ja? Dann sollten Sie vielleicht mal wieder zum Pferdemetzger Ihres Vertrauens gehen. Der stellt Ihnen einen Freibrief zum Schwarzfahren aus. Verstehen Sie nicht? So ging es wohl auch dem engagierten Belauscher folgender befremdlichen Szene in einem Dortmunder Bus. Der alltägliche Wahnsinn ist voller schräger Typen, skurriler Szenen und absurder Dialoge. Egal ob dampfbügelnde Skater, wandelnde Weltwunder oder depressive Delfine: Nichts ist so verrückt wie die Wirklichkeit.

auf den hund gekommen

– Duisburg. An der Ruhr.

Ein Mann mit zwei Hunden betritt eine Kneipe. An der Theke lehnt ein anderer Mann, der bereits gut vollgetankt hat. Schwankend wendet er sich den Hunden zu, betrachtet sie sinnend und teilt der überraschten Menschheit mit:

»Ich wollt, ich wär zwei Hünde. Dann könnt ich zusammen spielen!«

he was a dampfbügelsk8ter boi

– Zwischen Köln und Bonn. In der Regionalbahn.

Mit mir im Abteil sitzen zwei Skater-Jungs (ca. 15) in vollem Markenoutfit samt Multimediaausstattung. Beide fläzen sich sehr entspannt in die Sitze. Der eine bewundert die überweite, auf Halbmast hängende Skaterhose des anderen:

#1: »Echt coole Hose, Mann!«
#2: »Krass, ne? ... Aber hier, fass die mal an. Dat is 'ne Qualität, die findste nich überall. Die bügelt sich echt krass. Ey, da gleitet dat Bügeleisen nur so drüber!«

pferdefleisch kommt ticket gleich

– Dortmund. Im Bus 440 Richtung Flughafen.

Ein älterer Herr, der nicht ganz frisch aussieht, steigt in den Bus und zeigt sein Ticket vor. Der Busfahrer nimmt das Ticket für eine genauere Untersuchung in die Hand.

Busfahrer: »Wo sinse denn vorher eingestiegen?«
Alter Herr: »In der Innenstadt. Und jetzt war ich noch Einkaufen, in Hombruch.«
Busfahrer: »Das liegt ja nicht auf dem Weg. Mit dem Ticket hier dürfense keine Rundreise machen.«
Alter Herr (in scharfem Ton): »Ich war aber beim Pferdemetzger!«

and I think to myself ... what a wonderful world!

– Aachen. Im Bus Linie 13.

Auf den beiden Sitzen direkt hinter dem Fahrer sitzen zwei Männer, die offensichtlich nicht miteinander bekannt sind. Es geht zunächst um das Feuerwerk, mit dem die Stadt Aachen das Ende der Reit-WM feierte.

#1: »Haben Sie denn gestern auch das Feuerwerk gesehen?«
#2: »Ja, von Eilendorf aus noch, hab ich mich gewundert, das war doch in der Soers?«

#1: »Ja, in der Soers, nein, vom Lousberg haben die das gestartet.«

#2: »Ach so, dann ist klar, ich hatte mich schon gewundert, von Eilendorf aus hatte ich das noch gesehen, aber dann ist klar, Lousberg.«

#1: »War aber toll, das Feuerwerk!«

#2: »Ich will gar nicht wissen, was das gekostet hat. Ist doch alles Schickimicki, mit den Pferden! Das ist Tierquälerei, ein Pferd würde niemals von sich aus über so eine Hürde springen, das würde immer drum rum laufen.«

#1: »Ja, aber das ist immer noch besser als bei den Mastschweinen!«

#2: »Ja, alles Tierquälerei!«

#1: »Jaja, die Welt ist schlecht!«

#2: »Und das ist sie auch schon immer gewesen! Das ist, weil die Menschen schlecht sind. Solange es Menschen gibt, wird die Welt schlecht sein!«

#1: »Genau! Auf Wiedersehen!«

#2: »Auf Wiedersehen!«

außer bese nix gewese

– Karben. Am Bahnhof.

Zwei Männer unterhalten sich in schönstem Hessisch.

#1: »Hier Rischard!«

#2: »Ei, was denn?«

#1: »Hier, du baust doch grad deheim, oder net?«

#2: »Jou.«

#1: »Ei, isch hab doch grad letzt bei mir de Keller ausge-
räumt.«

#2: »Un?«

#1: »Ei, da find isch doch so'n Bese!«

#2: »En Bese?«

#1: »Ei, en Bese, hier, fast wie neu, sach isch dir. Und da hab
isch gleich annen Rischard gedacht, weil der baut doch
grad, der kann so'n Bese bestimmt gut gebrauche!«

#2: »Ah ... jou.«

sie hätten ihn nicht adolf nennen sollen

— *Bremen-Sebaldsbrück.*

Ein Junge steht allein in der Linie 10 der Bremer Straßenbahn. Plötzlich ruft er:

»Ich bin NICHT Hitler!«

Er guckt kurz nachdenklich, ruft dann weiter:

»Wirklich nicht!«

blöder hund, blöder!

– *Mannheim. Hauptbahnhof.*

Ein Mann mit Hund versucht, eine Rolltreppe hochzufahren. Gleichzeitig versucht er, seinen Hund auf eine parallel verlaufende Steintreppe umzuleiten, damit dieser dort neben ihm hochläuft. Der Hund versucht jedoch immer wieder, sich mit auf die Rolltreppe zu quetschen. Der Mann wird immer wütender und schreit seinen Hund an:

»Nein, du darfst das nicht! Geh da hoch! Nein, hier lang, hab ich gesagt.«

Völlig entnervt brüllt er schließlich:

»Mann, kannst du nicht lesen! Hunde auf der Rolltreppe verboten!«

das wunderbare achte

– *Viersen. Allgemeines Krankenhaus.*

Demente Patientin (im Brustton der Überzeugung): »Bin ich ein Weltwunder!?«
Pfleger: »Aber klar!«

born to burn

— Wassermungenau. In einer Kirche.

Während eines Konfirmationsgottesdienstes. Der Pfarrer schneidet in seiner Predigt das Thema Lethargie an. Plakativ führt er in diesem Zusammenhang das Burn-out-Syndrom an.

Pfarrer (mit bedeutungsschwangerem Ton): »Burn-out. Wörtlich übersetzt heißt das ›ausgeboren‹.«

Fromme Stille erfüllt den Raum.

»Ich persönlich würde jedoch auf Deutsch dazu sagen: ›ausgebrannt‹.«

Trotz inzwischen auftretender Unruhe gründet er seine weiteren Ausführungen darauf, dass Jesus auch für uns ›ausgeboren‹ sei.

das kippenwunder von der körnerstraße

— Köln. U-Bahn Linie 4, Haltestelle Körnerstraße.

Später Abend. Zwei Stadtstreicher steigen in die Bahn ein, der eine mit einer Sporttasche, der andere mit einer arg zerdengelten Packung Zigaretten in der Hand. Offensichtlich sind sie beide stark angetrunken. Als die Bahn losfährt, fangen die beiden lautstark an zu diskutieren:

#1: »Ey, schau mal nach, wie viele Kippen sind in der Magnum?«

#2 (macht die Schachtel auf, schaut rein): »Zehn!«

#1: »Kann gar nicht sein, schau noch mal!«

#2 (schaut noch mal): »Neun!«

#1: »Du bist doch blöd! Das kann nicht sein, gib mal her!«

#2 gibt ihm die Schachtel.

#1 (zählt selbst nach, schaut verdutzt): »Neun!«

#2: »Sach ich doch!«

#1 (gibt ihm die Packung zurück): »Kann aber nicht sein!«

#2: »Doch, wir haben doch eben in der Kneipe noch welche geraucht!«

#1: »Quatsch, das sind nicht so wenige, in jeder Marlboro sind 17 Stück und das da ist 'ne Big Box! Schau doch mal da drauf!«

#2 (versteht ihn offensichtlich nicht, öffnet die Packung erneut und schaut nach): »Acht!«

#1: »Nee, gib mal her, zeig ich dir!«

#2 gibt ihm die Zigaretten. #1 dreht die Packung ein wenig in den Händen, schaut von außen drauf.

#1 (triumphierend): »Da steht's doch! 24 sind da drin!«

#2 (verdutzt): »Wie jetzt?«

#1 (zeigt mit dem Finger auf die außen aufgedruckte ›24‹): »Ja, steht doch da!«

#2 (erleichtert): »Dann is ja gut, dann reichen die ja doch noch für heute Abend!«

buchstäblich tabu

– München. In einer Hauptschule.

Während der Mittagsbetreuung. Drei Betreuer und einige Kinder (ca. elf-14) sitzen im Aufenthaltsraum und spielen Tabu. #1 muss den Begriff Stammbaum erklären.

#1: »Alder, also ... isch fick deine Generation ... isch fick dein!«
#2: »Isch fick dein Mudda!«
#1: »NEIN! ... Isch fick deine Ge-ne-ra-tion – isch fick dein!!?«
#2: »STAMMBAUM!«
#1: »KORREKT!!!«

bei diesen früchten bin ich leidenschaftslos

– München. Schwabing.

Im Rewe-Supermarkt im Parkstadtcenter. Ich stehe an der Kasse und möchte eine Passionsfrucht kaufen. Die Frau an der Kasse kann offensichtlich nicht allzu viel damit anfangen. Sie guckt auf die Frucht, hält sie dann hoch und dreht sich um, um ihre Kollegin um Rat zu fragen:

#1: »Ey! Was ist das denn für ein Obst?«
#2: »99 Cent!«

am dialog vorbeigesemmelt

– Oberursel. In einer Bäckerei.

Kundin: »Was kosten die Brötchen da?«
Verkäuferin: »Welche?«
Kundin: »Fünfzig Cent.«
Verkäuferin: »Die da?«

du bist wochenende

– Augsburg. Maximilianstraße.

Es ist Freitag. Ich bin gerade in der Mittagspause beim
Bäcker, als zwei noch sehr verschlafen wirkende Studenten den Laden betreten. Der eine bestellt drei Brötchen
und zwei ›Colakracher‹, die sie gemeinsam verschlingen.
Als sie rausgehen, verabschieden sie sich von der Bäckerin.

#1: »Schönen Sonntag noch!«

Die Bäckerin guckt verdutzt.

#1: »Ähh ... Samstag!«
#2: »Ich glaub, heut ist Freitag!«

frauen, drogen, straßenbahn

– Bremen. In der Straßenbahn.

Es steigen einige fröhliche Jugendliche mit Bier in den Händen in die Bahn ein. Zudem zwei absonderliche Männer mit nackten Oberkörpern, die sofort das Gespräch mit den Teenies suchen. Schnack hin, schnack her, nuschel, nuschel. Der eine Mann erzählt sich selbst Geschichten und wendet sich plötzlich einem der Jugendlichen zu:

»Ja, ja ... ihr habt die Frauen.«

(Pause)

»Ja, ja, ihr habt die Frauen.«

Lange Pause. Dann, wie aus dem Nichts:

»Aber wir! Wir haben den Stoff!«

Sein Kumpel (klagend): »Dass du immer alles raushauen musst! Hättest du einfach die Klappe gehalten, hätte das keiner gemerkt.«

scheißegal, aber du kommst hier nicht rein

– Frankfurt am Main. S-Bahnhof Stadion.

In der Commerzbank-Arena findet eine Großveranstaltung statt. Da kein Bundesliga-Spieltag ist, frage ich zwei umherstehende Securities nach dem Grund der Veranstaltung. Fünf Meter weiter stehen zwei Polizisten.

Ich zu Security #1: »Entschuldigen Sie bitte, was ist denn da heute für eine Veranstaltung?«
Security #1: »Keine Ahnung ... (zu Security #2) EY!!! Was ist denn da heute?«
Security #2: »Weiß nicht. (zu Polizist) Was'n heut?«
Polizist: »Samstag!«

es pflegt sie: der falsche umgang

– Karlsruhe. Bei einem Pflegedienst.

Eine alte Dame im Wortgefecht mit ihrem Pfleger.

Sie: »Du Schwein!«
Er: »Ach, sind wir denn jetzt schon per Du?«
Sie: »Was? Per Du? Das verbitte ich mir!«

her mit dem hot stuff!

– *Posen (Polen). Auf einer Maschinenbau-Messe.*

Ein älterer Herr kommt an den Messestand, schaut sich interessiert um, wendet sich dann an einen der Standbetreuer und fragt in sehr schlechtem Deutsch:

»Hast du Tieten? Hast du Miezen?«

Ungläubiges Staunen aufseiten des Angesprochenen. Schließlich ist es eine technische Messe. Aber freundlich, wie man ist, fragt man noch mal nach. Man könnte sich ja verhört haben.

Älterer Herr erneut: »Hast du Tieten? Hast du Miezen?«

Erneute Ratlosigkeit. Schließlich zeigt der Herr wort- und vor allem gestenreich auf die Werbegeschenke, die im Stand ausliegen. Endlich wird klar, was er möchte: Tüten (Plastikbeutel) und Mützen (Baseballcaps).

im ausverkauf stecken geblieben

– *Augsburg. Bei H&M in der Damenumkleide.*

Frau in der Kabine nebenan:

»AAARGH!!! Ich krieg mein Arsch nimme raus!«

me, myself and i

– Bremen. Straßenbahn Linie 3.

In der ansonsten leeren Bahn sitzt nur noch ein Mann, scheinbar in sich versunken. Er niest.

Mann (zu sich selbst): »Gesundheit!«

(Pause)

Mann: »Danke!«

kamellensturm, konfettikanonen und bonbonbomben

– Köln. Rudolfplatz.

Altweiberfasching. Eine übergewichtige Prinzessin steht volltrunken, mit schiefem Diadem, völlig verdreckten Stiefeln und zerstörtem Make-up an einer roten Ampel und beäugt misstrauisch und depressiv das jäcke Treiben der Kölner gegen halb drei in der Nacht.

Prinzessin (zu sich selbst): »Kein Wunder, dass wir den Krieg verloren haben!«

kummer wegen nummer

– Köln. In einem Büro.

Nach der Mittagspause höre ich routinemäßig meinen An-
rufbeantworter ab. Folgende Mitteilung eines mir bis dato
völlig unbekannten Anrufers ist zu hören:

»Guten Tag, meine Name ist Dien. Herr Eierschrad, bitte
rufen Sie mich DRINGEND zurück unter der Rufnum-
mer ... äääh ... null eins sieben null ... äääh ... neunzehn
vierzig dreihundertfünf ... äääh ... Moment, nein, das ist
die dreihundertvier ... also noch mal ... nulleinssiebennull
und dann die neunzehn vierzehn ... -zig, vierzig! Und dann
die ... das stimmt doch alles nicht. SCHEISSE! ... ACH
VERGESSEN SIE'S!« (Legt auf)

unterirdisches gespräch

– München. Heimeranplatz, in der U-Bahn.

Früher Abend. Ein Mann in Anzug steht in der U-Bahn,
offensichtlich auf dem Nachhauseweg vom Büro. Kurz
bevor die Türen schließen, drängt sich ein weiterer Mann
in das Abteil. Er scheint den ersten Mann zu kennen.
Beide nicken sich erkennend zu, stehen direkt nebeneinander. Eine unangenehm lange Pause entsteht. Schließlich:

Anzugmann (interessiert): »Und?«
Mann #2: »Nichts und!«
Anzugmann (verwundert): »Das ist ja auch eine Aussage.«

Schweigen für den Rest der Fahrt.

zu viel möpse im kopf

– *Velbert. Tierfuttergeschäft Fressnapf.*

Ein älteres Ehepaar vor mir an der Kasse.

Mann: »Ich hab eine Hundeleine bei Ihnen gekauft, die ist jetzt kaputt.«
Verkäuferin: »Wie alt ist die Leine denn?«
Mann: »Mops, ca. sechs Kilo schwer, da kann die Leine doch nicht so schnell kaputtgehen!?«
Verkäuferin: »Ich meinte eigentlich, wie lange Sie die Leine schon haben?«
Mann (überlegt): »Ähhhh ... ca. acht Meter.«
Verkäuferin: »Äh, wann haben Sie die Leine gekauft?«

Der Mann dreht sich verwirrt zu seiner Frau. Es verstreichen fünf Sekunden.

Frau: »Ja, ich glaub auch, acht Meter!«

es geschah am helllichten tag

– Uelzen. Veerßer Straße.

Zwei ältere Damen flanieren durch die Innenstadt. Vor dem Einrichtungsgeschäft ›Schöne Dinge‹ bleiben sie stehen. Eine der Damen deutet auf etwas und spricht dabei zu ihrer Begleitung:

»Das. Das ist das. Ist das, das ...? Was ist das?!?«

ob er den geburtstag seiner frau kennt?

– Plauen.

Zwei Bauarbeiter unterhalten sich an einer Imbissbude im breitesten Vogtländisch.

#1: »Mei Schef kommt morschen wiedor vorbei. Die alde reische Schwabnsau!«
#2: »Is der ah so geizisch wie alle Schwabn?«
#1: »Nu klor! An seim Geburdsdooch wor der hier mit seim Benz, der hat nisch mal'n Kasten Bier ausgebn!«
#2: »Red kein Mist!«
#1: »Klor! Isch wees des noch ganz genau, weil des wor am dreiundzwanzischtsten April ... drei Tage nach'm Adolf sein Geburdsdooch!«
#2: »Scheiß Schwabn!«

ob er es überlebt hat?

– *Dresden. Ufa-Kino.*

Ein alter Mann an der Kinokasse:

»Einmal ›Stirb langsam‹ für Rentner bitte!«

petra pan

– *Augsburg. Universität, Alte Cafeteria.*

Zwei Mädels unterhalten sich neben mir am Tisch über die Dinge des Lebens.

#1: »Ich hab da einfach keine Lust mehr drauf. Diese ganze Profilierungsscheiße, immer besser als die andern sein zu müssen ... Ich will wieder'n Kind sein!«

(auf einmal schluchzend)

»Ich will 'nen Hund!«

rede nicht mit fremden, mein junge!

– München. Im Michaelibad.

An einem sonnigen Sommertag im Freibad. Eine Lautsprecherdurchsage schallt durch das Gelände:

»Achtung, Achtung! Eine Durchsage: Bei uns an der Information ist ein kleiner Junge von ungefähr drei Jahren; er heißt ... (Pause) ... wissen wir nicht und ist bekleidet mit ... (noch längere Pause) ... NICHTS – dieser Junge sucht seine Eltern. Sollten Sie sich angesprochen fühlen, oder einfach nur ein nacktes Kind vermissen, melden Sie sich bei der Information.«

snoop doggy dackel

– Leipzig. In der Fußgängerzone.

Ein Junge und ein Mädchen um die 18 unterhalten sich.

Sie: »Ey, mein Ex dreht so hohl, seitdem er seine neue Ische hat.«
Er: »Warum?«
Sie: »Der macht jetzt dermaßen einen auf cool. Der hat sogar seinen Hund umbenannt, nur um der Tussi zu imponieren. Snoop Doggy Dog! Das musst du dir mal geben. Der nennt seinen Hund in Snoop Doggy Dog um wegen so 'ner Schlampe.«

Er: »Wie hieß der Köter denn vorher?«

Sie: »Willi! Ich mein, der Hund ist schon zehn oder so! Der muss doch auch mal an das Tier denken, der Hund kriegt doch 'nen Schaden. Und ich mein, der Dackel sieht echt nicht aus wie'n Rapper!«

strange vibrations

– *Augsburg. Prinz-Karl-Viertel.*

Abends. Mein Kumpel hängt total bekifft auf dem Sofa herum. Vor ihm auf dem Tisch klingelt sein Handy.

Bekiffter Kumpel (panisch): »Scheiße, irgendwas macht was!«

surreales lautsprechergeflüster

– *Berlin. Flughafen Tegel.*

Ich warte auf meinen Flug nach Bayern.

Durchsage 1: »Der Besitzer einer goldenen Kiste möge sich bitte zur Information begeben!«

Die Durchsage wird zweimal wiederholt.

(kurze Pause)

Durchsage 2: »Die Dame, die gerade beim Frisör war, möge sich bitte wieder bei Selbigem melden!«

Die Durchsage wird zweimal wiederholt.

(kurze Pause)

Durchsage 3: »Der Besitzer der goldenen Kiste möge sich bitte zur Information begeben! Es wurde jetzt ein passender goldener Schlüssel gefunden.«

(Pause)

Durchsage 4: »Die Dame, die vorhin schon beim Frisör war, möge bitte NOCH EINMAL zurückkommen!«

da lacht der ganze hof und du bist doof

– Mannheim. In einer Straßenbahn.

Nachmittags, viele Senioren. Ganz hinten sitzen ein paar Halbstarke und sind ziemlich laut. Die anderen Fahrgäste pikiert, genervt. Vorne steigt eine Frau (ca. 35) ein, unscheinbar. Sie ist geistig behindert.

Plötzlich schreit der eine Halbstarke den anderen an, sodass die ganze Straßenbahn zusammenzuckt:

»Ey, du Wichser!«

Von vorne schallt es zurück, melodisch:

»Selber, selber, da lachen ja die Kälber!«

vom thema abgetrieben

– München. Hauptbahnhof.

Im U-Bahn-Untergeschoss. Ein Pärchen, beide etwa 17. Er in aggressivem Ton zu ihr:

»Ey, eins sag ich dir: Wenn du schwanger wirst und du treibst mein Kind ab, dann treib ich dich ab ... Hey! Was is das denn für ein krasser Hund da vorne! So einen hatte ich auch mal!«

warum nicht mal 'ne schnitte?

– Cottbus.

Während meines Zivildienstes bei ›Essen auf Rädern‹. In unserem Programm stehen zwei Speisen zur Auswahl. Einmal die Woche wird den Pflegebedürftigen der Speiseplan vorgelesen, damit sie auswählen können, welche Gerichte sie wünschen.

Zivikollege: »Am Montag gibt es Milchreis oder Fischschnitte. Was möchten Sie?«

Oma (überlegt etwas länger): »Ich nehme die Milchschnitte!«
Woraufhin ich und mein Kollege spontan loslachen müssen. Daraufhin guckt uns die Frau empört an.

Oma: »Aha! Die jungen Herren sind wohl etwas betrunken!«

wenn flipper keinen bock mehr hat

— Dresden. In einer Straßenbahn.

Zwei Mädels um die zwanzig, die eine mit einer Greenpeace-Broschüre, unterhalten sich über den Niedergang der Ökosphäre.

#1: »Hier steht, dass seit einigen Jahren immer mehr Delfine Selbstmord begehen. Kollektiven Selbstmord!«
#2: »Krass!«

(Pause)

#2: »Ist das jetzt gut oder schlecht?«

die zehn-euro-toilette

— Seelze. In einer Arztpraxis.

An der Anmeldung steht ein älterer Herr und spricht mit der Arzthelferin.

Sie: »So, Herr Doblenski, Sie können nun nach Hause gehen.«

Er: »Ne, ne, vorher geh ich noch mal kacken.«

gottseidank hatte sie eine dicke pelle

– München. In einem Supermarkt.

Eine Mitarbeiterin ist damit beschäftigt, ein Kühlregal mit
Wurstwaren aufzufüllen. Eine Kundin kommt dazu.

Kundin: »Entschuldigung, sind Sie die Wurst?«

Deutschland 2.0 –

„Ich werd sowieso Pokémon-Trainer!"

Mal ehrlich. Kommen Sie nicht mehr mit? Verstehen Sie Ihre eigenen Enkel nicht mehr? Verstehen Sie Ihre eigenen Kinder nicht mehr? Verstehen sich Ihre Kinder gegenseitig nicht mehr? Keine Angst. Das zeigt nur, dass Sie schon angekommen sind. Willkommen in Deutschland 2.0, dem Land der unbegrenzten Möglichkeiten! Arbeitslosigkeit und Bildungsprobleme? Vergangenheit! Hier jobbt man einfach als Pokémon-Trainer oder kämpft ehrenamtlich für die Zerstörung von Tokio Hotel. Sie sind eine neue Spezies, diese Bewohner von Deutschland 2.0. Sie pfeifen auf Grammatik und ekeln sich vor Büchern. Man muss sie einfach lieben, die original realen modernen Bauern, die gechillten Emo-Oi-Punks und die gruschelnden ipod-Skater. Vorhang auf für Deutschland 2.0, Deutschland, wie es wirklich spricht!

neues fürs job-center

– *Düren.*

Während der Schulpause in einem der Schule nahe gelege-
nen Supermarkt. Bevor wir den Eingang passieren,
schnappe ich die Worte eines gerade herausgehenden Schülers auf, der sich mit seinem Freund unterhält.

Schüler: »Mir ist eh alles egal, ich werd sowieso Pokémon-
Trainer!«

lesen ist gewesen

– *Bremen. Einkaufszentrum Waterfront.*

Vor einem Buchladen stehen zwei Mädchen um die 16.

#1: »Wollen wir mal reingehen?«
#2: »In den Buchladen? Ich bin doch nicht bekloppt …
Nachher sieht mich da noch einer!«

emo war einmal, oi is noi!

– *München-Laim.*

Zwei aufgestylte 16-jährige Mädels in der S-Bahn.

#1: »Ich hab krasse News! Ich hab ja immer gedacht, der Tim wär voll Emo, und weißte was?«

#2: »Was?«

#1: »Der is gar nicht Emo!«

#2: »Echt? Was'n der dann?«

#1: »Der is voll Oi!«

#2: »Echt? Woher weißte denn das?«

#1: »Hat der Chris gesagt ... der is ja auch krass Oi.«

#2: »Krass! ... Was is denn 'n Oi eigentlich?«

#1: »Keine Ahnung. Irgendwas wie Emo. So schwules Michael-Jackson-Zeug halt.«

mit schminkkoffer zum spargelstechen

– Dortmund. Innenstadt.

Zwei aufgestylte Tussen unterhalten sich.

#1: »Ey, du Bauer!«

#2: »Was Bauer?«

#1: »Ey, wir sind voll die Bauern!«

#2: »Häh?«

#1: »Wir sind voll die Bauern!«

#2: »Aber nur moderne Bauern!«

#1: »Ja.«

#2: »Weil normale Bauern sind so ... langweilig.«

#1: »Jo, wir sind dann moderne Bauern.«

eine abtreibung to go, bitte!

– Göppingen. Bleichstraße.

Eine junge Frau um die zwanzig läuft durch die Fußgängerzone, vertieft in ein Handygespräch. Ich bekomme nur diesen einen Satzfetzen mit:

»Ja, danke, zweiter Monat. Aber ich treib wahrscheinlich eh
wieder ab.«

bier ist tot, es lebe das bier!

– Zwischen Nürnberg und Crailsheim. Im Zug.

Samstagnachmittag. Fünf männliche Teenies sitzen im Abteil.

#1: »Wann treffen wir uns bei Kevin? Soll ich zwei Kästen
Bier kaufen?«
#2: »Boah, schon wieder? Ich trink heute nix!«

Allgemein wird kundgetan, dass man heute nix trinken
wolle. Der Abend zuvor war wohl sehr feuchtfröhlich.

#1: »Dann kauf ich einen!«

der klugere gibt nach

– Bremen. An einer Straßenbahnhaltestelle.

Ein etwa 14 Jahre altes Mädchen wartet mit ihrem türkischen Freund auf die Bahn.

Er: »Oh Alter, mir ist voll kalt!«
Sie: »Jo, du musst dich halt mal warmer anziehen, dann frierste auch nicht immer so!!«
Er: »›Warmer‹? Ich denk, das heißt ›wärmer‹?«
Sie: »Ach Quatsch, wieso denn ›wärmer‹? ›Warm‹ schreibt man doch mit ›a‹ und dann heißt es auch ›warmer‹. Wieso sollte man das denn mit ›e‹ schreiben?«
Er (äußerst skeptisch): »Naja, du bist die Deutsche ...«
Sie: »Eben!«

der beste freund des menschen ...

– München. Leonrodplatz, in der Straßenbahn.

Tussi um die 25 für alle hörbar am Handy. Anscheinend geht es um die schmerzliche Trennung von ihrem Freund:

Tussi: »Nee, lief ganz gut. Ich krieg den iPod, er behält den Hund.«

(Pause)

»Schon! Ist fair, oder? Ich mein, mal im Ernst: Was will ich denn mit dem Vieh?«

(Pause)

»Nee, das is schon ein neuer iPod. Zehn Gigahertz oder so.«

joystick und hut, steh'n ihm gut

– Stuttgart. In der U-Bahn.

Zwei coole Jungs (um die 18) unterhalten sich. Der eine zieht seine Mütze vom Kopf und sagt in sich versunken:

»Mann, an dich, Mütze, hab ich so viele Erinnerungen ...«

Er wendet sich erklärend zu seinem Kollegen:

»Mit der hab ich meine ganzen Xbox-Spiele durchgespielt!«

der beweis: web 2.0 zerstört beziehungen

– München. In der Uni-Mensa.

Zwei Mädchen um die zwanzig setzen sich neben mich. Das erste Mädchen sieht aus, als hätte sie die letzten fünf Jahre geweint, das andere scheint guter Dinge zu sein.

#1 (verheult): » ... weil mein Freund gestern mit mir Schluss gemacht hat.«

#2 (mehr sensationsgeil als verständnisvoll): »Waaas? Warum das denn?«

#1: »Weil ich meinen Exfreund gegruschelt hab.«

#2 (exaltiert): »Kraaaaassssss! Wie hat er das denn rausgekriegt?«

#1: »Ich bin doch immer an seinem Laptop ... (fast hysterisch). Der muss das irgendwie gesehen haben!«

#2: »Booaah! Das kannste aber auch nicht bringen!«

#1: »Was? Gruscheln?«

#2: »Ey, wenn meiner seine Ex gruscheln würde, dann würd ich der die Augen ausstechen, und mit ihm sonst was machen.«

#1 (fängt an zu schluchzen und meint ganz leise): »Aber ich wollte doch nur mal ›Hallo‹ sagen.«

die höflichkeitsform ist dem verb sein tod

– Berlin. Im McDonald's.

Sie: »Kann ich mal die Cola?«
Er: »Da fehlt ein Verb!«
Sie (leicht genervt): »BITTE!«

die zombies sind los!

– Kiel. Im Bus.

Eine alte Dame steigt an der Haltestelle ›Südfriedhof‹ in den voll besetzten Bus ein. Sie entdeckt neben einem jugendlichen Hip-Hopper noch einen freien Platz. Dabei entsteht folgender Dialog.

Oma (krätzig): »Nehm mal deine Tasche da weg, ich will sitzen!«
Hip-Hopper: »Ey Mann, was fällt dir ein? Bischt du vom Friedhof geflohen? Altes Zombie, ey!«
Oma: »Nein, ich will nur zurück ins Altersheim. Die suchen mich schon.«

einstimmig: ratschlag des monats!

– Bitterfeld.

Nach dem Kampfkunsttraining überhöre ich auf dem Nachhauseweg folgende Unterhaltung zwischen zwei absoluten Checkern:

#1: »Ey Alder, warum gehs du McFit! Sind doch voll die Spasseln da!«
#2: »Ey jo, kein Bock so zu Hause abzuhängen. Voll langweilig. Was soll ich sonst tun?«
#1: »Ey, CHILLEN, Alder!«

geh wieder traktorfahren, sokrates!

– Köln-Sülz.

Zwei türkische Jungen (ca. 13) sitzen in der Bahnlinie 9 und unterhalten sich angeregt über das Playstation-Prügelspiel ›Tekken‹.

#1: »Alder, da musst du erst X drücken und dann ganz schnell Kreis, dann macht der voll krasse Moves!«
#2: »Alder! Weiß gar nicht, dass der Kämpfer das kann!«
#1: »Du weißt ja auch nix, Alder!«
#2: »Ich weiß, dass ich nichts weiß.«
#1: »Alder, hör auf mit so scheiß Bauernregel, ey!«

generation gagaspace

– Regensburg. GameStop in den Arcaden.

Zwei kleine, höchstens zwölfjährige Jungs stehen schon seit einiger Zeit vor einem Fernseher in einem Videospiellege-schäft. Es läuft ein Trailer von ›Stranglehold‹, einem bluti-gen Shooter:

#1: »Boah, voll geil, ist das echtes Blut?«
#2: »Klar Mann, sonst wär das Spiel ja nicht ab 18!«

gespräche, die die welt nicht braucht

– Karlsruhe. In der Bäckerei Kamps am Kronenplatz.

Ich betrete am Morgen die Bäckerei und es ereignet sich vor mir folgendes Gespräch zwischen einer Kundin und der Verkäuferin.

Kundin: »Ein Kaffee to go bitte.«
Verkäuferin: »Zum Hiertrinken oder zum Mitnehmen?«

Nach knapp zehn Sekunden überlegen.

Kundin: »Zum Mitnehmen.«

hätte er sie bloß nicht angerufen

– Magdeburg. In der Stadtbahn 6 nach Herrenkrug.

Man sitzt gemütlich in der Bahn. Plötzlich ertönt ein Handyklingelton, irgendwann nimmt ein Mädel Marke Barbie-Püppchen ab. Man hört eine männliche Stimme, dann unterbricht das Mädel den Anrufer:

»Hey, du bist's. Wenn du mich das nächste Mal anrufst – ruf mein anderes Handy an! Bei dem hier nervt mich der Klingelton so!«

hoffentlich färbt nichts ab

– Hamburg. Im Bus 124 Richtung Bergedorf.

Zwischen zwei Mädchen kommt es zu folgendem Dialog:

#1: » ... und dann ist mir aufgefallen, dass der voll scheiße ist.«
#2: »Ey, du bist gar nicht so blond, als wie ich dachte.«
#1: »Nee, sind nur Strähnchen.«

ich bin massenkompatibel

– Zwischen Euskirchen und Bad Münstereifel. Im Bus der Linie 801.

Ein Mädel um die 18 telefoniert die ganze Zeit mit einer Freundin. Kurz vor Bad Münstereifel kommen sie auf einen Typen zu sprechen, mit dem besagte Handynutzerin wohl ihre persönlichen Differenzen hat.

Mädel: » ... und den Typen kannste echt in keine Schublade stecken. Ich mein, dich sieht man und weiß: Hip-Hopper. Aber bei dem?! Und nun rate mal, was mir lieber is?«

(Pause)

»Genau! Leute, die man nicht in Schubladen stecken kann, sind voll nervtötend.«

ich wollt, ich wär ein huhn

– Köln. Im Burger King.

Kunde: »Ich hätte gern so einen Salat mit Hühnchen.«

Das Mädel hinter dem Tresen schaut lächelnd zuerst den Kunden, dann die Anzeigetafel mit den Menüs an und sagt dann freundlich:

»Salat mit Hühnchen haben wir nicht, nur Scampi und Chicken!«

lebensweisheit aus dem block

– Leopoldstal. Am Bahnhof.

Zwei Jungen mit lauter Handymusik (deutscher Hip-Hop) reden deutlich hörbar miteinander. Der eine gibt dem anderen Tipps zur Bewerbung auf einen Praktikums-platz.

#1: »Ey, und wenn der dich fragt, wieso du grade jetzt ein Praktikum machen willst, sagst du einfach, dein alter Be-trieb hätte Pleite gemacht.«
 # 2: »Ja, und was wenn der fragt, welcher Betrieb?«
 # 1: »Ach, das fragt der eh nicht. Wenn du das Feuer nicht anfasst, weißt du auch nicht, dass es heiß ist.«

In dem Moment macht er das Handy lauter und fügt hinzu: »Siehst du, sagt SIDO auch!«

magic ipod

– Kassel. Im ICE von Hamburg nach Stuttgart.

In Kassel steigt eine ältere Dame (ca. achtzig) in den Zug ein und fragt, ob der Platz neben mir frei sei. Ich ziehe meine Kopfhörer aus den Ohren, stehe auf und stemme den Koffer der Dame ins Gepäckfach. Währenddessen dudelt mein iPod weiter. Man kann die Musik hören.

Als wir dann sitzen und ich die Kopfhörer wieder in die Ohren stöpseln will, schaut mich die Dame erstaunt an und fragt:

»Was ist denn das für eine Musik? Das klingt gar nicht wie bei den jungen Leuten.«
Ich: »Oh, das ist die zweite Sinfonie von Schumann, mein Lieblingsstück.«
Dame (deutet erstaunt auf den iPod): »So was geht mit diesen Dingern auch?«

im jahre 15 nach nokia

– Bautzen. In einer Schule, zwölfte Klasse.

Lehrer: »Wie viele Monate hat ein Jahr?«
Schülerin #1: »24!«
Schülerin #2: »Neun!«

Lehrer schaut verwirrt drein.

Schülerin #1: »Oh, Mist, ich hab an Handyverträge gedacht.«
Schülerin #2: »Und ich an Schwangerschaften.«

neuland buchladen

– Worms. Buchhandlung Thalia.

Zwei Checker, die offensichtlich das erste Mal einen Buchladen von innen sehen, kommen an die Information.

Checker #1: »Wir brauchen das Buch XY.«
Buchhändler (schaut im PC): »Das haben wir leider nicht da, das müsste ich bestellen.«
Checker #2: »Wie bestellen?«
Buchhändler (amüsiert, aber geduldig): »Ich kann das für euch bestellen, dann könnt ihr es hier abholen, wenn es angekommen ist.«
Checker #1: »Krass! Ja machense das!«
Buchhändler: »Auf welchen Namen?«

Checker #2 wiederholt den Namen des Autors.

Buchhändler: »Nein, dein Name!«

Checker #2 sagt seinen Namen.

Buchhändler: »Okay, das ist dann übermorgen da.«
Checker #1: »Ey scheiße Mann, übermorgen kann ich nicht.«
Buchhändler: »Das ist kein Problem, das legen wir hier drei
Wochen lang zurück.«
Checker #2: »Ja, und wenn das jemand kauft? Dann müssen
wir wieder eins bestellen!«
Buchhändler: »Nein, das ist ja dann für euch reserviert.«
Checker #1: »Okay!«

off-bäck-brezel?

– Ruppertsweiler bei Pirmasens.

Nach dem Einkauf, beim Auspacken der Lebensmittel. Ich
räume eine Packung Aufbackbrezeln heraus, auf denen
›Pack mich ... Back mich‹ steht. Meine 83-jährige Oma betrachtet ausgiebig und verärgert die Verpackung:

»Scheiß Englisch, immer alles in Englisch!!! PÄCK
MITSCH ... BÄCK MITSCH. Können die das nicht mehr
in Deutsch schreiben, oder wie?«

pin-up-girls im alten rom?

– Berlin. In der S-Bahn Richtung Spandau.

Zwei Teenie-Mädchen lösen ein Kreuzworträtsel in der Bahn. Zumindest versuchen sie es.

#1: »Boah, is das dumm. Lateinisch für ›du‹... französisch für ›und‹... nur so Scheißfragen ... ah, hier is was: ›Antike Wandverzierung‹...«
#2: »Poster!«
#1: »Ey stimmt, dit passt.«
#2: »Na? Bin isch doch nicht so 'ne behinderte Schlampe wie Jens sagt!«

pro 7 klärt auf

– Mannheim. Q7, Straßenbahnhaltestelle.

Zwei Typen unterhalten sich.

#1: »Ey, mein Pulli is schon wieder kaputt, hab ich erst vor zwei Wochen gekauft ... Scheiß H&M.«
#2: »Alder, H&M nimmt immer nur Wolle von so behinderten Schafen, weißt du?«
#1: »Escht, Alder?«
#2: »Ja, so voll die Mongo-Schafe ... hab ich neulich bei Galileo gesehn.«

rhetorisch fragwürdig

– Sigmaringen. In der Schule.

Deutschunterricht. Ein Gespräch über stilistische Mittel – Abiturvorbereitung.

Lehrer: »Kann mir mal jemand ein Beispiel für eine rhetorische Frage nennen?«
Schülerin: »Du hast in die Ecke gepinkelt!«

sinnvolle geldanlage?!

– Bremen. Obernstraße.

Beim Spaziergang durch die Bremer Innenstadt bemerke ich zwei an einer Hauswand sitzende Punks, die Passanten nach 'nem Euro fragen.

#1: » ... haben Sie mal 'nen Glückscent für uns?«
#2: »Für die Zerstörung von Tokio Hotel!«

sprichwort[2]

– Hamburg. In der S-Bahn.

Zwei prollige Jugendliche unterhalten sich in der Bahn lautstark über ein Mädchen.

Jugendlicher #1: »Ey, Alder, die war schon immer ein Buch mit sieben Siegeln. Aber jetzt hat sich das verdoppelt. Vierzehn Siegel! Mindestens!!«

wenn das der gottfried keller wüsste ...

– *Essen. In der Schule.*

Schüler #1: »Was is denn jetzt 'ne Novelle??«
Schüler #2: »Maaah, so was wie 'ne Telenovela ...«
Mitschülerin (begeistert): »Verliebt in Berlin!«

leeres leben ohne bohlen?

– *Dortmund. In einer Schule.*

Unterhaltung zwischen Schülern über das Neueste bei irgendeiner Castingshow.

#1: »Boah, die is so bescheuert, haste das gesehen?«
#2: »Nee, ich kuck kein Fernsehen.«
#1: »Echt? Is ja krank! Was machste denn dann den ganzen Tag?«

natürlich pink

– Augsburg-Göggingen. In der Straßenbahn.

Zwei Mädels (ca. 13) sitzen neben mir in der Tram. Die eine hat knallpinke Haare.

Pink: »Also, irgendwie hätt ich schon gerne mal wieder 'ne neue Farbe. Was meinst du?«
Freundin: »Hm ja ... Hey, ich glaub, schwarze Haare würden dir echt gut stehen.«
Pink: »Schwarz??? Nee, das würden meine Eltern niemals erlauben!«

original unreal

– Stuttgart.

Neulich auf dem Balkon, kommen zwei Checker (ca. 15) um die Ecke.

#1: »Ey Alter, ich schwör! He, der Ali Alter geht mir voll aufn Sack.«
#2: »Echt Alter, mir auch, ich schwör.«
#1: »Weißt du, der Ali, der denkt immer so, er wär voll real, dabei ist der voll unoriginal, Alter.«

your english is a crime

– Köln. In der Bahn.

Zwei Skateboarder (ca. 15) unterhalten sich.

#1: »Kennst du die T-Shirts, wo draufsteht ›Skating is not a crime‹? Die finde ich voll cool.«
#2: »Wie? Skaten ist keine Wahrheit?«
#1: »Wieso Wahrheit?«
#2: »›Crime‹ heißt doch Wahrheit.«
#1: »Nee.«
#2: »Was heißt ›crime‹ denn dann?«
#1: »Boah, keine Ahnung, wie man das auf Deutsch nennt.«

fett zu sein bedarf es wenig

– Essen. In der Straßenbahn 105 zwischen Altendorf und Borbeck.

Zwei ca. 14-jährige Mädchen unterhalten sich.

#1: »... booah, voll krass!«
#2 (in ernsthaftem Ton und mit erhobenem Zeigefinger): »Voll krass is jetzt voll out. Voll fett ist jetzt voll in!«

grammatikalisch gestorben

– Wiesbaden. In einem Geschäft.

Zwei türkische Jugendliche unterhalten sich über einen Bekannten, den sie offensichtlich nicht wirklich gut leiden
können.

Sie: »Ey, kennst du den Ali?«
Er: »Ja, kenn ich.«
Sie: »Wie findest du den?«
Er: »Ey, der Typ is soo blöd!!! Dumm geboren, dumm ge-
lebt, dumm GESTERBT!«

Österreich und Schweiz –

„Piefke-Parties enden bös"

Der Blick in Nachbars Garten ist seit jeher reizvoll. Ist doch der direkte Nebenmann die Messlatte der eigenen Befindlichkeit. Wenn in Wien also das Sonderkommando Hitler sein Unwesen treibt, in Zürich der Toilettengang zur erotischen Entdeckungsreise wird oder in Liechtenstein Sozialismus bereits an den Wurzeln bekämpft wird, zeigt uns das vor allem eines: Auch in Nachbars Äpfeln ist so mancher Wurm zu finden. Oder was würden Sie machen, an einem Samstagabend in Schwamendingen? Und dass Humor keine deutsche Erfindung ist, wussten wir doch schon lange. Ein kleiner Ausflug in unsere benachbarten Alpenrepubliken hört sich da doch wirklich vielversprechend an.

kein anschluss unter dieser nummer

– *Wien. Fan-Meile.*

Während der EM 2008. Gerade hat die deutsche National-elf ihr Gruppenspiel gegen Gastgeber Österreich gewonnen. Auf der Fan-Meile liegen Freud und Leid nahe beieinander. Vor uns jubelt ein ausgelassenes Grüppchen deutscher Fans, ausgerüstet mit Fahnen, Schals und anderen Accessoires. Direkt neben uns stehen zwei Fans des österreichischen Teams und schauen betröppelt zu. Einer der jubelnden Deutschen löst sich aus dem tanzenden Pulk und steuert die Österreicher an.

Deutscher: »Hey, kommt schon, macht doch einfach mit!«

Keine Reaktion aufseiten der Österreicher. Ein paar Sekunden vergehen. Der Deutsche noch einmal:

»Jetzt kommt halt, Paaaaarty!«

Österreicher #1 (zu seinem Nebenmann): »Ah gö, angschloss'n ham ma uns da schon amol ... dös war a nix.«
Österreicher #2: »Ja, Piefke-Parties enden bös.«

mccarthy-pädagogik im steuerparadies

– Liechtenstein. In einer Schule.

Ein Schüler hat nicht das beste Verhältnis zu seinem Lehrer und darf daher auf einem ›Ehrenplatz‹ direkt neben dem Pult des Lehrers sitzen. Der Schüler trägt ein T-Shirt, auf dem der Kopf von Che Guevara abgedruckt ist. Mitten in der Unterrichtsstunde knüllt der Lehrer ein Stück Papier zusammen, schmeißt es auf den Boden und sagt zu dem Schüler:

»Nimm auf, du Kommunistenschwein!«

schwermut in schwamendingen

– Schwamendingen. An einer Tankstelle.

Samstagabend beim Bierholen in der Tanke. Ich steh an der Kasse in der Schlange, der Typ vor mir hat gerade bezahlt.

Typ vor mir (zur Kassiererin): »Danke und einen schönen Abend!«
Kassiererin: »Das wird kaum möglich sein.«
Ich: »Ach kommen Sie, man muss doch optimistisch bleiben!«
Kassiererin: »Aber nicht an einem Samstagabend in Schwamendingen.«

angst räumen flugzeug leer

– Zürich. Flughafen.

Um nach Italien zu fliegen, muss unser gesamtes Flugzeug umsteigen. Dabei passieren wir einen Metalldetektor. Nachdem es bei einem jungen Mann Mitte zwanzig gepiepst hat, holt ein Sicherheitsbeamter eine Schwimmweste von unserem alten Flugzeug aus dessen Hose hervor.

Sicherheitsbeamter: »Was bitte haben Sie denn mit der Schwimmweste vor? Sie wissen schon, dass das Diebstahl ist? Können Sie mir erklären, warum sie die Schwimmweste aus dem Flugzeug mitgenommen haben?«
Mann: »Also wissen Sie, ich habe panische Angst zu ertrinken.«
Sicherheitsbeamter: »Auf dem Festland?«
Mann: »Ja, Mann!«

wirf die krücke weg, baby!

– St. Gallen. Beim Open Air St. Gallen.

Ein Pärchen auf dem Weg zum Zelt. Ein besoffener Typ vom Zelt aus zu der Blondine:

»Ehhh, du hast'n Gehfehler!!«

Blondine (verwirrt): »Was hab ich?«
Typ: »Du hast'n Gehfehler, du gehst mit dem Falschen!«

coming out: ich bin ein streber!

– Linz. In einer Schule.

Ein Lehrer kommt in die Klasse und teilt uns mit, dass wir morgen die ersten zwei Stunden freihaben werden, weil ein Lehrer krank ist.

Schüler #1: »Wir haben aber zwei Lehrer gleichzeitig in dem Fach!«
Lehrer: »Ah so, dann habt ihr ganz normal Unterricht.«
Schüler #2 zu Schüler #1: »Es gibt viele Methoden, sich sehr schnell in seiner Klasse unbeliebt zu machen, und du hast gerade die effektivste gefunden!!«

dentale mobilmachung

– Innsbruck. Im Krankenhaus, Geriatrie.

Eine Krankenschwester bei der Altenpflege.

Schwester: »Geben Sie mir doch bitte auch Ihre unteren Zähne, damit ich sie putzen kann.«
Patient: »Das geht nicht.«
Schwester: »Wieso denn nicht?«
Patient: »Die sind in Afrika im Krieg.«

die alten von heute

– Zürich. In der Straßenbahnlinie 3, Haltestelle Kunsthaus.

Kurz nachdem die Tram losfährt, knallt ein weißer Plastiksack mit voller Wucht gegen die Scheibe der Fahrerkabine und gegen die erste Tür. Die Bahn hält mit einem Ruck nach kaum einem Meter Fahrt an, die vorderste Tür öffnet sich. Der Tütenschwinger, zum Erstaunen aller ein gebrechlicher, etwa achtzigjähriger Mann, erklimmt die zwei Stufen. Da steht auch schon der Fahrer vor ihm, drückt ihm den Zeigefinger ins Gesicht und schreit:

»Wenn Sie das noch einmal, NOCH EINMAL machen, dann sorge ich dafür, dass Sie nie mehr Bahn fahren dürfen. Sind Sie eigentlich nicht ganz richtig im Kopf?«

Der Alte, sichtlich überfordert, aber fuchsteufelswild, hält seinerseits den Zeigefinger empor und zetert in voller Lautstärke:

»Und Sie ... Sie ... Sie noch einmal ... Abfahren! Frechheit!«

Das Publikum starrt halb verblüfft, halb gespannt den beiden Duellierenden entgegen, die noch einige Freundlichkeiten austauschen. Schließlich zieht sich der Fahrer wutentbrannt in die Kabine zurück und knallt das Türchen hinter sich zu. Der Alte setzt sich völlig verstört, schnaubend und zitternd hin und die Bahn fährt endlich ab. Betretene, fassungslose Stille im Wagen. Da sagt ein etwa 16-Jähriger hinter mir für alle gut hörbar zu sich selbst:

»Tztztz ... Also zu meiner Zeit hat es so was nicht gegeben!«

die sitzen doch alle irgendwo im erdloch

— St. Gallen.

Die ganze Familie sitzt beim Abendessen zusammen. Diskussion über Saddam Husseins Hinrichtung, man kommt auf Bin Laden zu sprechen.

Tochter: »Hat man Bin Laden eigentlich jemals gefunden?«
Mutter: »Bisher nicht ... leider.«
Bruder (neun): »Der ist schon mindestens so lange verschollen wie Hitler!«

harry potters ladestand

— Graz. In einem Kindergarten.

Junge: »Ich bin der größte Zauberer der Welt! Ich kann alles verzaubern!«

Erzieherin: »Ich wäre gern eine wunderschöne Prinzessin. Kriegst du das hin?«

Der Junge mustert erst die Erzieherin ausgiebig von oben bis unten und starrt dann sein Stöckchen an.

Junge: »Nein, das geht nicht. Dann ist die Batterie leer.«

jules verne beschleunigt

– *Wien. In der U4.*

Zwei Mädels (ca. 15) unterhalten sich über den Teilchenbeschleuniger im CERN.

#1: »Ja, ich hab gehört, den haben sie abgestellt, weil irgendwas kaputt ist.«
#2: »Ich hab noch nicht ganz verstanden, was der überhaupt soll. Die wollen damit zum Mittelpunkt der Erde oder was?«

zum sterben langweilig damals

– *Linz. Im Elisabethinen-Krankenhaus.*

Eine ältere Patientin erzählt von ihrem Tagesablauf. Nach wortreicher Schilderung fällt folgendes Statement:

»Früher, da war ich ja auch mal jung. Aber da war Krieg!«

(Pause)

»Da war auch überhaupt nichts los!«

adolfinchen gefangen im demenzbunker

– *Wien. Josefstadt.*

Es klopft am Fenster. Draußen stehen zwei Polizistinnen.

Polizistin #1: »Halten Sie in Ihrer Wohnung eine alte Dame gefangen?«
Bewohnerin: »Nein, nicht dass ich wüsste. Warum?«
Polizistin #2: »Wir wurden aus diesem Haus von einer Dame angerufen, die gefangen gehalten wird. Wissen Sie etwas darüber?«
Bewohnerin: »Nein. Darf ich fragen, wie die Dame geheißen hat?«
Polizistin #1 (leise): »Hitler.«
Bewohnerin: »Aha ... Aber im dritten Stock wohnt eine verwirrte alte Dame, die immer mal wieder ihren Schlüssel verlegt, die sollten Sie mal fragen.«
Polizistin #1: »Danke. Wir müssen aber trotzdem Ihre Personalien aufnehmen, da wir eine Geiselnahme nicht ausschließen können.«

kuss ins unbekannte

– Sargans. Auf einer Party.

Ein Sommerabend. Ich stehe draußen vor der Tür, es ist schon dunkel. Vor mir steht ein Pärchen, das schon seit geraumer Zeit heftig miteinander knutscht. Auf einmal holt der Junge sein Feuerzeug raus, zündet es an, sieht ihr ins Gesicht und fragt:

»He du, wer bist du eigentlich?«

live in heaven?!

– Zürich. An einem Ticketvorverkauf.

Kunde: »Ich möchte gerne diese Tickets für das James-Brown-Konzert zurückgeben.«
Ticketverkäuferin: »Das geht nicht, wir nehmen keine Tickets zurück.«
Kunde: »James Brown ist letzte Woche gestorben.«
Ticketverkäuferin: »Dann findet das Konzert also nicht statt?«

mach's mir einmal ohne

– Wien. An einer Würstelbude.

Mädel: »Bitte ein Mineralwasser ohne.«

Wurstmann: »Ja, ohne ist's am schönsten.«

minimalziel: klassenerhalt

– Bern. In einem Gymnasium.

Am Ende des Schuljahres bei der Zeugnisverteilung.

Lehrer: »Leider gibt es in dieser Klasse vier Schüler, die nur provisorisch versetzt werden, die also ein ungenügendes Zeugnis haben. Was machen wir denn da?«
Schüler: »Im Fußball muss da immer der Trainer dran glauben.«

irgendwann fallen die masken

– Zürich. Am Flughafen.

Flug mit Germanwings nach Köln-Bonn. Die Aufregung hat sich gelegt und die Gepäckfächer sind sicher verschlossen. Eine Stewardess schaut nach, ob auch alle den Sicherheitsgurt richtig geschlossen haben. Eine Durchsage vom Pilot:

»Guten Morgen und herzlich Willkommen, liebe Fluggäste, auf dem Germanwings Flug GE709 von Zürich-
Flughafen nach Köln-Bonn, ich bin Ihr ...«

Die üblichen Durchsagen, bei den Sicherheitsanweisungen
zu den Druckmasken dann aber:

»Beim unwahrscheinlichen Fall eines Druckverlustes in
der Kabine fallen automatisch die Atemmasken aus der
Decke über Ihnen. Zur Verwendung ziehen Sie eine zu
sich, drücken sie auf Mund und Nase und atmen ganz
normal weiter. Helfen Sie erst dann Ihren Kindern oder
Sitznachbarn. Haben Sie mehrere Kinder, helfen Sie zuerst dem Kind, das Sie lieber haben, dann dem anderen.«

taub im laub

– *Mödling. Auf einem Wanderweg im Wald.*

Ein spazierendes Pärchen vor uns wendet sich an ein ent-
gegenkommendes Rentnerpaar.

Junge Frau: »Entschuldigen Sie, kommt man auf diesem
Weg vorne links zum Naturpark oder sind wir schon an der
Abzweigung vorbei?«
Rentnerin (schaut auf ihre Uhr): »Ja, natürlich ... Zwanzig
Minuten vor vier!«

Junger Mann dreht sich grinsend zu uns um.

Junge Frau: »Äh, ja ...«
Rentnerin: »Ja, schon fast dreiviertel!«
Junge Frau (grinsend): »Äh ... Danke.«
Junger Mann (grinsend): »DANKE!«
Rentnerin (freundlich): »Genau!«
Rentner: »Bitte, gerne!«

vulkanologie für fortgeschrittene

– Mauthausen. Bei einem Frisör.

Kundin: »Ich hätte da gerne diese Haarpflegekollektion, na ... wie hieß die denn noch ... irgendwas mit Vulkanen.«
Frisörin (überzeugt): »So was gibt's hier ned!«
Kundin: »Ah. Ja, da ist es ja – MAGMA!«
Frisörin: »Ich hab Ihnen ja gleich gesagt, dass es nix mit Vulkanen zu tun hat!«

wahre liebe kann warten

– Laufen.

Dialog zwischen meinen Brüdern (vier und zwanzig).

Kleiner Bruder: »Du, darf ich die Kerstin heiraten?«
Großer Bruder: »Nein!«
Kleiner Bruder: »Warum nicht?«
Großer Bruder: »Weil das meine Freundin ist. Wenn du

eine Freundin haben willst, musst du dir selbst eine suchen!«
Kleiner Bruder (überlegt kurz): »Aber wenn du tot bist, dann
darf ich sie heiraten?!«

wir werden nie sex haben!

– *Innsbruck. In einer Bahn.*

Zwei Jungs (ca. zehn) unterhalten sich.

#1: »Wie findest du den Sexualkundeunterricht?«
#2: »Ach, ich weiß nicht, bis wir DAS brauchen, haben wir
eh schon wieder vergessen, wie's funktioniert!«

vollgepackt mit tollen Sachen

– *Brenner. Bahnhof.*

Grenzkontrolle im Zug nach Italien. Grenzkontrolleur
beim Durchsuchen eines Koffers, der eine Menge Spirituo-
sen zu enthalten scheint:

»Dös passd scho. Wer so viel säuft, kifft ned.«

der eichelspäher

– *Zürich. In einer Disco.*

In der Männertoilette. Zwei Typen neben mir beim Pinkeln. Der eine schielt ständig zu dem anderen rüber.

#1: »Darf ich dir ein Kompliment machen?«
#2 *(verdutzt):* »Äh ... ja, von mir aus.«
#1: »Du hast echt 'ne wunderschöne Eichel.«

(Pause)

#2 *(noch verdutzter und kleinlaut):* »Danke.«

Die Belauscher

Joky Krisch Daniel Bryan Felix MoeMoe Stefan Steffen Dadoid Stefan Yohanna Anna Wolfgang pois Chris Ana Marc Jekob Dirk Alexander Konrad Tristan DrKananga Sam Karin Tim Dörte Nathalie Katrin olive Miriam sep Sarah Michael Ritti Gianpaolo Heike Bettina Karl Pete Harry Eva Nanni Nisi Kali Doby Till Maria Judith-chan Andi Speedy Kampfschwein DasHasi Freddy Mapache RichiO Jana Kopfsalat Marc Philip patient Martin Patrick biba Sarah LuCa caty Blaubärchen Axel Sebastian Tiffany Hannes Asrael Feli Thomas Anna Andreas Uwe Ina Marc Fuchs Paul Kirsten Florian Hans-Jürgen Elli Stefanie Rene Marion Caroline Huni Willy Vic Vegas Liham Ralf drivingnorth derBelauscher Thomas Kate KVBAboKundin Philipp Kati Roman derzugfahrer spaziergänger Melanie vergissmeinnicht DocSnyder Bine katha HOA Anna ck KingCrunch Caroline Merle Andreas Bandita Stefan Bernd FNG Hamburger manchmalarmdran David Hans Mel maxi AXL Nadine Nico Max Peter Katja steven Wuscheline rico Lebeouf Niggo Adolar nelly_pappkarton Carolin

Thomas MissBehave Olli Tommes mama Karin Marvin
Julchen Manuel Simone Stiefel Christian Henni Hildy
Leela Fahrgast Acuaria Onan Hermione Judith Lennart
Mario ulla z. Jarko Philipp und Rabea Aenea mupfel lindauer
Fooly Onkel Martin Mausi Flo Dario Blödl Maximilian
Flo Lukey Horst Snn Jo danielschreiner Pete Eliza Basti
Kirsten Ronaldo Andi Miriam Kri Christian LadyLunatic
Volker Racho Franziska Egon Mirija Karsten Caroline
Anna Samenström Jessi derombe ela Steff Channi Karin
Timo Christian Falk Barbara iocus Lisa ceres Rainer Jana
annebeier plaudertasche DerBeobachter Maike Mike Nico
TheRabbit Frank Toxic Rebecca Benedict S Lucy Jenny
Tobi Andi Holtsmichel Vale Thorsten Ebaw Kuno Walter
Jacki Roland subasebi Melli Eric Jasper deralbatrossistabge-
schmiert Jenny Katrin crazy donkey Christof Paul Anton
Ulf Vivi Jan Christoph froekle Eike Sebastian Andreas Ziel-
scheibe Fredi werbwolf Martina Charlotte Matze Henner
Easylord xy Blaubärchen datenbaer wohlstandskind Alex
Morge Olivia Sabrina DerLauscher Ben Lars ich Heiner Anja
wiky Frank ÿbi Alex stocki marsch sideburns Phil Claudia ti-
kara Wolfgang Sunny Iser Jörg eva.k. assibraze Maria Mark
und Geral Marlene Gerd cf Niko Nina DrunkenKakadoo
Thomas Dennis Jules Bernhard DerHier Hotte Willy Anke
Benedict Nina Jopp Sebastian Cathi Constantin Malte
Osterhase Carolin Bine BremerButjer Trolla Matze Speedy
Claudi Steve Ulrike ShenShen Ringrocker07 Inga Knut
Schmich Karina Carl Arik Rita Thomas Kristin Ninia
MiriAndré Den Mone zuhoerer Neuköllnerin Torsten Laura
miela Glede Isabel Mel Daniela Dark Matter Katharina
Chiya Kay Nadine CrazyOlli Jonas Yvonne lone George

Benedict loosing horse anonym Nici Alex Gizzü Claudia
May Laurel stefan Lena Ernie macwoern Ida Andreas Karin
Manfred Jürgen Clara Fabian Renate Michael Anja Overkill
CarS Tytonida hansen Briddel Martin Charlotte Soso Wolf
Lena Tinka Karl Wahlhelfer sharo Willy Angelo Arne
Didi Alexandra Ralf Peter Andreas Ayatolla Svorn Dennis
Nathalie Julia Peter wolfundhase Fräulein Tanja stabil Jana
EiP Anika Hannah Roman alex Mateusz Fahrgast Dedi
Max von Hinten Nele Manuel FCKFan Adolar Sina Marc
Phillipp Thommy jie lee rykandi pollo Herr Lehmann
Emanuel chaosbiest seb katinka Dan Michi Tim Chrissie
WM Flitzer Raudulfr lutz Yeti Jens lousypoetry Jörn Eva
feliflex Egon Maria layale Nathalie Tilly Flo zotti David
Dieter Meike Idgie n8wish Tom Dürener Achmed Tommy
Lenevieve

Felix Anschütz · Nico Degenkolb · Krischan Dietmaier · Thomas Neumann

NEE, WIR HABEN NUR FREILAUFENDE EIER.

DEUTSCHLAND IM O-TON

Weltbild

Inhaltsverzeichnis

Vorwort

»Wer hätte das gedacht?!« – Dieser Satz ist in den letzten Jahren des Öfteren bei uns gefallen. Denn wer hätte gedacht, dass eine spontane Idee am Küchentisch eine deutschlandweite Humor-Lawine lostreten könnte und dass zwei Jahre später ein Buch über kleine lustige Unterhaltungen zu einem unerwarteten Bestseller werden würde?!

belauscht.de heißt die spontane Idee. Sie ist eine Internetseite, die wir, vier Freunde und Bewohner einer Studenten-WG, im Sommer 2006 zwischen Getränkekisten und Pizzakartons gründeten. Auf ihr archivieren wir kurze Episoden aus dem echten Leben, die zufällig belauscht wurden. Skurrile Gesprächsfetzen, die aus dem großen Sprachrauschen herausstechen, weil sie besonders witzig, originell oder absurd sind. All jene Konversationsschnipsel eben, die man im Bus, in der Bahn, an der Kasse oder während der Arbeit mit halbem Ohr mitgehört und am Abend noch immer nicht vergessen hat. Der Werdegang von *belauscht.de* ist schnell erzählt: Aus den anfänglich gut fünfzig Geschichten und Erlebnissen aus dem eigenen Freundeskreis entwickelte sich binnen weniger Monate eine bunte Sammlung aus Hunderten irrwitziger ›Belauschnisse‹, die uns von einer stetig wachsenden Leserschaft zugeschickt wurden. Authentische Erlebnisse, die einen kompromisslosen Blick auf ein ganz anderes Deutschland bieten. Ein neugieriges Horchen am sich ständig verändernden Puls der Zeit – unterhaltsamer als jede Reality-Show. Seitdem spitzen Tausende Leute fleißig ihre Ohren und *belauscht.de* ist zu einem festen Begriff im deutschsprachigen Internetraum geworden. Wer hätte das gedacht ...

Als uns dann der Heyne Verlag im Sommer 2008 fragte, ob wir nicht Lust hätten, aus den besten Einsendungen unserer Seite ein Buch zu machen, wurde für uns, so klischeehaft es auch klingt, ein Traum wahr. Denn natürlich war der Gedanke, irgendwann einmal ein Buch zu machen, bereits durch unsere Köpfe gespukt. Dass es tatsächlich dazu kommen würde, haute uns dann aber doch ziemlich von den Socken. Ein gutes Jahr später war es dann so weit: Ein kleines knallgrünes Buch mit dem seltsamen Titel *Entschuldigung, sind Sie die Wurst?* erblickte die Welt, roch nach Druckerschwärze und schrie nach Aufmerksamkeit. Wir waren glücklich – hatte uns doch allein das Erstellen des Manuskripts unglaublichen Spaß gemacht. Nicht selten mussten wir vor lauter Lachen die Arbeit unterbrechen. In den folgenden Monaten schlug sich die ›Wurst‹ dann auch sehr wacker. Immer mehr Menschen wurden auf das Buch aufmerksam, das Feedback war toll und die Medien begannen, darüber zu berichten. Wir stellten mit Freude fest, dass sehr viel mehr Menschen die Faszination und Begeisterung der Belauscht-Gemeinde teilten, als wir geahnt hatten. So viele, dass für einige Zeit die Druckerei dem Ansturm nicht mehr gewachsen war und die ›Wurst‹ zur gefragten Mangelware wurde. Zwangsläufig teilten dadurch auch immer mehr Menschen ihre Erlebnisse mit uns, überschwemmten uns geradezu mit ihnen. Das Beste daraus halten Sie gerade in Ihren Händen. *Nee, wir haben nur freilaufende Eier!* ist die Fortsetzung einer Geschichte, deren Hauptdarsteller wir alle sind. Es ist die Essenz von dem, was die Nation in der letzten Zeit so von sich gegeben hat. Brandneue Belauschnisse im poppig-orangefarbenen Gewand. Und wir können Ihnen versprechen: Deutschland spricht witziger denn je!

In diesem Sinne wünschen wir Ihnen eine angeregte Lektüre und hoffen, Ihnen Häppchen für Häppchen Freude bereiten zu können. Und wer weiß, vielleicht finden Sie sich ja selbst wieder?

Zum Abschluss möchten wir all denjenigen von ganzem Herzen danken, die durch die Einsendung ihrer Erlebnisse dieses Buch überhaupt erst möglich gemacht haben! Wie ein altes Sprichwort sagt: Das Paradies verdient, wer seine Freunde zum Lachen bringt!

Felix, Krischan, Nico und Thomas
belauscht.de

PS: Der obligatorische Aufruf darf natürlich auch dieses Mal nicht fehlen. Wenn Sie selbst etwas erlebt haben, was Sie gerne mit anderen teilen möchten: Bitte, bitte zögern Sie nicht! Auf *belauscht.de* erwartet man Sie mit größter Spannung.

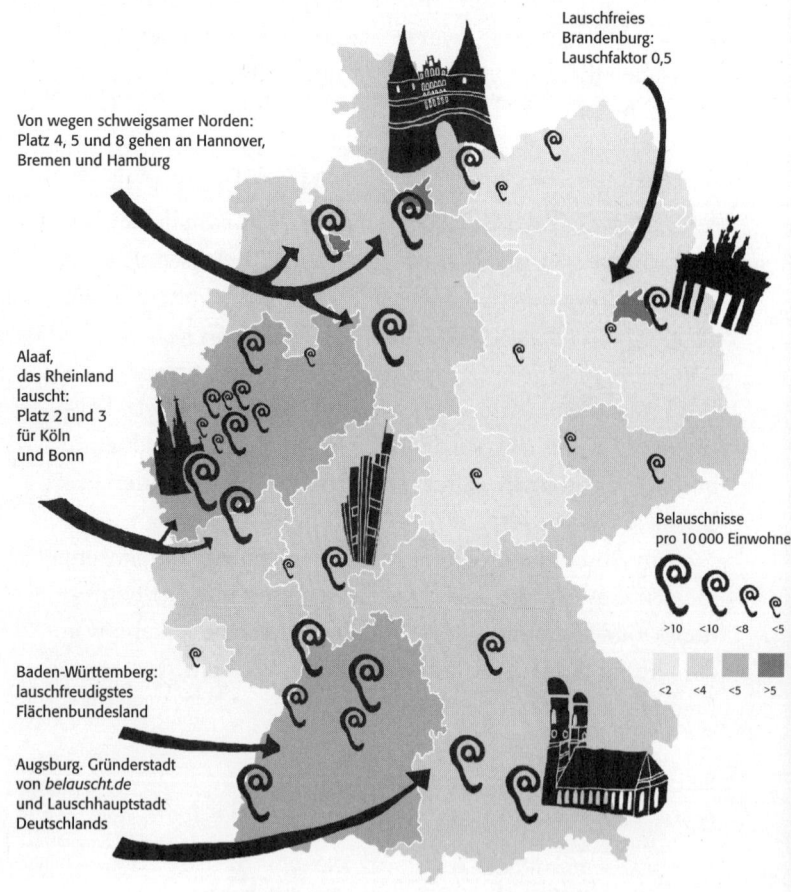

Von wegen schweigsamer Norden:
Platz 4, 5 und 8 gehen an Hannover,
Bremen und Hamburg

Lauschfreies
Brandenburg:
Lauschfaktor 0,5

Alaaf,
das Rheinland
lauscht:
Platz 2 und 3
für Köln
und Bonn

Belauschnisse
pro 10 000 Einwohner

>10   <10   <8   <5

<2   <4   <5   >5

Baden-Württemberg:
lauschfreudigstes
Flächenbundesland

Augsburg. Gründerstadt
von *belauscht.de*
und Lauschhauptstadt
Deutschlands

Deutschland im Wo-Ton

unser Lauschverhalten

Wo lauscht man eigentlich am meisten in Deutschland?

Der geografische Ursprung von mehr als 30 000 gesammelten Belauschnissen verrät viel über unser Lauschverhalten: Die Epizentren des Lauschens liegen im Süden und Westen, der Osten hingegen hört deutlich weniger mit. Wer weiß, möglicherweise ist das Desinteresse der neuen Bundesländer am Reden der anderen ja eine Spätfolge des staatlichen Lauschangriffs in der DDR?

Voilà, die Lauschkarte Deutschland!

Grandiose Gespräche –

„Ich hatte wilden Sex ... Und Sie?"

Touché! Manche Menschen sind mit dem Talent gesegnet, perfekt zu kontern, spontane Pointen zu platzieren und jedes Gespräch kunstvoll zu ihren Gunsten zu wenden. Personen dieses Schlages gehen meist als lachende Gewinner vom verbalen Schlachtfeld und ihre Zuhörer lachen ausgiebig mit – sofern der Witz nicht auf ihre Kosten geht. Wenn wir im Supermarkt den vermeintlichen Erlöser treffen, Zeuge einer entwaffnenden Sex-Diskussion zwischen dem Hausdrachen und der Nachbarin werden oder der Apotheker geschäftsschädigende, aber ehrliche Ratschläge verteilt, ist jeder noch so trübe Tag gerettet. Den Belauschern der folgenden Szenen ist es zu verdanken, dass nun vielleicht auch Ihr Tag gerettet ist. Lehnen Sie sich zurück und genießen Sie die grandiosesten Gespräche von *belauscht.de*!

sex, drugs and nachbarschaft

– Düsseldorf-Flehe.

Eine ältere, sehr neugierige Dame trifft ihre deutlich jüngere Nachbarin im Treppenhaus, als ich gerade an den beiden vorbeigehe.

Ältere Dame: »Was war da gestern Nacht los bei Ihnen?!«
Nachbarin: »Nun ja, ich hatte wilden Sex ... und Sie?«

lieferung im blitzversand

– Wuppertal. Klotzbahn.

Ein Kunde kommt mit einem Bilderrahmen in der Hand an die Kasse eines Fotogeschäfts.

Kunde: »Gibt es den hier auch im Querformat?«

Verkäufer nimmt dem Kunden den Rahmen aus der Hand, dreht ihn um neunzig Grad und sagt:

»Gerade reingekommen.«

reden ist silber, schweigen ist sicher

– Berlin. In der S-Bahn.

Eine Interviewerin von der Bahn geht im Waggon umher und befragt Fahrgäste. Sie tritt an einen Mann heran.

Interviewerin: »Dürfte ich Ihnen einige Fragen stellen, dauert auch nur eine Minute?«
Fahrgast: »Nee nee, ick hab gestern bei 'ner Umfrage von meiner Telefongesellschaft mitjemacht, und heute is meine Leitung tot. Wenn ick jetzt bei Ihnen die Umfrage mitmache, is morgen meine Monatskarte weg.«

spruch von der konkurrenz geklaut?

– Frankfurt am Main. Flughafen.

Am Ende des Fluges von Brüssel nach Frankfurt. Nachdem wir endlich wegen schlechten Wetters mit vierstündiger Verspätung in Frankfurt gelandet sind, meldet sich der Pilot aus dem Cockpit:

»Herzlich willkommen mit Verspätung in Frankfurt und vielen Dank, dass Sie mit der Deutschen Bahn gereist sind!«

mit jedem zeigerschlag dem anfall näher

– Bonn. In der U-Bahn.

Ein Opa wartet auf eine der letzten U-Bahnen des Tages nach Köln. Als die Bahn mit viel Verspätung einfährt, zeigt der Opa wild pochend mit dem Finger auf seine Armbanduhr. Die U-Bahn hält, der Fahrer kommt aus dem Führerhaus, geht auf den Opa zu und fragt ihn laut:

»Donnerwetter, neue Armbanduhr?«

jesus christ supermarktstar?

– Losheim. Delhaize-Supermarkt.

Ein Mann mit langem Bart, hanffarbenem Umhang und Birkenstock-Latschen betritt das Geschäft.

Junger Typ: »Guckt mal, da ist Jesus!«
Mann (dreht sich um): »Sorry, Jungs, aber ich bin's nicht.«

auf den apfel gebracht

– Ludwigsburg. In einer Apotheke.

Älterer Herr: »Ich bräuchte was fürs Immunsystem.«
Apotheker: »Nebenan ist Markt. Kaufen Sie sich dort ’nen großen Apfel!«

trotz schüssel kein empfang

– Rothenburg ob der Tauber.

In der öffentlichen Toilette im Untergeschoss eines sehr alten Gebäudes mit massiven Steinmauern. Ein Handy klingelt in einer Kabine neben mir.

Stimme: »Hallo? ... Was? ... Hallo?! ... Ich versteh dich nicht! Das kommt hier total abgehackt! ... Mist!«
Stimme aus der Nebenkabine: »Dann tu was an deiner Verdauung!«

keine lust auf brust

– Münster. In einem Café.

Eine junge Mutter sitzt mit ihrem Säugling und einer Freundin hinten in einem Café. Das Kind weint fürchterlich. Die Mutter legt ein langes Tuch über die Schulter und

legt das Kind darunter an, um es zu stillen. Ein älterer Herr
geht durch den Gang.

Älterer Herr (entrüstet): »Muss das denn sein? Hier?«
Mutter: »Was stört Sie denn? Dass ich sie füttere? Ich hab
doch extra das Tuch übergelegt, oder können Sie was sehen,
was sie anstößig finden?«
Älterer Herr: »Sehen nicht, aber ich weiß doch ganz genau,
dass darunter Ihre nackte Brust ist!«
Frau am Nebentisch: »Stellen Sie sich vor, unter meinem
Pullover hab ich auch zwei davon.«

gut getimed, schlecht gelaunt

– *München-Feldmoching. In der S-Bahn.*

Ein älteres Ehepaar schafft es gerade noch so in die S-Bahn
Richtung Flughafen, indem sie sich in die Tür zwängt und
er mit zwei Koffern im Schlepptau hinterhersprintet.

Sie: »Mei, des woar aber knapp. Wir hättn doch früher los-
fahrn solln!«
Er (schnauzt zurück): »Des woar ned knapp! Des woar TI-
MING!«

herzensbrecherin der anderen art

– Wien. Café Sperl.

Zwei ältere aufgetakelte Damen unterhalten sich angeregt und sehr lautstark über die Krankheiten in ihrer Familie.

Dame (laut, schnell und mit schriller Stimme):
»MeinMannhatHerzrhythmusstörungenseitwirunskennen!«
Darauf ein zeitungslesender Gast vom Nebentisch:

»Wen wundert's?«

die kennt ihre poppenheimer

– Duisburg-Kaiserberg. Im Kindergarten.

Eine äußerst entrüstete Mutter eines Vierjährigen beschwert sich eines Morgens bei der Leiterin unseres Kindergartens.

Mutter: »Unser Phillip kam gestern nach Hause und hat von ›ficken‹ gesprochen! Das kann er nur hier aus dem Kindergarten haben.«
Kindergartenleiterin: »Unsere Kinder sagen nicht ›ficken‹, die sagen ›bumsen‹!«

nach dem einparken: aus der haut fahren

— Augsburg. Ampel vor dem Hotelturm.

Ein Fahrschulauto steht vor der grünen Ampel. Autos hupen. Plötzlich öffnet sich die Türe, der Fahrlehrer springt aus dem Auto, geht zu dem hinter ihm stehenden Fahrzeug und klopft an die Fahrerscheibe. Als diese sich öffnet, sagt er:

»Kumm, geh vor und bring ihras Autofahrn bei ... I hup für di weida!«

da sucht jemand anschluss

— Nicaragua. Insel Ometepe.

Zwei Deutsche besteigen mit ihrem Guide einen Vulkan. Sie werden von einem anderen Wanderer ohne Guide überholt, der ihnen im Vorüberlaufen auf Deutsch mit österreichischem Akzent zuruft:

»Warum habt ihr euch denn einen Führer genommen? Wusstet ihr nicht, dass ein Österreicher mit von der Partie ist?«

wo ist mein fluchtfahrzeug?

– Berlin. Flughafen.

Das Flugzeug ist gelandet, die Passagiere steigen aus. Ein Steward eilt auf einen körperlich schwerbehinderten Mann zu.

Steward (näselnd): »Wenn Sie noch fünf Minuten hier warten könnten, dann komme ich und bringe Ihren Rollstuhl mit.«
Behinderter: »Na ick werd Ihnen ohne den Rolli schon nich ausbüxen, Sie Witzbold!«

terrorwaffe teenie-group

– Stuttgart. Flughafen.

Ein Teenie-Mädchen checkt gerade ein.

Mädchen: »Darf ich CDs mit ins Handgepäck nehmen?«
Check-in-Angestellter: »Ja, klar ... aber nur wenn's kein ›Tokio Hotel‹ ist. Ich hab deshalb heute schon zwei Leute abgewiesen. Man muss schließlich auch was zur Bewahrung eines ordentlichen Musikgeschmacks beitragen. Meine Kollegin hier zum Beispiel ist da ganz schlimm.«

ticket ins glück

— Zwischen Dortmund und Düsseldorf. In der Bahn.

Fahrkartenkontrolle. Stolz zeigt ein kleiner Junge sein Ticket.

Junge: »Ich hab auch eine Fahrkarte und duuuu musst da ein Loch reinmachen!«

Der Schaffner knipst sein Ticket ab. Der Junge kramt in seinen Hosen und zeigt dem Schaffner zwei weitere Karten.

Junge: »Schau mal, ich hab schon drei Stück!«

Der Schaffner lächelt und drückt dem Jungen noch zwei weitere Karten in die Hand.

Schaffner: »Und nun hast du schon fünf!«

Junge (vor Freude quietschend): »Das Leben ist schöööööööön!«

das macht mut

— Bochum. Vor dem Hauptbahnhof.

Exkursion eines Uni-Seminars. Der Fahrer des Reisebusses geht vor dem Start die Sicherheitsanweisungen durch.

Busfahrer: »Und das da oben im Dach ist die Notausstiegs-luke. Wenn Sie jetzt denken, da komm ich doch nie hoch, keine Sorge. Wenn der Bus quer im Seitengraben liegt, dann schaffen Sie das auch.«

verloren im universum der personalpsychologie

– Leinfelden. In einer Firma.

Ein paar Kollegen waren am Vorabend im Kino und haben den neuen ›Star-Trek‹-Film gesehen. Der Projektleiter will das zur Motivation nutzen und vergleicht das Projekt mit der Mission des Raumschiffs.

Projektleiter: »Wenn ihr mal überlegt: Was macht diese Crew so erfolgreich?«
Mitarbeiter #1: »Sie engagieren sich.«
Mitarbeiter #2: »Sie sind Spezialisten auf ihrem Gebiet.«
Mitarbeiter #3: »Sie ignorieren die Befehle ihrer Vorgesetz-ten.«

schlechte manieren für fortgeschrittene

– Nürnberg. In einem Büro.

Die neue Auszubildende telefoniert mit einem nervigen Außendienstmitarbeiter. Dieser redet zehn Minuten un-unterbrochen auf sie ein, wobei sie krampfhaft versucht, ihn so höflich wie möglich abzuwimmeln. Der Chef hört das Ganze mit.

Chef: »Zu dem kannst ruhig ein bisschen unhöflich sein, wenn er dich nervt.«
Auszubildende: »Unhöflich sein liegt mir nicht. Das liegt nicht in meiner Natur.«
Chef: »Ach, das lernst du schon noch. Arroganz kommt im zweiten Lehrjahr dran!«

speed-wetter

– *Im Radio.*

Ich bin auf dem Rückweg aus dem Urlaub. Der Moderator im Radio schwärmt gerade von einer seiner Lieblingsbands. Dann:

»… Oh, jetzt hab ich das Wetter ganz vergessen …«

(Pause)

»… wird warm, ist Sommer.«

ach, leck mich am A-klasse

– Neumarkt. In einem Autohaus.

Ein Kunde (ca. fünfzig) kommt am ›Tag der offenen Tür‹ in ein VW-Autohaus und spricht den Verkäufer an.

Kunde: »Haben Sie auch die Mercedes A-Klasse hier?«

Der Verkäufer geht schnurstracks zum neuen Golf Plus.

Verkäufer: »Ja, hier, schauen Sie mal, ganz neu!«
Kunde: »Moment mal, wollen Sie mich verarschen?«
Verkäufer: »Moment mal, wer hat denn damit angefangen?«

der playboy und sein anti-bunny

– Im Zug von Halle nach Magdeburg.

Ein junges Pärchen (ca. 18) sitzt sich gelangweilt gegenüber, bis er einen ›Playboy‹ aus der Tasche zieht und anfängt zu blättern. Sie schaut ihn total erbost an.

Er: »Hey Schatz, da steh'n interessanter Artikel drin!«

Sie reißt ihm das Heft aus der Hand und blättert selber darin, während er nur verdutzt zuschaut.

Sie: »Wow, hier ist ein Artikel, wie sich ein weiblicher Orgasmus anfühlt!«

Er: »Und, stimmt es zumindest?«

Sie (liest weiter, dann unbeteiligt): »Wie soll ich das denn beurteilen?«

konserviert wird nur auf belauscht.de

– *Cottbus. Straße der Jugend.*

Nachmittags in einem Dönerladen. Drei rechtsangehauchte und schon etwas betrunkene Personen unterhalten sich.

#1: »... der Karsten, der tut nicht so, der ist richtig dumm. Mit dem kann man keine vernünftige Konservation führen.«
#2: »Konsi was?«
#1: »... naja ... Prost!«

gesucht und nicht gefunden

– *Stuttgart. Hauptbahnhof.*

Eine Frau läuft den Bahnsteig entlang. Ein Typ kommt auf sie zu.

Er: »Ey sorry, ich such 'ne Freundin.«

Sie (trocken): »Tut mir leid, ich hab keine.«

schwester renate zu kasse fünf bitte

– Düsseldorf. Uniklinik, Blutspendezentrum.

Die Schwester will einem Spender gerade die Nadel in den
Arm stechen.

Spender: »Wie üben Sie eigentlich, die Ader richtig zu treffen?«
Schwester: »Gar nicht, ich bin nicht von hier. Eigentlich
arbeite ich bei Lidl.«

letzte chance des abends

– Berlin. Ostbahnhof.

Nachts am Taxistand.

Taxifahrer: »Wo soll es denn hingehen?«
Fahrgast: »Nach Hause?«
Taxifahrer: »Okay, zu Ihnen oder zu mir?«

gehhilfe schaffner

– München. Oktoberfest.

Wie immer zum Oktoberfest schiebt sich eine breite Masse betrunkener Menschen die Rolltreppe an der U-Bahn-Haltestelle Theresienwiese hinunter, während die noch nüchternen Neuankömmlinge in entgegengesetzter Richtung die U-Bahn verlassen. Es kommt eine neue U-Bahn an.

Durchsage: »So, liebe Leut, jetzt machts ihr den Bahnsteig für die andern frei. Und ihr, dies scho hoamgeht – erst den linken Fuß vor den rechten, dann den rechten Fuß vor den linken – und des abwechselnd – des nennt sich dann ›gehen‹.«

die bittere weisheit

– Berlin. Flughafen Tegel.

Sicherheitskontrolle nach dem Check-in am Flughafen Tegel. Routiniert lege ich unter den gelangweilten Augen einer älteren Dame, die vor dem Monitor sitzt, meinen Laptop, Tasche, Handy etc. auf das Band und folge ihrer Bitte, auch noch den Gürtel abzulegen.

Ich (lächelnd): »Hoppla, jetzt rutscht die Hose!«
Sie (trocken): »Junger Mann, wissen Sie eigentlich, wie viele Männer mir das schon versprochen haben, und dann passiert doch nix ...«

fußballvision song contest

– *Köln. In der Straßenbahn.*

Während der WM 2006. Vor der Partie England gegen Schweden.

Eine Horde englischer Fans in der Straßenbahn Richtung Stadion intoniert lautstark den Klassiker ›Three Lions‹.

Fans: »It's coming home, it's coming home, it's coming ... Football's coming home ...!!!«

In der Bahn sitzen auch schwedische Fans, die weitaus zurückhaltender sind. Plötzlich entsteht eine Gesangspause. Ein Engländer ergreift das Wort und schreit auffordernd in Richtung schwedischer Fans:

»SWEDEN!!! GIVE US A SONG!!!«

(Stille)

Dann, aus der hintersten Ecke der Bahn, antwortet eine zarte Stimme und stimmt den unverkennbaren ABBA-Song an:

»Knowing me, knowing you ... ah aaa ...«

den wsv überlebt sie nicht

– Saarbrücken. Galeria Kaufhof.

Im Kaufhaus wird einer älteren Dame schlecht. Ein Verkäufer hilft ihr, ruft Sanitäter und führt sie zu einem Stuhl. Ein Mann mit seiner kleinen Tochter kommt vorbei.

Tochter: »Papa, was hat die Frau?«
Vater: »Ach, die ist im Kaufrausch.«

die bahn hat meine kindheit versaut!

– München. Im Zug.

Ein Schaffner kontrolliert den Fahrschein einer etwa zwanzigjährigen Frau. Er stellt fest, dass sie eine Kinderfahrkarte besitzt, die für sie nicht gültig ist. Eine Münchnerin (ca. 35) verfolgt die Szene.

Münchnerin: »Da sehens, Herr Schaffner, wie lang die junge Frau bei den andauernden Verspätungen schon unterwegs ist.«

neuer jukebox-service bei kaisers?

– Berlin. In einem KAISERS-Supermarkt.

Ältere Frau zu einem Mitarbeiter, der Waren einräumt.

Sie: »Sagen Sie ... Senf?«
Er: »Senf.«

flucht vom absatzmarkt

– *Bonn. Geox-Schuhgeschäft in der Sternstraße.*

Zwei Pärchen (Mitte dreißig) kommen in das Schuhgeschäft. Während die beiden Frauen schon selig auf die Auswahl der Damenschuhe zustürmen, bleiben die beiden Männer im Eingangsbereich stehen. Nach kurzem Zögern gehen sie zum Ausgang und rufen ihren Frauen durch den Laden zu:

»Wir gehen mal kurz in den Handyladen gegenüber! Ihr seid ja hier in artgerechter Haltung.«

ein gut gezapftes bier braucht neun monate

– *Berlin. In einer Bar.*

Ein sehr beleibter Gast steht am Tresen.

Gast: »Ich bekomme ein Bier.«
Kellnerin (mit Blick auf seinen Bauch und sehr trocken): »Wann ist es denn so weit?«

bevor der shoppinghorror von vorn losgeht

– *Wien. Im H&M Mariahilferstraße.*

Ich stehe auf der Rolltreppe, hinter mir ein junges Paar
(beide ca. 17).

Sie: »Je länger ich das Teil in der Hand halte, umso weniger
gefällt es mir.«
Er: »Soll ich's halten?«

er wusste es: blind dates bringen es nicht

– *Frankfurt am Main. Alt-Sachsenhausen.*

In einer ziemlich vollen Kneipe. Am Nebentisch sitzt ein
Blinder mit seinem Hund und trinkt ein Bier. Der Kellner
setzt einen Mann mit an den Tisch, welcher den Blinden
und den Hund einige Zeit anstarrt. Nach ein paar Minuten
hält er es wohl für angebracht, ein Gespräch zu beginnen.

Mann: »Hat der Hund eine Ausbildung?«
Blinder: »Ja, er ist gelernter Industriekaufmann.«

wuffi ≠ tussi

– *Wuppertal. In der Schwebebahn.*

Neben mir sitzt ein breit gebauter Mann (ca. dreißig) mit dicker Bomberjacke und Kampfhund. Zwei Stationen später steigt eine gut aussehende junge Frau ein. Sie beginnt nach kurzer Zeit den Hund zu streicheln.

Er: »Ey, normalerweise fragt man vorher, ob man den Hund streicheln darf!«
Sie: »Ich liebe Hunde über alles.«
Er: »Ja, ey, ich liebe Frauen auch über alles, aber die muss ich auch vorher fragen, ob ich sie streicheln darf.«

mein sohn, das sparschwein

– *Heilbronn. In einem Krankenhaus.*

Ein Kind hat eine Münze verschluckt und ist gerade geröntgt worden. Der Arzt zeigt dem Vater das Geldstück auf dem Röntgenbild.

Vater: »Und was kann man da jetzt machen?«
Arzt: »Kommt darauf an, wie dringend Sie das Geld brauchen.«

... ob er dabei auch pfeift?

– *Neunkirchen. Im Zoo.*

Als ich mir die Murmeltiere ansehe, stellt sich ein Murmeltier auf die Hinterbeine und pinkelt lustig in die Gegend. Das kleine Kind der Familie, die neben mir steht, ruft aus seinem Kinderwagen heraus:

»Kuck mal, Papa, Pipi machen wie du!«

barth – deutsch, deutsch – barth

– *Mannheim. In der SAP Arena.*

Zwei Mädchen stehen bei einem Mario-Barth-Event am T-Shirt-Stand.

Mädchen: »Wie fallen die T-Shirts größenmäßig aus?«
Verkäufer: »Kleine Hupen: S, Große Hupen: L.«

gesichtstransplantation zum discounterpreis

– Hannover. In einem Penny-Markt.

Ein neuer Mitarbeiter kassiert von einer Stammkundin.

Kundin: »Oh, ein neues Gesicht?«
Kassierer: »Nö, das habe ich schon lange.«

keiner will ein montagskind

– Voerde.

Vor der abgeschlossenen Tür des Kindergartens stehen wie immer die Eltern Schlange und warten darauf, ihre Kleinen abholen zu können. Als pünktlich um 12.15 Uhr aufgeschlossen wird, drängen alle Eltern auf einmal zur Tür. Ein junges Paar steht abseits. Während sie sich ebenfalls auf den Weg macht, ruft er unüberhörbar:

»Los, Miri, bevor die guten Kinder alle weg sind!«

klassische retourkutsche

– Heide. In einer Filiale der Deutschen Post.

Kurz vor Feierabend.

Kundin: »Der Brief muss schnell ankommen.«
Postbeamtin: »Was heißt schnell?«
Kundin: »Heute noch!«
Postbeamtin: »Sicher ... ich spann dann mal die Pferde vor meine Kutsche!«

lektion für den klassenprimaten

– Garching. In der Schule.

Deutschunterricht in der 13. Klasse. Ein Schüler packt eine Banane aus, schält sie und beißt genau in dem Moment genüsslich hinein, als die Deutschlehrerin ihn anschaut. Mit frechem Grinsen auf dem Gesicht und vollem Mund fragt er sie:

Schüler: »Na, Frau Doblenski, woran erinnert Sie das?«
Lehrerin: »An Affen!«

der himmel ist umsonst

– Marl.

Nach der Weihnachtsmesse. Alle strömen dem Ausgang entgegen und lassen etwas Geld in die Kollektekörbe fallen. Hinter mir huscht ein kleiner Junge (ca. acht) geschickt unter dem in Erwachsenenhöhe gehaltenen Korb hindurch. Kaum ist er draußen, reißt er triumphierend die rechte Faust empor und ruft mit Begeisterung in der Stimme:

»JA! RAUSGEKOMMEN OHNE ZU BEZAHLEN!«

so bindet man kunden langfristig

— Düsseldorf. In der Kneipe Engelchen.

Es ist noch früh am Freitagabend, als zwei Mädels (ca. 15) die recht leere Kneipe betreten. Der Wirt tritt an den Tisch um die Bestellung aufzunehmen.

Wirt: »Was darf's denn sein?«
Mädel: »Zwei Jack-Daniels-Cola bitte!«
Wirt: »Alles klar!«

Der Wirt betritt den Bereich hinter der Theke, wischt ein wenig durch und sorgt für Ordnung. Nach ungefähr zwanzig Minuten kommt er noch mal am Tisch der Mädels vorbei.

Sie: »Tschuldigung, ich glaub', du hast unsere beiden Jacky-Cola vergessen.«
Wirt: »Nö, hab ich nicht, ich warte nur, bis ihr 18 seid.«

surround bildung

– Koblenz. Saturn im Löhr-Center.

Sohn (ca. elf) und Vater stehen bei den Notebooks und diskutieren.

Sohn: »Ich will so 'n richtig geiles Soundsystem und so!«
Vater: »Soundsystem ... buchstabier's erst mal.«

Wirre Worte –

„Ey, Nussmäuschen Alter!"

Was den Menschen von anderen Lebewesen unterscheidet, ist die Fähigkeit, mittels komplexer Zeichensysteme mit anderen Exemplaren seiner Spezies zu kommunizieren. Nahezu alles in unserem Leben beruht auf Sprache. Auch das Buch, das Sie gerade in Ihren Händen halten, ist ein sprachliches Produkt – basiert es doch auf dem Gerede Tausender Menschen. So gut es die Evolution mit uns gemeint hat, als sie uns die Fähigkeit zur vielschichtigen Lautäußerung gab, Sprache kann auch ins Leere führen. Oft lässt das Geplapper unserer Gesprächspartner nichts anderes bei uns zurück, als einen ratlosen Gesichtsausdruck. Dies ist besonders dann der Fall, wenn die Sprache, mit der kommuniziert wird, gar nicht existiert. Manchmal mag es daher ratsamer sein, die Stimmbänder unbenutzt zu lassen und auf eine alternative Art der Verständigung auszuweichen. Versuchen Sie es demnächst doch einfach einmal mit Gebärmuttersprache, wenn Sie den freilaufenden Bauern Ihres Vertrauens auf das Nussmäuschen in Che Guevaras Bäumen aufmerksam machen wollen. Viel Spaß mit den wirrsten Worten zwischen Alster und Alpen!

hobby humboldts neuester fund

– Bonn. An einer Bushaltestelle.

Ein ausländischer Mitbürger sitzt neben mir an der Haltestelle. Als ein Eichhörnchen über die Straße läuft, ruft er laut:

»Ey, Nussmäuschen, Alter! Nussmäuschen!«

und als nachtisch ein schwarz mit weiß und süß

– Duisburg. In einem Dönerladen am Hauptbahnhof.

Ein Kunde im Dönerladen interessiert sich für das Gewürz, das auf dem Tresen steht.

Kunde: »Entschuldigen Sie, dieses rote Gewürzpulver da, wie heißt das denn genau?«
Verkäufer: »Das is' Scharf!«

oh, du armer konjunktiv!

– Heilbronn. S-Bahn.

Sommer 2008 nach dem EM-Spiel Deutschland gegen Österreich auf dem Heimweg in der S-Bahn. Überall mehr oder weniger angetrunkene Leute. Zwei junge Männer, die ebenfalls schon etwas alkoholisiert sind, fangen an, sich zu streiten.

#1: »Ey, Alder, isch BIN dein Erzeuger, wenn deine Mutter nicht so teuer gewesen WÄRE!«

GEZ steht nur für schlechte zeiten

– Halle/Saale. In einem Vodafone-Shop.

Kunde kommt mit einem Handy in den Laden.

Kunde: »Ich will mein Handy abgeben!«
Verkäufer: »Warum?«
Kunde: »Weil ich dafür jetzt GZSZ-Gebühren zahlen soll.«

p-c-m ...? ach, l-m-a-a!

– Berlin. Saarbrücker Straße.

In einem Handy- und Computergeschäft berät der Verkäufer eine junge Kundin.

Er: »Also, da brauchen Sie eine PCMCIA-Karte.«

Sie: »Was für ein Ding?«

Er: »Am besten, Sie schreiben sich das auf. P-C-M-C-I-A.«

Sie (schreibt mit, versteht aber nicht): »Waaas?«

Er: »Paula-Cäsar-Martha-Cäsar-Ida-Anton.«

Sie (verärgert): »Können Sie vielleicht mal aufhören, sinnlos Wörter aneinanderzureihen?«

alles auf rot?

– Büren-Steinhausen. In einem Dönerladen.

Kunde: »Was für Soßen habt ihr?«

Dönermann (auf die Soßen zeigend); »Die rote, die eine und die andere.«

die schattenseiten der biowelle

– Stralsund. Auf einem Spielplatz.

Kleines Mädchen: »Meine Mama kauft nur die Eier von frei-laufenden Bauern.«

sie plant wohl eine familienzusammenführung

— Trier. In einem Rewe-Supermarkt.

Eine aus Russland stammende Frau geht zwischen den Regalen hin und her. Offensichtlich ist sie auf der Suche nach Eiern. Plötzlich kommt sie auf die Idee, die Kassiererin zu fragen. Sie schnappt sich ein gefrorenes Hähnchen und geht zur Kasse.

Kundin: »Das ist Mutta! Wo sind Kienderrrrr?«

auweia, die eier sind los

— Langeoog. Auf dem Markt.

Mann beim Einkauf auf dem Markt an der Hauptstraße.

Mann: »Sind das Eier aus Käfighaltung?«
Marktfrau: »Nee, wir haben nur freilaufende Eier!«

ein bisschen IQ zum frühstück schadet nie

— Kiel. Am Opernhaus.

In einem Bus unterhalten sich zwei Mädels (ca. 14) über die Möglichkeiten einer Gehirntransplantation. Schließlich entsteht daraus folgende erstaunliche Feststellung:

Mädel: »Wenn ich dein Gehirn esse, dann hast du einen IQ von null ... (nachdenklich), aber dann bin ich ja keine Vegetarierin.«

er sucht: ›richtig fragen für anfänger‹

– Hamburg. In einem Buchladen am Hauptbahnhof.

Kunde (zu Buchhändlerin): »Servus, ich suche ein Buch, haben Sie das da?«

der dativ ist dem genitiv sein tod – live teil 2

– Dortmund. In einem Elektronikgeschäft.

Das Geschäftstelefon klingelt und eine Verkäuferin (Mitte vierzig) nimmt das Gespräch an. Sie ruft daraufhin laut durch den gut mit Kunden gefüllten Laden.

Verkäuferin: »Herr Sandemann ... Telefon für Ihnen!«
Verkäufer (sichtlich genervt): »Für ... SIE!«
Verkäuferin: »Nein, nicht für mich, für IHNEN!«

pränatale breaking news

— Köln-Porz. In einer Regionalbahn.

Im Abteil hinter mir sprechen zwei junge Damen (Anfang zwanzig) über Nachrichtensendungen im Fernsehen.

#1: »Hey, in 3sat läuft ›Heute‹ und ›Tagesschau‹. Da wird eine Frau eingeblendet, die das in Gebärmuttersprache übersetzt.«

einmal alles mit ohne

— Lancken-Granitz. Ostseebad Binz.

Ein Paar sitzt im Eiscafe und bestellt.

Sie: »Ich hätte gerne ein kleines gemischtes Eis: nur Vanille.«

passend zum inneren look

— Meppen. Bistro Satchmo.

Vorm Café sitzend erzählt eine Frau (ca. dreißig) ihren Eltern Neuigkeiten über einen gemeinsamen Bekannten:

»Der schreibt ja jetzt Gedichte. Über innere Gefühle und so.«

es folgten marschkoch, warmleuchter und vollnepp

– *Coburg. In einem Garten.*

Der vierjährige Sohn meiner Freundin gehört im Kindergarten zu den ganz Coolen. Wir sitzen gemütlich im Garten zusammen, trinken Kaffee und quatschen.

Sohn (quengelnd): »Papa, spiel Fußball mit mir!«
Papa: »Nö, jetzt wollen sich die Erwachsenen mal unterhal-
ten, du musst heute allein spielen.«
Sohn (zieht einen Flunsch): »Och MAAAAAANNNNNN,
jetzt spiel endlich Fußball mit mir!«
Papa: »Nein heißt nein!«

Der Kleine wird wütend, stampft mit dem Fuß auf, zeigt
dem Vater den Stinkefinger und schreit ihn an:

»DU MIXER!!!«

auf den keks gegangen

– *Dortmund. In einem chinesischen Restaurant.*

Am Nachbartisch eine Familie mit zwei Töchtern (15 und
fünf). Die Ältere liest den Zettel ihres Glückskekses vor.

Jüngere: »Heißt das Glückskeks, weil du Glück hast, dass da
nicht draufsteht, dass du doof bist?«

bei personalmangel: multiple persönlichkeiten

– Meppen. Bei einem Optiker.

Die Verkäuferin vertröstet einen Kunden, dessen Brille repariert werden soll:

»Heute Nachmittag wär's besser, dann bin ich zu zweit.«

messing with the words

– Köln. RE5 Richtung Düsseldorf.

Durchsage des Schaffners:

»Nächster Halt: Köln/Messe-Deutz.«

(Pause)

»Next stop: mess of Cologne.«

guten tag, guten tag, ich will meinen sprachschatz zurück!

– St. Wendel. In einem Globus-Supermarkt.

An der Kasse. Kunde kommt zur Kassiererin.

Kassiererin: »Guten Tag.«
Kunde: »Guten Tag.«

Die Kassiererin zieht die Waren über das Band.

Kunde: »Ich bezahle mit EC-Karte.«

Die Kassiererin druckt den Beleg aus und gibt dem Kunden den Stift zum Unterschreiben.

Kassiererin: »Guten Tag.«

Kunde schaut sie verdutzt an.

Kassiererin: »Ich meinte ›Hier bitte unterschreiben‹. Ich habe die Sätze vertauscht.«

immer diese modenamen!

– Berlin. Tempelhofer Damm.

Ein kleines Mädchen bemerkt eine Jugendliche, die an einer Hauswand lehnt und offensichtlich auf jemanden wartet. Das Mädchen läuft auf sie zu.

Mädchen (lautstark): »Was machst du denn da?«
Jugendliche: »Ich warte hier auf meinen Vater.«
Mädchen (denkt kurz nach): »Heißt der auch Papa?«

die betonwüste lebt!

— Düsseldorf. Krefelder Straße.

Eine Mutter sitzt mit ihrem Kind vor dem Fernseher. Im Fernsehen ist eine Kuh zu sehen, das kleine Mädchen (ca. drei) kommentiert.

Kind: »Mama! Da ist eine Kuh!«
Mutter: »Ja, das ist 'ne Kuh!«
Kind: »Die Kuh macht muh!«
Mutter: »Richtig.«
Kind: »Der Hund macht wau wau!«
Mutter: »Jap.«
Kind: »Die Katze macht miau und die Maus macht piep piep ... die Eisenbahn macht tuff tuff und ... und ... Mama, was macht denn der Mensch?«
Mama: »Blabla.«

der weg ist das ziel

— Leonberg. Belforter Platz.

Ein älterer Herr steigt in den Bus ein.

Älterer Herr: »Jaa grüß Gott, san Sie der Sindelfingerbus?«
Busfahrerin: »Nee, ich bin die Frau Meier.«
Älterer Herr: »Ja mei, freilich. Ja, dann fahret se nit übers Sterncenter?!«

Busfahrerin: »Nein, weder übers, noch ans Sterncenter. Sie können aber mit diesem Bus an den Bahnhof, und von dort nach Sindelfingen fahren.«

Älterer Herr: »Ja, und nach Eltingen?«

Busfahrerin: »Sie sind so gut wie in Eltingen. Schauen Sie, da verläuft ungefähr die Grenze. Wollen Sie denn jetzt an den Bahnhof fahren?«

Älterer Herr (verwirrt): »Ha noi, i bleib lieber in Leonberg. Tschüssle dann!«

vive la ... kaugummizählen!

– Welzheim. In einer Tankstelle.

Der Chef der Tankstelle wartet auf die Arbeitskräfte, die heute die Inventur machen sollen und extra dafür eingestellt wurden. Es fehlt noch eine Mitarbeiterin. Diese (eine junge, gestylte Frau) stürmt herein, eilt auf den Tankstellenchef zu und sagt:

»Entschuldigung wegen der Verspätung. Ich komme zur Revolution.«

potato-perversitäten

– Köln. In einem Restaurant.

Am Nebentisch genießt ein junges Pärchen das herzhafte

Essen. Er hat den Kartoffelauflauf verputzt, lehnt sich entspannt zurück und bemerkt wohlwollend:

»Bin ich voll ... DAS war aber auch ein echt guter Einlauf!«

sie wollte nur mal drüber reden

– München-Schwabing. Bonner Platz.

Meiner Freundin und mir kommt auf der Straße eine etwas verloren wirkende Frau entgegen. Sie spricht uns an.

Frau: »Kennen Sie sich hier etwas aus?«
Freundin: »Ja, schon.«
Frau: »Ach, dann lieber nicht.«

tuff, tuff, doof, die eisenbahn

– Köln. Bahnhof Ehrenfeld.

Zwei ca. 17-jährige Mädels sitzen am Bahnhof und warten. Durchsage: »Auf Gleis 3 fährt ein Regionalbahn RB4510.«

Das Mädel neben mir: »Die sind doch doof, das heißt doch ›einE‹ Regionalbahn.«

wird mal zeit für 'ne frau

– Hamburg. In einer S-Bahn.

Zwei Informatikstudenten unterhalten sich über eine Klausur.

#1: »Er stellt zehn Fragen. Nur sechs Minuten für jede Antwort!«
#2: »Zeitminuten?!«

männerfreundschaften: namen sind wurst

– Heide. Himmelreichstraße.

An einem Grill-Imbiss. Der Bratwurstmann begrüßt einen Kunden, den er anscheinend häufiger an seiner Bude sieht.

Bratwurstmann: »Hallo Klaus!«
Kunde: »Hallo Andreas!«
Bratwurstmann: »Aber Klaus, ich heiße doch Alexander!«
Kunde: »Ich heiße ja auch eigentlich Karsten.«

dönermann, der nix rechtschreibung kann

— Rostock. An einer Dönerbude.

Kunde: »Wir hätten gerne zwei normale und einen vegetarischen Döner.«

Kurz darauf hat der Verkäufer alles fertig und in Alufolie verpackt. Damit wir auch wissen, welches der vegetarische ist, macht er uns einen Vorschlag:

Verkäufer: »Bei wegetarisch schreib isch ›W‹ drauf!«

traumfrau oder traumweit

— Bremen. Straßenbahn Linie 4.

Zwei Jungs mit Migrationshintergrund unterhalten sich über ein Mädel.

#1: »Alda, ich habe die so in die Herz gesaved. Ohne Scheiß, die ist Traumfrau.«
#2: »Wie Traumfrau? Isch dachte, die ist echt?«
#1: »Die ist echt, Alda. Traumfrau sagt man so bei den Kartoffeln.«
#2: »Versteh ich nicht. Wie kann sein, dass Frau in echt Traumfrau ist.«
#1: »Alda keine Ahnung. Hast du was zu kiffen?«

auch ohne zwiebeln zum heulen

– *Oberhausen. An einer Dönerbude.*

Typ: »Zweimal komplett und einmal ohne Zwiebeln.«
Dönermann: »Alles klar.«

Die Döner sind fertig und der Dönermann schreibt auf
eine Folie ›O.S.‹.

Typ: »Tschuldigung, was soll das ›O.S.‹ denn heißen?«

Der Dönermann dreht sich um, guckt böse und sagt: »Hast
du gesagt OHNE SWIEBELN!!!«

das lernen sie dann im einführungskurs

– *Hamburg-Bergedorf. Alte Holstenstraße.*

Zwei Mädels (ca. 13) laufen an mir vorbei.

#1: »Gibt's eigentlich nur Analsex oder auch Banalsex?«
#2: »Weiß ich auch nicht.«

bestellung mit salamitaktik

— Mannheim. Tengelmann in der Steubenstraße.

An der Wursttheke.

Frau mittleren Alters: »Bitte geben Sie mir 100 Gramm Salami. Aber lieber etwas weniger mehr, als mehr mehr.«

allein unter frauen

— Nübbel. In der Grundschule.

Erstklässlerin zur Lehrerin: »Du, Frau Köhler, hier fangen alle Lehrer mit Frau an, außer Herr Eberhardt!«

aus der rippe geschnitten?

— Bonn. An einer Bushaltestelle.

Zwei junge Frauen unterhalten sich über ihre Kindheit.

#1: »Ich bin mit fünf Jahren amputiert worden!«
#2: »Oh, das tut mir aber leid!«
#1: »Nee, nicht schlimm ... ich hab meine leibliche Mutter ja nie kennengelernt!«

die anwaltskanzlei: spannender als jurassic park

– Mönchengladbach. In einer Anwaltskanzlei.

Ich sitze beim Rechtsanwalt im Wartebereich. Die super-hochnäsige Anwaltsgehilfin schreibt gerade mithilfe eines Diktiergerätes einen Brief.

Der Text läuft ab: »... und ich schlage vor, wir forcieren ...«

Sie schaut fragend und spult das Gerät zurück.

»... forcieren ...«

(Wieder zurück und lauter)

»... FORCIEREN ...«

Das Ganze läuft so noch so sieben- bis achtmal, dann ruft sie ihre Kollegin an.

Anwaltsgehilfin: »Kommst du mal eben?«

Die Kollegin kommt, das Gerät wird wieder abgespielt.

»... FORCIEREN ...«

Anwaltsgehilfin: »Weißt du, was der möchte?«
Kollegin: »Ja, er möchte die Sache forcieren.«
Anwaltsgehilfin: »Was ist das denn?«

Kollegin: »Etwas vorantreiben, beschleunigen.«
Anwaltsgehilfin: »Hä, ich dachte das sind tote Dinosaurier?!«

grammaddisch nisch rischdisch

– *Hamburg-Altona. In einem Bus.*

Zwei Mädels in Jogginghosen sitzen hinter mir. Sie reden über ihre Klassenfahrt, es geht um einen Lehrer.

#1: »Ey, und dann hat der misch gefragt: ›Was hat disch gefallen und was hat disch nisch gefallen?‹«
#2: »Ja und?«
 # 1: »Hab isch gesagt: ›Ja, alles. Alles hat misch gefallen.‹ Hat der misch gefragt: ›Und was hat disch nisch gefallen?‹«

(Kunstpause)

#1: »Hab isch gesagt: ›DISCH! Disch hat misch gar nisch gefallen!‹«

viva la baumschule!

– *Berlin. In einer Schule.*

Auf dem Pausenhof unterhalten sich zwei Jungs (beide ca. 16):

#1: »Ey ey, kennst du Che Guevara?«
#2: »Hmm ... (ganz ernst) war der für Juden und so?«
#1: »Nein, Mann! Der war für Bäume und so!«
#2: »Ach so, für den Wald und so? Na, den kenn ick, der ist doch voll gut, wa?«

das kind nicht beim namen genannt

– *Bad Oeynhausen. In einem H&M.*

Eine Mutter ist mit zwei kleinen Kindern beim Einkaufen. Die Kinder beschäftigen sich zunächst alleine. Dann rennt das Mädchen zu seiner Mutter und beklagt sich:

Mädchen: »Der Junge kommt nicht!«
Mutter: »Na, wie heißt der?«
Mädchen: »Weiß ich nicht.«
Mutter (belehrend): »Er heißt Farian!«
Mädchen (brüllt durch den Laden): »FAAABIAAAAAN!«
Mutter: »Nein. Nicht FaBian. R!«
Mädchen: »FAAAABIAAAAN ... R!«

... später diskutierten sie in der geschlossenen weiter

– *Hannover. In einer Firma.*

Eine Stunde nach Feierabend. Unsere Führungsebene möchte noch etwas diskutieren und hat ein Meeting anberaumt. Mitten im Meeting kommt es zu folgendem Dialog zwischen den beiden Abteilungsleitern:

Chef #1: »Wenn wir den Schneehaufen nicht vor uns herschieben können, müssen wir halt drüberspringen!«
Chef #2: »Aber da schmilzt ja selbst der Zucker in der Pfanne!«
Chef #1: »Ja, das stimmt. Aber ich sage Ihnen, es geht nur top down und DANN bottom up.«

mayday! sprache totally am end

– Flughafen Köln-Bonn.

Die letzten Reisenden besteigen gerade das Flugzeug. Eine Stewardess erkundigt sich bei ihrer Kollegin:

»Sin wir jetz ready für die Tür zuzumachen?«

eine busfahrt am stück bitte!

– Göppingen. In einem Bus.

Oma: »Einmal Jebenhausen bitte!«
Busfahrer: »Im Ganzen oder geschnitten?«
Oma: »WAS? EIN MAL JE-BEN-HAU-SEN BITTE!«
Busfahrer: »Jaaa, ich weiß doch, das war ein Witz!«

als antwort gab es eine umarmung

– *Bern. Am Bahnhof.*

Einige Personen führen die Aktion ›Free Hugs‹ durch, bei der Passanten gratis Umarmungen bekommen. Eine ältere Dame kommt dazu und fragt ganz neugierig:

»Wer sind denn diese Hugs, die ihr befreien wollt?«

wir müssen nur wollen

– *Stuttgart. Bäckerei in der Vaihinger Straße.*

Mutter und Kind (ca. fünf) vor der Verkaufstheke. Die Mutter verlangt ganz ruhig nach Brötchen, Brot und Brezeln. Das Kind kräht immer wieder dazwischen.

Kind: »Ich will eine Brezel, ich will eine Schneckennudel, ich will das da, ich will ein Eis!«
Mutter (hörbar genervt): »Das heißt: Ich möchte! Nicht: Ich will!«

(Kurzes Schweigen)

Kind (ganz laut): »Ich möchte, was ich will!«

rien ne va plus in hösbach

– Aschaffenburg.

An der Haltestelle City Galerie steigt ein Mädchen (ca. 17–19) in den Bus nach Hösbach ein.

Mädchen: »Einzelfahrt Erwachsene bitte!«
Fahrer: »Wohi?«
Mädchen (schaut verdutzt): »Oui!«
Fahrer: »Wohii?«
Mädchen: »Ja!«
Fahrer: »Aja WOHII dann?«
Mädchen: »Ach so ... nach Hösbach!«

Schlechte Ideen –

„Ein Mitarbeiter bitte in die Tiefkühltruhe!"

›Deutschland – Land der Ideen‹. Ein Slogan, so angenehm wie ein kühles Bier. Dass Ideen zuweilen äußerst schlecht sein können, beweist das nächste Kapitel. Es zeigt eine Realität fernab aller Patentämter und Think-Tanks. Mit deutscher Gründlichkeit steuern unsere Mitbürger hier vor allem Fettnäpfchen und Fallgruben an. Ob Kastration an der Kasse, Verhütung mit Salzwasser oder das unmoralische Angebot an die eigene Mutter: Manche Einfälle sind so fatal, dass wir nur hoffen können, dass sie niemals realisiert wurden und die Akteure dieses Kapitels mit dem Schrecken davonkamen. Willkommen im Reich der schlechten Ideen!

abgekühlte arbeitsatmosphäre

– Gifhorn.

Eine Durchsage im Real Markt:

»Ein Mitarbeiter bitte in die Tiefkühltruhe!«

frisch vom gockelbaum

– Oberhausen. In einem Restaurant.

Gast: »Haben Sie denn auch ein Gericht für Vegetarier?«
Bedienung: »Aber natürlich! Für Vegetarier haben wir Hähnchen.«

dr. löt auf wilder mission

– St. Goar-Oberwesel. Krankenhaus.

In der Klinik wird eine Behandlung an der Wirbelsäule durchgeführt, die sich Facetten-Infiltration nennt. Der entzündete Nerv wird dabei mit Medikamenten ruhiggestellt. Eine ältere Patientin möchte ihrer Krankengymnastin erklären, dass sie deshalb für diesen Tag alle anderen Behandlungen absagen müsse.

Ältere Patientin: »Sie können meine heutigen Termine streichen, der Doktor höchstpersönlich wird mir gleich die Rosette veröden!«

aus: 100 arten, ein feuer zu löschen

– Gescher. In der Wohnung einer Freundin.

Typ #1: »Weißt du noch, als wir bei Stefan das Feuer ausgekotzt haben?«
Typ #2: »Ja klar, Mann. Ey, das war soooo männlich!«

dem gespräch das genick gebrochen

– Oldenburg. Am Busbahnhof.

Eine junge Frau sitzt im Bus, ein Mann im etwa gleichen Alter setzt sich ihr gegenüber hin.

Sie (schaut ihn an): »Mensch, dich kenn ich doch irgendwo her ... Hab ich dich nicht mal vom Liegestuhl geschubst, als du zwei gebrochene Arme hattest?«
Er (in trockenem Ton): »Jaaaa.«
Sie (nachdenklich): »Das war jetzt kein guter Konversationsansatz, oder?«
Er (wieder trocken): »Nein.«

Schweigen für den Rest der Fahrt.

erika und die eier

– Stuttgart. Bauernmarkthalle am Vogelsang.

An einem langen Stand mitten in der belebten Halle ruft eine Verkäuferin einer Kollegin am anderen Ende des Standes, sodass es in der ganzen Halle zu hören ist, zu:

»Erika, zieh dem Herrn mal die Eier ab!«

mein fax macht faxen

– Dresden. In einem Büro.

Eine ältere Kollegin will die Bestellung für den nächsten Tag von der Filiale an das Hauptgeschäft faxen. Die Kollegen im Hauptgeschäft wundern sich, dass sie das gleiche Fax von ihr immer und immer wieder bekommen. Sie rufen an, um sich nach dem Grund dafür zu erkundigen.

Ältere Kollegin: »Na, das is doch nich bis zu euch gekommen. Das kam bei mir immer wieder raus.«

wenn's mal wieder länger dauert

– *Gerlos. In einer Liftstation.*

Morgens an der Liftstation. Die Schlange wird trotz der ermahnenden Durchsagen der Seilbahnangestellten immer länger. Dann folgende Durchsage:

»Um die Wartezeiten zu verlängern, bitten wir Sie, in die Gondeln einzeln einzusteigen!«

know your foe

– *Berlin. Fuggerstraße.*

Während des ›Folsom Europe 2008‹ (ein Leder-Fetisch-Festival).

Stimme aus der Menge: »Darf ich dir vorstellen? Der Grund deiner Eifersucht!«

den stinkefinger gezeigt

– *Ibbenbüren. In einem Kino.*

Ein Junge (ca. sieben) und seine Schwester (ca. neun) gehen zur Toilette des Kinos. Nach ein paar Minuten kommen sie aus den verschiedenen Räumen heraus. Das Mädchen schnuppert dabei immer wieder an seinen Händen. Daraus entsteht folgender Dialog:

Er: »Was machst du denn da?«
Sie: »Die Seife duftet aber gut.« (Hält ihrem Bruder die Hände unter die Nase.)
Er: »Stimmt.« (Hält ihr wiederum die eigenen Hände unter die Nase.)
Sie: »Die Seife riecht aber eklig!«
Er: »Ich hab mir die Hände auch gar nicht gewaschen.«

kondome schützen

– Duisburg. An einem Bankautomaten.

Ein Vater zieht am Bankautomaten Geld. Sein Kind (ca. sieben) rennt weg.

Vater: »Leon, komm sofort wieder her, aber dalli.«
Kind: »Niemaaals, du alter Sack!«

der kunde hat rabatt satt

– Hofheim. In einer Bäckerei.

Ein Kunde steht an der Theke und bestellt.

Kunde: »Guten Tag, vier Brötchen bitte!«

Bedienung: »Also fünf ...«
Kunde: »Wieso fünf?«
Bedienung: »Ist gerade Rabattaktion: Fünf Brötchen zum Preis von vier!«
Kunde: »Dann nehm' ich drei.«

knofi vs. achselscheiß

– Neuss. Auf einer Kegelbahn.

Es findet ein Treffen einiger User eines Internetforums statt. Einer in der Gruppe bestellt Pizza.

#1: »Bestellt noch jemand von euch Pizza mit Knoblauch? Ich will nicht der Einzige sein, der stinkt!«
#2: »Ich bin auf einem Internet-Treffen. Ich ging davon aus, dass jeder hier stinkt!«

die bahn ... kommt, das bier auch

– Heidelberg. Hauptbahnhof.

Morgens um 6:57 Uhr im ICE. Durchsage kurz nach der üblichen Begrüßung:

»Gerne würde ich Sie auch in unserem Bordrestaurant begrüßen, wo Sie schon mal mit einem kühlen Bier ins Wochenende starten können.«

Mann mit Anzug und Laptop neben mir schüttelt den Kopf und murmelt:

»Um sieben Uhr morgens?«

sparringspartner kummerkasten

– Essen. In einer Straßenbahn.

Ein Junge (ca. 13) rumpelt gegen die Gegensprechanlage für Notfälle in der Bahn. Diesen Zusammenprall kann er nicht ohne Aggression auf sich sitzen lassen.

Junge: »Scheiß Kasten, fick deine Mudder!«

obergäriges brot

– Leverkusen. Neukauf Opladen.

In der Bäckerei.

Kunde: »Könnse mir ein Brot empfehlen?«
Verkäuferin: »Also, im Angebot ist grade das Monheimer Altbierbrot.«
Kunde: »Gibbet dat auch mit Kölsch?«

dumm-dumm-geschoss

– *Im Auto auf dem Weg nach Bonn.*

Mann rülpst.

Er: »Hoppla, gerülpst.«
Sie: »Wer?!«
Er: »Das hier ist ein Zweisitzer ... was glaubst DU???«

ach, small talk wollten sie?

– *Uelzen. Am Hammersteinplatz.*

Im Bus. Eine ältere Frau drängt der vor ihr sitzenden Frau mitsamt Enkelkind (ca. acht) ein Gespräch auf. Die Zuhörerin wirkt sichtlich genervt, lässt aber höflich die Erzählungen über sich ergehen.

#1: »Ja ... Mein Mann ist ja auch schon lange tot.«
#2: »Oh ... Das tut mir leid.«
#1: »Ja ... Kam auch ganz plötzlich. Wir saßen abends vorm Fernseher. Und dann ist es passiert. War nicht schön ...«

Die Dame beginnt sehr detailliert zu erklären, wie ihr Mann ums Leben kam, sodass auch einige andere Mitfahrer inzwischen große Augen machen.

#2: »Also hören Sie mal! Ich möchte so was jetzt nicht hören! Und mein Enkel ist auch noch zu jung für so was!«

Betretenes Schweigen. Offensichtlich sucht die Oma nach einem neutraleren Thema und deutet schließlich nach draußen.

#1: »Ach ja ... Der Billigladen dort ... Da ist ja auch alles so billig ...«

im kleinen schwarzen in die schwarzen zahlen?

– Dreieich-Sprendlingen. Am Empfangstresen eines Software-unternehmens.

Der Börsengang unserer Firma steht kurz bevor. Am Empfangstresen werde ich unfreiwillig Zeugin des folgenden Dialogs zwischen der Empfangssekretärin und einem um Small Talk bemühten Kollegen:

Kollege: »Jaja, noch eine Woche, dann gehen wir an die Börse ...«

Empfangssekretärin: »Ich weiß überhaupt nicht, was ich da anziehen soll.«

es stinkt was am fischmarkt

– Hamburg. Fischmarkt.

Sonntagmorgen in aller Herrgottsfrühe. Eine Durchsage auf dem Fischmarkt:

»Sehr geehrte Besucher des Fischmarkts, hier spricht die Marktleitung. Wir möchten darauf hinweisen, dass sich Taschendiebe auf dem Marktgelände befinden. Bitte achten Sie auf Ihre Wertgegenstände. Die Taschendiebe werden aufgefordert, den Markt umgehend zu verlassen.«

3 in 1: bistromann, macgyver, ironman

– Ingolstadt. Im Regionalexpress nach München.

Silvester, am Nachmittag. Zwei aufgestylte Tussis fahren vom Land nach München. Während sie das ganze Abteil mit lauter Handymusik beschallen, unterhalten sie sich über ihre Silvesterpläne. Der Bordbistromann kommt vorbei.

#1: »Ey, hier, ich brauch 'ne Bifi!«
Bordbistromann: »1,50 bitte. Wo geht's denn hin heute Abend?«
#2: »Ins Sheraton nach München.«
#1 (stolz): »... Silvester-Gala.«
Bordbistromann: »So was is teuer, ne?«

365

#2: »250 Euro, aber is ja nur einmal im Jahr, ne?«

Bordbistromann: »Ich war schon mal im Sheraton, ich geb euch 'nen Tipp. Nix aus dem Kühlschrank trinken, das is teuer wie die Sau.«

#1: »Echt?«

Bordbistromann: »Ja, kauft euch bei Aldi 'ne Flasche Wasser und stellt die da in den Kühlschrank.«

#2: »Super Tipp, danke.«

Bordbistromann (todernst): »Und noch was. In den Zimmern gibt's Bügeleisen. Da könnt ihr alles mit warm machen. Ja nix zu essen kaufen da! Ihr zahlt euch sonst dumm und dämlich! Kauft euch beim Metzger ein Steak und Toastbrot und dann bratet ihr euch das mit dem Bügeleisen. Also dann, guten Rutsch!«

gelb, gelb, gelb sind alle meine kleider!

– Bremen. Im McDonald's in der Bahnhofstraße.

Ein kleiner Junge (ca. fünf) kommt bei McDonald's aus der Toilette.

Wartender Papa: »Na, hast du dir auch brav die Hände gewaschen?«

Der Kleine: »Ne, Papi, brauch ich nicht, hab ja meine Handschuhe angelassen ...«

alles auf doof

– Bad Zwischenahn. In einem Spielcasino.

Zwei Gäste (ca. fünfzig) spielen am American Roulette. Die zuletzt gefallenen Zahlen sind die 3 und die 6.

#1: »3 mal 6 sind 24!«

... und setzt fünf Chips auf die 24 während die Kugel ihre Runden dreht. Die Kugel fällt.

Croupier: »18 rot.«
#2: »Wenn du wenigstens rechnen könntest!«

vielleicht sollte er jemanden fragen, der sich mit so was auskennt

– Essen. Berliner Platz.

Zwei Jungen (ca. zwölf) unterhalten sich an der Bushaltestelle über das Verhalten ihrer Lehrer. Zwei Türken (ca. 25) kommen auf die beiden zu. Einer fragt sie:

»Ey, sorry, wo is denn hier der Puff in Essen?«

wie man an seinen eigenen guten ratschlägen scheitert

– Ittlingen.

Bei einem Kinderfußballturnier steht ein Vater mit seinem Sohn (ca. fünf) an der Kasse und bestellt.

Vater: »Eine Cola und für mich ... hm ... habt ihr auch Bier?«
Kassiererin: »Ja, klar, kostet 1,80 Euro.«
Vater: » Ach ... nee ... ist irgendwie auch scheiße, Alkohol trinken vor den Kindern.«
Kassiererin: »Vor allem ist es scheiße, vor den Kindern scheiße zu sagen!«

ein sack henkersmahlzeit bitte

– Gevelsberg. Im Praktiker.

Eine ältere Dame (ca. siebzig) geht auf eine junge Verkäuferin zu und fragt diese:

»Entschuldigung, Fräulein, fällt Rattengift unter Tiernahrung?«

der kleine sherlock spanner

– Osnabrück. In der Damentoilette eines Kaufhauses.

Eine Mutter wartet mit ihrem kleinen Sohn (ca. vier) auf das Freiwerden einer Kabine. Hinter einer der verschlossenen Türen erleichtert sich gerade eine Dame. Plötzlich schmeißt sich der Junge zu Boden, steckt den Kopf unter der Tür hindurch und ruft:

»WER DUSCHT DENN DA?«

zweimal verdaut hält besser

– Köln-Lövenich. In einem Aldi.

Frau zu ihrem Begleiter:

»Du, die probiotischen Joghurts waren doch die mit Stuhlgang, oder?«

solange sie nicht ›slut‹ hört …

– Wachenheim. Während des Schul-Wandertags.

Drei Schülerinnen (3. Klasse) singen ihrem Lehrer ›Wenn alle Männer Mädchen wären‹ von den ›Ärzten‹ vor.

Lehrer (lachend): »Und ihr hört schon ›Die Ärzte‹?«
Eine Schülerin: »Ja, ich hör ›Die Ärzte‹, weil ich später auch Ärztin werden will.«

roll on, baby!

– *Bei Hannover. Im Zug von Göttingen nach Bremen.*

Der Vierersitz vor mir im überfüllten IC ist mit vier lautstark redenden Frauen besetzt. Sie erzählen sich gegenseitig private Kurzgeschichten und lachen dabei. Das halbe Abteil hört dem Geschehen zu.

#1 zu #2: »Kennst du eigentlich Utas Geschichte mit dem Deo-Roller?«
#2 (neugierig): »Davon habt ihr mir noch gar nichts erzählt!«

Eine der Frauen, augenscheinlich besagte Uta, wird sichtlich rot und immer kleiner.

#3: »Was soll denn schon groß mit einem Deo-Roller passieren?!«
#1: »Wenn man sich nackt draufsetzt ...«

zweidimensionales denken

– Köln. Im IKEA Köln-Godorf.

In der Abteilung, in der man verschiedene Schreibtisch-platten und Tischbeine selbst kombinieren kann, sind Mutter und Tochter zugange.

Tochter: »Ey Mama, die Platte hier is doch geil, un da neh-men wa einfach hier die Beine für.«

Die Mutter guckt sich Platte und Tischbeine genau an, liest die Artikelbeschreibungen durch und sagt: »Nää, Kind, kannste knicken. Die passen nich. Der Tisch is ja 80 tief und die Beine nur 75 hoch, da fehlen 5 cm!«

eine stufe unter faber-sekt

– Altötting. Im Marktkauf.

Eine Frau sucht sich etwas aus dem Süßigkeitenregal aus. Sie will dem Gastgeber eine kleine Aufmerksamkeit mit-bringen und greift zu einer Packung ›Merci‹.

Mann: »Wieso willst du denen auch noch was mitbringen? Die nerven mich sowieso dermaßen, dass ich denen am liebsten gar nix mitbringen möchte.«

(Pause)

»Und wenn ich denen was mitbringen würde, dann wäre es Senf, dass sie auch genau merken, was ich von ihnen halte!«

nachbars sprache schwere sprache

— Zürich. Im Zug.

Ich sitze im Zug nach Zürich, als sich zwei junge Männer mit Skaterbekleidung neben mich setzen.

#1: »Hei, weißt du was?«
#2: »Nö.«
#1: »Ich habe eine Freundin, die kann mongolisch. Hab's mal gehört, klingt echt wirr. Sie behauptet, es sei die schwerste Sprache der Welt.«
#2: »Alter, das kannst du gleich vergessen! Weißt du, was die schwerste Sprache der Welt ist? Polnisch! Denn egal, was du sagst, es ist nie das, was du denkst.«

er braucht 'ne brille mit bremsfallschirm

— Schneeberg. Beim Optiker.

Am Samstagabend auf einer Party springt ein Freund mit Anlauf in den im Garten stehenden Rhododendronstrauch, woraufhin seine Brille Schaden nimmt. Am darauffolgenden Montag gehe ich mit ihm und der verbogenen Brille zum Optiker. Mein Freund reicht dem Optiker die Brille.

Er: »Können Sie die wieder hinbiegen? Die ist hingefallen.«
Optiker (zweifelnd): »Die ist doch nicht bloß hingefallen?!«
Er: »Doch, aber sie hat mich hinterhergezogen.«

arbeit = kraft mal bildungsumweg

– Bielefeld. Universität, Physik-Fakultät.

Gespräch zwischen zwei Studenten und einem Prüfer. Es geht um die mündliche Abfrage zu einem physikalischen Versuch, der anschließend durchgeführt werden soll.

Prüfer: »Kein Stress, die Fragen sind nicht so schwer, hattet ihr doch sicherlich alles schon im Abi.«
Student #1: »Ich hatte keine Physik im Abitur.«
Student #2: »Ich habe gar kein Abi!«

auf dieser linie gilt der kautarif

– Berlin. Bus der Linie 100.

Touristen steigen in den Bus ein und zeigen beim Busfahrer ihre Fahrkarten vor. Da der Busfahrer kaum auf die Tickets schaut, bleibt eine Frau stehen, hält alle Einsteigenden auf und dem leicht genervten Fahrer den Fahrschein dicht unter die Nase.

Busfahrer: »Watt'n, soll ick rinnbeißn?«

ein kinderkokser braust mächtig auf

– Lotte (Steinfurt). Im Bus.

Der Bus ist morgens mit vielen Schülern besetzt. Ein Junge (ca. elf) reißt eine Tüte Ahoi-Brause auf und formt damit eine Linie auf seiner Handfläche, die er dann mit der Nase hochzieht. Ein Mädchen (ebenfalls ca. elf) beobachtet ihn dabei.

Mädchen: »Hää?? Bist du total blöd oder so? Warum ziehst du dir denn billige Brause durch die Nase?«
Junge: »Ey Alde, du hast doch keine Ahnung! Der Stoff is nisch billig, das is voll der Gute vonner Tanke, ey!«

try hard, die hard

– Offenbach. In der Schule.

Zwei Mädchen laufen während des Unterrichts auf dem Schulflur umher.

#1: »Ey Mann, du kannst dich nicht umbringen! Ich hab's auch schon versucht … das geht nicht!«

kuschelpädagogik war mal

– Achim. In einer Schule.

Ein Leistungskurs (12. Klasse) während des Unterrichts. Plötzlich poltert es heftig an der Tür, es ist mal wieder ein Fünftklässler dagegengesprungen.

Lehrer (zeigt auf zwei starke Jungs): »Du und du ... ihr beide ... herkommen!«

(Pause)

Schüler #1: »Wirklich jetzt??«
Lehrer: »Los, fangt das dumme Kind! Und dann bringt es mir hierher!«

Beide Schüler laufen los, kurze Zeit später hört man eine kindliche Stimme:

»Hilfe! Hilfe! Lasst mich! Ich will nicht!«

Der Lehrer geht triumphierend zur Tür, wartet, öffnet sie und sagt zu dem kleinen ›Erlegten‹:

»Siehste, so was passiert, wenn man sich mit den Großen anlegt!«

sich selbst ein spiegel-ei legen, das kann er

– Köln. In einem Restaurant.

Am Nebentisch sitzen ein junger prolliger Mann und eine Frau. Offensichtlich ein Date. Das Gespräch dreht sich überraschenderweise um die Beschaffenheit der deutschen Medienlandschaft.

Sie: »Aber zum Beispiel ›spiegel online‹ ist doch auch boulevardesker als der ›Spiegel‹ selber!«
Er (ratlos): »›spiegel online‹? Ist das das mit Günther Jauch?«

every piss you take – der neue hit von ›police‹?

– Köln. Zu Karneval in einer Nebenstraße.

Eine Gruppe von fünf jungen Männern uriniert nebeneinanderstehend an eine Hauswand. Ein Streifenwagen der Polizei hält an, zwei Polizisten steigen aus. Der Beifahrer des Wagens ruft ihnen laut und vernehmbar zu.

Polizist: »Polizei!«

Daraufhin dreht sich einer der Jungs um und sagt seelenruhig:

»Nee, nee, wir sind nicht von der Polizei, wir pinkeln hier nur hin.«

der knabe als lusthelfer

– *Bad Oeynhausen. Im Werrepark.*

Ein Vater steht mit seinem kleinen Sohn vor der Kasse im Nanu Nana. Er schaut sich um, sagt dann zu dem Kleinen:

»Lenk mal Mama ab!«

… und geht mit einer Packung essbarer Unterwäsche zur Kasse.

psycho-doc oder psycho-schock?

– *Köln. Am Bahnhof.*

Ein Junge (ca. acht) zu seinem Freund:

»Wenn ich mal groß bin, werde ich entweder Psychiater oder Psychopath!«

wenigstens plant er realistisch …

– *Weimar. In einer Disco.*

Zwei Halbstarke auf dem Männerklo.

#1: »Ey, hast du Kondome mit?«
#2: »Nee, brauch ich nicht, hab 'n Taschentuch.«

im falschen film, im falschen laden

– Düsseldorf. Klemensviertel.

Ein Typ kommt eilig in die örtliche Familienvideothek ge-
stürmt.

Typ: »Entschuldigen Sie, führen Sie Stadtpläne?«
Mitarbeiter: »Bitte WAS???«
Typ: »Stadtpläne, Sie wissen schon, diese viereckigen Falt-
karten ...«
Mitarbeiter: »Danke, ich weiß, was Stadtpläne sind und
NEIN, wir führen keine Stadtpläne, aber versuchen Sie es
doch mal nebenan in der EISDIELE!«
Typ (erleichtert): »Oh ja, vielen Dank!«

im endspurt vermasselt

– Hannover. An der Bushaltestelle Nackenberg.

Jugendlicher spricht einen Mann an:

»Entschuldigen Sie bitte, haben Sie vielleicht eine Zigarette
für mich, Alda?!«

für ihn geht heute nicht nur die sonne unter ...

– Berlin. Ecke See- und Müllerstraße.

Eine Gruppe halbstarker Jungs schlendert im Sonnenuntergang die Straße entlang. Von Weitem taucht die Silhouette einer hübschen Frau auf. Nach dem üblichen Getuschel (»Geil, die Alte!«) ruft einer der Jungs:

»Ey! Ich will ein Kind von dir!«

Darauf die Angerufene:

»Hakan, du BIST ein Kind von mir!«

das einmaleins der kofferbombe

– Nürnberg. Im Regionalexpress Nürnberg-Augsburg.

Der Zug ist gut gefüllt, doch in einer Vierersitzgruppe steht auch noch eine Viertelstunde nach Abfahrt in Nürnberg ein verwaister Koffer. Ein Paar beäugt das Gepäckstück misstrauisch und diskutiert angeregt. Schließlich steht die Frau auf und verlässt das Abteil, um kurz darauf mit dem etwas genervten Schaffner zurückzukommen. Der schaut den Koffer an, stellt ihn in den Gang, tritt mit dem Fuß kräftig dagegen und meint:

»Der geht nicht hoch!«

Und verlässt vor den verdutzten Augen der Passagiere mitsamt Gepäckstück den Waggon.

brautkleid bleibt brautkleid

– Hamburg. In einem Kindergarten.

Die Kinder unterhalten sich übers Heiraten.

#1: »Wenn ich groß bin, heirate ich mich selbst.«
#2: »Wieso willst du dich selbst heiraten?«
#1: »Einen Mann brauch ich nicht, aber ich will das schöne Kleid anziehen!«

letzte chance des abends: mundgeruch?

– Hamburg. Auf dem Fischmarkt.

Wir gehen an einem Gemüse- und Obststand vorbei, an dem gerade der Verkäufer laut für seine Waren wirbt.

Verkäufer: »Und hier haben wir noch Zwiebeln! Schmecken zwar voll scheiße, aber machen auch voll geil!«

frei nach max liebermann

— Hannover. Bei IKEA.

Ein nicht ganz schlanker Mann (ca. Mitte fünfzig) sagt genervt zu seiner Frau:

»Mir ist zum Kotzen, ich geh mal 'ne Wurst essen!«

doktor, der mann mit dem kot ist da

— Mettmann. Beim Arzt.

Ein Herr kommt an die Anmeldung und knallt ein gefülltes Stuhlröhrchen auf die Theke.

Er (motzig): »Von meiner Frau.«
Arzthelferin: »Haben Sie nicht das Schild gelesen? ›Stuhl- und Urinproben bitte NICHT auf der Anmeldung abstellen!‹«

Der Mann schüttelt den Kopf und antwortet im Gehen über die Schulter:

»Das gilt ja nur für Patienten. Ich bringe ja die Probe meiner Frau und nicht meine.«

in der eigenen dummheit gefangen

— Celle. Am Bahnhof.

Eine Mutter mit ihrem kleinen Sohn.

Sohn: »Mama, krieg ich zwei Tage Stubenarrest?«
Mutter (ungläubig): »Wieso denn das?«
Sohn (nach drei Sekunden überlegen): »... Was ist Stubenarrest?«

achterbahn statt achtes gebot

— Rust. Im Europapark an der Kasse.

Ein junges Mädchen fragt laut seinen Vater:

»Papa, wie alt bin ich hier?«

vergeigte androhung

— Berlin. In der U-Bahn.

Mutter zu ihrem Kind: »Wenn du nicht leise bist, entfällt der Violinunterricht.«

die idee kann sie die toilette runterspülen

– *Immenstadt. An einer Tankstelle.*

Beim Versuch zu zahlen fällt auf, dass die Bedienung der Tankstelle nicht hinter der Theke steht und auch sonst nicht im Verkaufsraum der Tankstelle ist. Allerdings hängt an der Kasse ein Zettel mit der Aufschrift:

»Bin kurz auf dem Klo. Bitte versuchen Sie nichts zu klauen! Danke!«

ein tag am meer und 9 monate mehr ...

– *Kühlungsborn. Am Strand.*

Neben uns liegt eine Gruppe Typen Marke ›Checker‹ mit ihren Freundinnen. Ein Pärchen kommt aus dem Wasser.

Checker #1: »Ey Alda, isch hab die voll geknallt! Im Wasser!«
Checker #2: »Escht? Hatteste denn Kondome?«
Checker #1: »Nää ... is doch Salzwasser.«

auf die semmel geschmiert

– *Berlin-Wedding. Tegeler Straße.*

Beim Brötchenholen. Vor mir eine Frau.

Händler (indem er die Brötchen aus dem Ofen holt, zur Kundin): »Sooo ... einmal Wowereitsemmeln.«
Kundin: (schweigt)
Händler (gutmütig): »Na, WARME Brötchen.«
Kundin: (grummelt Unverständliches)
Händler (empört): »Wieso? Darf man doch sagen?! Der is doch keen Jude!«

einmal zum mitnehmen, bitte!

– *Mönchengladbach.*

In einem gut gefüllten Restaurant. Zwischen den Tischen läuft ein Junge (ca. drei) umher. Plötzlich bleibt der Kleine stehen und ruft laut quer durch das Restaurant:

»Maaaaaamaaaa ... ich muss AA!«

Amüsiertes Gelächter im Restaurant. Daraufhin die Mutter genauso laut quer durch das Lokal:

»Dann mach doch, Schatz ... du hast doch 'ne Windel an!«

... wenn's mal schnell gehen muss

— Stuttgart. Im Besitos.

Beim Speed-Dating stehen die männlichen Dater zusammen. Die Moderatorin fragt nach der Motivation, am Speed-Dating teilzunehmen.

Speed-Dater: »Ich habe eigentlich einen Gutschein zum Geburtstag für den Pussy Club in Fellbach gekriegt. Den hat aber die Polizei zugemacht. Da haben die mir 'nen Gutschein fürs Speed-Dating geschenkt, ist ja so ähnlich.«

Große Gefühle –

„Jetzt fühl ich mich wie 'ne Kiste von IKEA"

Ein bekanntes Sprichwort besagt: Je ferner das Gefühl, desto näher der Tod. Und tatsächlich: Emotionen sind das Salz in unserer Lebenssuppe. Liebe, Glück und Leidenschaft; Schmerz, Hass und Trauer begleiten uns vom ersten bis zum letzten Atemzug. Wir befinden uns ständig auf einer rasanten Achterbahn der Gefühle – mit Loopings, Talfahrten und schwindelnden Höhen. Abspringen unmöglich, Anhalten verboten! Doch so imposant wie in Hollywood geht es auf Deutschlands Straßen dabei meist nicht zu. Statt Leidenschaft herrscht hier pragmatischer Realismus, statt flammender Reden hört man nur stammelnde Worte. Die großen Gefühle bahnen sich hierzulande eher mühsam ihren Weg. Manch einer ist dabei gar so unbeholfen, dass das gut gemeinte Kompliment zur emotionalen Bauchlandung wird. Damit Ihnen nicht Gleiches widerfährt, empfehlen wir für das nächste Kapitel: Lesen, lernen, besser machen!

was neues zum dran rumschrauben

– Oberhausen. Willy-Brandt-Platz.

Ein Pärchen (ca. Anfang zwanzig) steht vor dem Haupteingang des Bahnhofs.

Er: »Mit dir ist es bisher der interessanteste Sex, den ich je mit einer Frau hatte.«
Sie: »Interessant kann aber auch schlecht sein.«
Er: »Nein, positiv interessant. Ich entdecke die Möglichkeiten.«
Sie: »Jetzt fühl ich mich wie 'ne Kiste von IKEA.«

jumbo-ulla im anflug

– Hamburg. Flughafen.

Zwei ältere Herren sitzen im Wartebereich der Ankunftshalle.

#1: »Und auf welche Maschine warten Sie?«
#2: »Auf Ulla, meine Frau.«

außen hui, innen pfui

– Wien. Restaurant Himmelsstube.

Valentinstag, abends in einem edlen Lokal. Am Nebentisch unterhält sich eine dunkelhäutige Schönheit mit ihrem Begleiter.

Sie: »Mein Ex meinte, dass mein Aussehen und mein Wesen überhaupt nicht zusammenpassen. Also, dass ich ganz anders wirke, als ich dann bin. Findest du auch, ich müsste eigentlich anders aussehen?«
Er: »Nein. Du müsstest anders sein.«

patchwork²

– Berlin. Im Taxi.

Ein Pärchen sitzt hinten. Sie küssen und liebkosen sich. Dann kommen sie auf eine Ausstellung zu sprechen.

Sie: »Du, das ist eine ganz tolle Ausstellung! Da möchte ich echt gern mal mit den Kindern deiner Frau hingehen.«

der drei-promille-reflex

– Hannover. In einer Diskothek.

Ein alkoholbedingt nicht mehr ganz standsicherer Typ steht mit zwei jungen Frauen herum. Er hält sich an ihnen fest, weil er sonst wohl umfallen würde. Als seine Hand bereits gefährlich tief am Rücken der einen Frau heruntergerutscht ist:

Er: »Du-uh?«
Sie: »Jaa?«
Er (ganz stolz): »Meine Hand liegt auf deinem Arsch!«
Sie: »Ich weiß!«
Er: »Woher?«
Sie: »Ich merk das?!«
Er: »Echt? Oh ...«

leicht gesagt, schwer gemacht

– Mannheim. Straßenbahnhaltestelle Schloss.

Aus 200 Meter Entfernung sprintet ein Typ mit Anzug und Laptoprucksack heran, um die Straßenbahn zu erwischen. Mehrmals wird er dabei beinahe von hupenden Autos überfahren, erwischt schließlich dennoch ganz knapp die Bahn. Hyperventilierend steht er in der Bahn und stößt keuchend aus:

»Renne nie einer Frau oder einer Straßenbahn hinterher. Es kommt doch immer eine andere!«

dieser mann ist einfach atemberaubend!

– Düsseldorf. Hauptbahnhof.

Ein Mädchen (ca. 18) und ihr Freund küssen sich mit viel Bewegung. Plötzlich reißt sich das Mädchen von seinem Freund los und schubst ihn weg:

Sie (schreiend): »Ey, isch bekomme keine Luft mehr, pass mal aahauf!!«
Er: »Atme halt durch die Nase!«
Sie: »Ey nöööhöö ...«

Sie dreht sich um und geht.

männerlogik

– Eberdingen-Nussdorf.

Mann zu seiner Ehefrau nach einem Streit:

»Tut mir leid, aber entschuldigen werde ich mich nicht! Sorry!«

liebe: die quadratur des kreises

– Karlsruhe.

In der Straßenbahn. Drei Mädels unterhalten sich. Die eine erzählt von ihrem Problem, sich zwischen zwei Typen nicht entscheiden zu können:

»Ey, ich sag's euch: Ich werd noch voll verrückt Mann, ich dreh mich schon im Viereck!«

immer die alten vorurteile

– Arlesheim. In einem Büro.

Erster Arbeitstag nach den Weihnachtsferien. Eine Kollegin unterhält sich mit einem Kollegen über den Urlaub.

Sie: »Wir sind nach dem letzten Arbeitstag sofort losgefahren und haben die Weihnachtsfeiertage bei meinen Eltern in Berlin verbracht. Und dann kommt man wieder nach Hause und alles ist unordentlich und schmutzig.«
Er: »Ach, ist dein Mann nicht mitgefahren?!«

na dann: film ab!

– Bochum. U-Bahn-Haltestelle Universität.

Eine Studentin telefoniert anscheinend mit ihrem Freund:

»Schatz, ich schaffe es heute leider nicht zu dir. Ich hab so viel zu tun. Das Seminar vorhin war der absolute Horror.«

(Pause)

»Tut mir wirklich leid, Schatz. Vorschlag: Leih dir doch einen Porno aus. Ich bezahle dann auch die Gebühren, Schatz!«

(Pause)

»Okay. Mach das. Wir sehen uns dann morgen. Ich liebe dich.«

ihre lieblingsromanze: rambo III

– Fürth. In einer Kneipe.

Frau (Anfang dreißig) zu ihrer Freundin:

»Und dann meint der noch zu mir, ich wär total gefühls-kalt!«

(Pause)

»... aber das ist mir scheißegal.«

die frau, das unbekannte wesen

– Notrufabfrage. Samstags gegen 23:45 Uhr.

Notruf von Rettungsdienst und Feuerwehr. Ein junger Mann ruft an.

Anrufer: »Guten Abend, ich bräuchte dringend einen Rettungswagen für meine Freundin. Ihr geht's irgendwie nicht gut ...«

Der Notruftelefonist geht das Abfrageschema durch: Ähnliches schon mal gehabt, Adresse etc. und endet mit:

»Der Wagen ist auf dem Weg zu Ihnen. Für unsere Unterlagen benötige ich jetzt noch den Namen Ihrer Freundin.«

Anrufer: »Ja, Augenblick ... (hält die Hand vor den Hörer) ... Schatz, wie heißt du noch mal?«

shake it baby!

– Bielefeld. Brackweder Straße.

An einer Tankstelle. Ein Mann (ca. 25) wartet hinter einer Frau an der Kasse. Er jongliert mit einer 0,5-Liter-Cola-Flasche herum. Nach einiger Zeit spricht ihn die Frau an.

Frau: »Na, die würde ich jetzt aber erst mal nicht aufmachen.«
Typ: »Machen Sie sich mal keine Sorgen. Die is' eh für meine Freundin.«

liebe mit 100 dezibel

– München.

Eine junge Mutter betritt mit ihrem Sohn (ca. zwei) eine Bibliothek.

Mutter: »Pscht, jetzt sind wir in der Bibliothek, da muss man ganz leise sein!«

Der offenbar redselige Junge ist unleidig.

Mutter: »Das ist die Bibliothek, da muss man flüstern, sonst stört man die Leute!«
Sohn (raumfüllend): »Mami, ich LIEBE dich!«

zähne zeigen, tränen meiden

– Koblenz. Im Kino Apollo.

Der erste und der zweite Teil von ›Twilight‹ laufen nacheinander. Im Saal sind nur zwei Jungs.

#1: »Mann, der Film ist soo scheiße.«
#2: »Ja, aber echt, das nervt voll! Voll kitschig und die machen die ganze Zeit nur ...«
#1: »SCCHHHH!! Jetzt kommt der Kuss!!!«

trauma oder gouda?

– Münster. Im Supermarkt.

Ein Vater mit seinem kleinen Sohn (ca. drei) zur Stoßzeit im Supermarkt. Das Kind sitzt im Kindersitz im Einkaufswagen. Vor der Käsetheke stehen Paletten und viele Leute. Es ist sehr eng.

Vater (liebevoll): »Papa lässt dich mal eben ganz kurz hier stehen und kauft ein bisschen Käse, ja?«
Kind: »Ich glaube, das könnte mir das Herz brechen.«

einfühlsamer mini-macho

– Mönchengladbach.

Nach einem Unfall sitze ich mit meiner Freundin auf der Couch im Wohnzimmer. Sie ist völlig aufgelöst und weint. Ihr Sohn (acht) sitzt nebenan in der Küche und macht Hausaufgaben. Plötzlich ruft er herüber:

»Mama, du weißt genau, wenn du weinst, kann ich mich nicht konzentrieren.«

Er kommt ins Wohnzimmer, nimmt seine Mama in den Arm.

»Wenn man traurig ist, ist es am besten, wenn man sich ablenkt. Schau doch Fernsehen. Oder lies ein Buch. Oder räum die Küche auf!«

eingelocht mit der tiger-woods-taktik?

– Stuttgart.

Nachts um halb zwei auf der Straße. Ein etwas fülliger Mann mit Schlapphut (Mitte fünfzig) zieht ein weinendes Mädel (Mitte zwanzig) auf Stöckelschuhen hinter sich her.

Mann: »Aber wenn ich es dir doch sage, ich versteck dich nicht! Ich versteck dich nur vor meiner Frau, ansonsten steh ich doch zu dir.«

die verpackung ist das schönste

– Würzburg. An einem Gymnasium.

Eine junge und hübsche Lehrerin trägt ein T-Shirt mit einer großen Schleife auf der Brust. Auf dem Gang spricht sie ein Schüler aus der 13. Jahrgangsstufe an.

Schüler: »Hallo Frau Sanchez-Tiex. Ich habe heute Geburtstag! Darf ich das Geschenk jetzt auspacken?«

frivoles freizeitprogramm

– Gräfenroda.

Unterhaltung zwischen meinem Freund und meiner kleinen Schwester (14):

Er: »Und? Wie läuft es so mit deinem neuen Freund?«
Sie: »Gut.«
Er: »Habt ihr schon etwas zusammen unternommen?«
Sie: »Was meinst'n jetzt? Bumsen oder so?«

wenn eis das herz zum schmelzen bringt

– Berlin. Frankfurter Allee.

Vor einer Einkaufspassage. Ein ziemlich übergewichtiger

Junge (ca. fünf) steht neben seiner Mutter. Neben ihm liegt eine Kugel Erdbeereis auf dem Boden. Der Junge weint herzerweichend und zeigt mit seinem Finger auf die Kugel.

Junge: »Das, das … EIS!!!«
Sie (verzweifelt): »Aber das war doch gar nicht unseres!«

sein hundeblick ist nicht der überzeugendere

– Paderborn. Rathausplatz.

Vor der Bar Celona steht ein Paar. Der junge Mann steht, den Rücken an die Hauswand gelehnt, mit gesenktem Kopf vor seiner Freundin.

Er (tieftraurig): »Oh Mann! Du beachtest mich gar nicht mehr! Ich fühl mich total vernachlässigt, du nimmst mich gar nicht mehr wahr!«

Sie schaut ihn mit aufgerissenen Augen an.

Sie: »Maik! Nur weil ich ein Foto von meinem Hund auf dem Handydisplay habe?!«

vor dem nächsten stellungswechsel bitte themenwechsel!

– Osnabrück. Bowlingcenter am Bahnhof.

Zwei Freundinnen (ca. dreißig) unterhalten sich über die neue Liaison der einen.

#1: »Und? Habt ihr schon ...?«
#2: »Ja, schon ...«
#1: »Aber ...?«
#2: »Nix aber!«
#1: »Na, habt ihr schon verschiedene Stellungen ausprobiert? Hündchenstellung?«
#2: »Nein! So was mache ich nicht! Da fühle ich mich benutzt!«
#1: »Mensch, dat isses doch!!!«

zum legomanen erzogen

– Stuttgart.

Eine schwangere Mutter mit ihrem dreijährigen Sohn.

Mutter: »Na, Fabian, freust du dich schon auf deinen kleinen Bruder?«
Sohn: »Nein, ich hab schon genug Spielsachen.«

die schöne, das biest

– Heidelberg.

Ein Paar sitzt auf der Couch und sieht fern. Ein Beitrag über Schönheitsideale und Minderwertigkeitskomplexe bringt die beiden ins Gespräch.

Sie (schaut ihn an): »Schatz? Sag mal, bekommst du auch Minderwertigkeitskomplexe, wenn du all die schönen Männer siehst?«

(lange Pause)

Er: »Na danke ...«
Sie: »So meinte ich das nicht! Ich meinte ja nur, wie du dich neben den ganzen hübschen Menschen fühlst ...«

›op‹ statt ›o.k.‹

– Dortmund. In einem C&A.

Eine junge Frau hat sich einen kurzen Rock ausgesucht und verschwindet in der Umkleidekabine. Ihr Freund bleibt davor sitzen und wartet. Schließlich kommt sie aus der Kabine, um das neue Outfit zu präsentieren.

Freund: »Du brauchst unbedingt 'ne Knieoperation.«

beziehungskiste

– Rosenheim. Im Karstadt.

Zwei Mädchen verlassen gerade das Kaufhaus.

#1: »Der fährt ja immer noch des Zeug von seiner Ex im Auto rum. Des hat sie ihm schon vor voll langer Zeit zurückgegeben. Ich glaub, er bringts einfach nicht übers Herz, des rauszutun.«
#2: »Ja, was soll er auch damit machen? Wie is des eigentlich, haben Jungs auch 'ne Kiste?«
#1: »Wie? Was für 'ne Kiste?«
#2: »Ja, Mädels haben doch immer so 'ne Kiste, also zum Beispiel 'nen Schuhkarton, wo sie des ganze alte Zeug von ihrem Ex drin haben ... Die steht im Schrank oder so. Haben Jungs des auch oder wie is des?«
#1: »Ja, ne! Keine Ahnung! Also die fahrn des halt im Auto spazieren ... is ja auch 'ne Kiste!«

tom tengelmann & the heartbreakers

– Köln. Zülpicher Straße.

Im Supermarkt. Die Kassiererin hat alle Waren einer Kundin eingescannt. Die Kundin (ca. 21) bezahlt.

Kassiererin: »Sammeln Sie Herzen?«
Kundin (trocken): »Nur gebrochene ...«

keine nerven für große gefühle

– Köln. Bäckerei in der Venloer Straße.

Kleines Mädchen zur Mama: »Liebst du mich?«
Mama: »Jetzt hör auf zu nerven!«

... und noch eine motorsäge und müllsäcke

– Flensburg. Max-Bahr-Baumarkt.

Ein Pärchen kauft Heimwerkergegenstände. Anscheinend wollen die beiden ein Zimmer streichen und stehen vor dem Zubehörregal.

Sie: »Wir brauchen unbedingt noch Abklebeband!«
Er: »Wozu das denn bitte?«
Sie: »Um dir damit die Fresse zuzukleben!«

ein kleidungsstück ist kein schlagendes argument

– Weidenheim. Am Bahnhof.

Ein Mann (Mitte zwanzig) telefoniert im Plauderton mit einem Freund:

»Ich meine, es ist schon hart: Du kaufst ihr eine Korsage für 80 Euro und sie lässt dich nicht ran und redet kaum mehr mit dir. Ich verhau sie mit einer Reitgerte und sie vermisst mich nach sechs Stunden schon unheimlich.«

nordisch by nature

– Hamburg. Im Hafen.

Auf einer Hafenrundfahrt unterhalten sich zwei Kapitäne:

#1: »Hast du gehört, der Jörn ist tot.«
#2: »Pech gehabt, bekommt er nichts mehr zu Nikolaus.«

auf diese antwort gibts nur eine frage

– München. In der Milchbar.

Einige Typen stehen an der Bar neben mir. Ein süßes Mädel kommt vorbei und spricht einen an.

Sie: »Du, darf ich dich mal was fragen, meine Freundin will das wissen ...?«
Er: »Neunzehneinhalb Zentimeter, warum?«

ein fettnapf gegen vaterglück

– *Berlin. In einem Café.*

Ich sitze mit einer Freundin im Café. Eine weitere Freundin in Begleitung ihres Ehemanns stürmt freudestrahlend auf unseren Tisch zu.

Freundin #1: »Ich bin schwanger!!!«
Ich: »Herzlichen Glückwunsch!«
Freundin #2: »Von wem?«

es blieb beim one-date-stand

– *Berlin. In einer Bar.*

Ein Typ und ein Mädel unterhalten sich. Trotz Musik sind sie gut zu verstehen.

Er (nach einiger Zeit): »Also gehen wir zu mir?«
Sie: »Nö, ich will keine One-Night-Stands mehr!«
Er: »Wieso One-Night-Stand? Ich will dich richtig kennenlernen!«
Sie: »Ach so.«
Er: »Ja, super, also gehen wir jetzt zu mir?«
Sie: »Hää, nö hab ich doch gesagt!«
Er: »Dann geb mir mal deine Nummer.«
Sie: »Aber du rufst doch eh nicht an!«
Er: »Ja, stimmt, wahrscheinlich nicht.«

die schnepfe und das biest

– Ulm. In der Straßenbahn.

Zwei jüngere, aufgestylte Mädels unterhalten sich über ihre letzten Bekanntschaften.

#1: »Ey, ich kann doch 'nem Jungen, der voll scheiße aussieht, nicht einfach sagen, dass ich ihn mag!«

heute die frau, morgen die welt

– Berlin. U-Bahnhof Berliner Straße.

Ein Pärchen kommt die Treppe vom oberen Bahnsteig herunter, sie stolpert und droht böse zu stürzen. Ihr Partner greift reaktionsschnell und geschickt ein, nichts Schlimmes passiert. Sein Kommentar:

»So ein Mist, da kann man EINMAL den Helden spielen und dann bei der eigenen Frau.«

eiskaltes argument

– Köln. In einem Real-Markt.

Eine junge Frau (Mitte zwanzig) und ihr zwei Meter großer Freund kaufen ein. Er steht vor Konsolespielen und kann sich nicht davon lösen.

Sie: »Komm jetzt weiter, sonst kriegst du nachher kein Eis!«
Er: »Ohhh, menno!«

Er schlurft mit hängendem Kopf hinter ihr her, mit einem letzten sehnsuchtsvollen Blick auf die Spiele.

zwischen puppenhaus und pubertät

– Aachen. Bus der Linie 51.

Zwei Jungen unterhalten sich.

#1: »Wie alt ist die jetzt?«
#2: »Zehn.«
#1: »Und du bist zwölf, ne? Nee, dann ist die zu jung für dich. Mit zehn ist die zu jung für 'ne richtige Beziehung.«

kurz vor valentinstag noch mal die fronten klären

– Stuttgart. In der U-Bahn.

Ein Mädchen und ein Junge sitzen in der U-Bahn und unterhalten sich über die Ex von dem Jungen.

Er: »Ich liebe sie echt noch und ich vermiss die so!!!«
Sie: »Ach was, du hast echt was Besseres verdient.«
Er (blickt ihr tief in die Augen): »Dich?«
Sie: »Na ja, so was Gutes nun auch wieder nicht.«

ehemann im endlos-abo

– Kassel. Willy-Brandt-Platz.

Ein älteres Ehepaar steht in der Bahnhofsbuchhandlung und möchte eine Tageszeitung kaufen.

Verkäufer: »Das ist die Tageszeitung von gestern!«
Frau: »Macht nichts! Mein Mann ist auch von gestern!«

frieden den röcken, krieg den müttern

— *Dortmund. Im Karstadt am Westenhellweg.*

Mutter und Tochter (ca. zehn) beim Shoppen. Die Kleine ist offenbar beleidigt wegen des von der Mutter abgelehnten Kaufs eines hippen Minirocks.

Tochter (altklug): »Mama, tief in dir drin ... bist du so was von bescheuert!«

big mama is watching you

— *Berlin.*

Ein Pärchen liegt in einem Café auf Liegestühlen und sonnt sich.

Mann: »Mutter weiß von uns.«

Klare Ansagen –

„Hauen Sie's tot!"

Um eine Botschaft zu übermitteln, bedarf es eines Senders und eines Empfängers. Um eine Botschaft richtig zu übermitteln, bedarf es deutlich mehr. Zwischen ›ich will damit sagen‹ und ›ich habe verstanden‹ liegen Welten. Das weiß man spätestens nach dem ersten Beziehungskrach. Und was uns der Alltag lehrt, hat die Theorie längst bestätigt: Kommunikation ist ein komplexer Prozess und alles andere als einfach. Die folgenden Belauschnisse stellen die Ausnahme dieser Regel dar. Sie sind klar und unmissverständlich. Ob bewusst oder unbewusst, ihre Botschaften lassen keine Interpretationen zu. Willkommen im Reich der Eindeutigkeiten!

gnadenschuss statt schokogenuss

– Stralsund. Im Supermarkt am Bahnhof.

In der Schlange an der Supermarktkasse. Ein Kleinkind quengelt lautstark und kämpft mit der zunehmend lauter werdenden Mutter um den Erwerb eines Impulsartikels. Alle sind genervt und gestresst, es ist heiß, der Zug fährt gleich. Das Kind lässt nicht locker, brüllt und schlägt um sich. Eine Frau in der Schlange dreht sich zur überforderten, mit hochrotem Kopf dastehenden Mutter um und sagt in mitfühlendem Ton:

»Hauen Sie's tot! Es quält sich doch nur noch.«

einen mäc beleidigung mit viel pfeffer, bitte!

– Leipzig. An einem McDrive.

Wir stehen in der Autoschlange an. Der Wagen vor uns braucht schon eine Ewigkeit, Fenster werden hoch- und wieder runtergekurbelt. Auf einmal knallt eine Seitentür des McDonald's auf. Ein kleiner Asiate im McDonald's-Dress und Headset stürmt auf das Auto zu, trommelt auf die Motorhaube und schreit aus vollem Hals:

»ICH ASSLOCH? DU ASSLOCH! GROSSES ASS-LOCH!!!«

holt die GSG9, kundenandrang!

– *Hamburg-Harburg. In einer Postbankfiliale.*

Die Bankfiliale ist brechend voll. Eine Schlange vom Eingang bis zu den Schaltern, bestimmt zwanzig Meter oder mehr. Ein älterer Mann kommt herein, geht vor bis zu den Schaltern und motzt laut durch den Raum:

»WENN DAS JETZT SO WEITERGEHT HIER, RUF ICH DIE POLIZEI!«

service hat abgedankt

– *Köln. Flughafen.*

Der Shuttlebus zum Flughafen hat gerade gehalten und befindet sich wieder im Anfahren. Ein Passagier, der gerade ausgestiegen ist, rennt vor den Bus und bringt ihn zum Halten. Der Busfahrer öffnet die Tür.

Passagier: »Entschuldigung, ich habe meine Tasche liegen lassen.«

Er holt sein Gepäck, beim Aussteigen wendet er sich an den Fahrer:

»Danke, dass Sie gehalten haben!«

Fahrer (trocken): »Den Dank können se sisch in den Arsch schieben. Isch habs nischt gern jemacht, dat können se mir glauben!«

er sucht den bestseller ›mit aggressionen umgehen‹

– *Hamburg. Buchladen am Hauptbahnhof.*

Ein junger Mann Typ ›Checker‹ kommt an die Kasse. Die Verkäuferin begrüßt ihn freundlich.

Verkäuferin: »Guten Tag!«
Checker: »Ey, hast du 'n Problem oder was?«

aus den fehlern der titanic gelernt

– *Hamburg. Hafen.*

Durchsage bei der Hamburger Hafenrundfahrt, der Sprecher verkündet die Sicherheitshinweise:

»... an Bord gibt es genau zwei Schwimmwesten. Eine ist für den Kapitän und eine für mich. Doch machen Sie sich keine Sorgen. Für den Notfall führen wir selbstverständlich ein Rettungsboot mit, damit im Falle des Falles wenigstens die Mannschaft gerettet werden kann.«

sein motto: trinken statt sinken

– Flensburg. Südermarkt.

Samstagabend. Ein stark angetrunkener Mann torkelt durch die Fußgängerzone und spricht vorbeigehende Passanten an.

Betrunkener: »Habt ihr 'ne Zigarette für 20 Cent?«
Passant #1: »Nee!«
Betrunkener: »Und ihr?«
Passant #2: »Nein.«
Betrunkener (brüllend): »Ihr geht alle unter wie die Fotzen!«

service bis zum hinfallen

– Nürnberg. Hauptbahnhof.

Der morgendliche Regionalexpress von München nach Nürnberg nähert sich dem Nürnberger Hauptbahnhof.

Es meldet sich der Bordcomputer mit der üblichen Ansage:

»Ausstieg in Fahrtrichtung rechts!«

(Pause)

Knackendes Mikro. Dann die fröhliche Stimme des Schaffners:

»Links fallt ihr in den Schodder nei!«

wiener linien erklären die welt

— *Wien. In der U-Bahn.*

Durchsage:

»An den Herren im weißen T-Shirt: Man kann Regeln auf zwei Arten brechen. Die eine Art ist mit Intelligenz. Die andere haben Sie uns gerade sehr ansehnlich vorgezeigt. Regeln sind nicht nur aus Spaß da, und ich habe noch nie jemanden auf eine derartig dumme Art einsteigen sehen. Auch wenn Sie mir das jetzt nicht glauben, aber man kann eine U-Bahn auch normal betreten. Sie sollten die kahlen Flecken in Ihrer Landkarte des logischen Denkens einmal auffüllen. Danke.«

morgens pilot, abends powerseller

— *Dortmund. Flughafen.*

Im Flugzeug, kurz nach der Landung. Durchsage des Piloten:

»... wir bedanken uns, dass Sie mit uns geflogen sind. Und vergessen Sie nicht Ihre persönlichen Wertsachen, sonst werden Sie diese bald bei Ebay wiederfinden.«

es fährt kein zug nach paderborn

– Kassel. Im ICE von München nach Hamburg.

Durchsage des Zugbegleiters:

»Noch eine Vorabinformation für Reisende mit dem Ziel Paderborn: Heute kommen Sie mit der Bahn dort nicht mehr hin.«

postmortale prügel

– Eilenburg.

An einer Kiesgrube beim Sonnenbaden. Es ist viel los an diesem Tag, neben uns platziert sich ein junges Paar mit Kind. Die Mutter bereitet ihren Sohn auf das Baden vor.

Mutter: »Und ich warne dich, wenn du zu weit rausschwimmst und ertrinkst, gibt's den Arsch voll!«

berliner schnauze voll

– Berlin. In der U-Bahn am Schlesischen Tor.

Die Ansage zur Abfahrt ist bereits erfolgt. Trotzdem stellt sich ein Jugendlicher (ca. zwanzig) in die Tür der U-Bahn und hält sie für seine gemächlich herantrottenden Freunde auf.

Durchsage des Bahnführers: »Bitte aus der Tür treten, is ja nich die letzte Bahn!«

Der Jugendliche macht keine Anstalten, die Tür freizumachen und wartet weiter auf seine Freunde. Als alle Jungs schließlich in der Bahn sind, fahren wir endlich los. Erneut meldet sich der Bahnführer über die Sprechanlage:

»Danke, du kleiner Wichser!«

kundenservice ist ihr latte

– Köln. Im Starbucks am Dom.

Eine junge Frau stürmt herein und wendet sich an eine Mitarbeiterin.

Junge Frau: »Entschuldigen Sie, wo finde ich die Toilette?«

Mitarbeiterin: »Tut mir leid, aber die Toilette ist nur unseren Kunden vorbehalten.«

Junge Frau (trocken): »Na, wenn das so ist, dann werde ich hier auf Ihrem Boden verbluten.«

erzkonservative piratenjägerin

– Doberschau.

In einer Bildungseinrichtung. Auszubildende organisieren den Tagesbetrieb im Ausbildungsrestaurant. Der zierlichen Restaurantleiterin passt das Auftreten eines Azubis mit Ohrring vor den Gästen nicht.

»Sag mal, bist du schwul oder ein Pirat? Aber ich seh hier kein Segelschiff.«

sorge dich nicht: fluche!!!

– Hannover. Hauptbahnhof.

Ich stehe auf einem Bahnsteig am Hauptbahnhof, es ist wieder mal einer dieser Tage, an denen fast alle Züge Verspätung haben. Aus den Lautsprechern ertönt die typische weibliche Computerstimme:

»Meine Damen und Herren auf Gleis 12, bitte beachten Sie ...«

Doch dann ertönt nur noch ein kurzes Rauschen und eine wütende Männerstimme tönt aus den Lautsprechern:

»... ALLES SCHEISSE HIER!«

geil glauben, alda!

– *Offenbach. Zu Hause.*

Das wohlerzogene Töchterchen (drei) ist neu im Kindergarten und bringt frisch Erlerntes nach Hause. Vor dem Abendessen soll gebetet werden.

Tochter: »Beten!«

Da dies unüblich ist, fragt die Mutter erstaunt: »Was?«

Daraufhin zeigt das Töchterchen, was es noch gelernt hat:

»Beten, Arschloch!«

danke der nachfrage, aber ich höre gut

– *Im Zug von Stendal nach Uelzen.*

Im Zug nach Uelzen sitzt zwei Sitzgruppen hinter mir ein Computernerd. Er spielt irgendwelche Killerspiele am Laptop und beschallt damit den gesamten oberen Abschnitt des Doppelstockzugabteils.

Frau (auf dem Sitzplatz neben ihm): »Entschuldigen Sie, haben Sie dafür keine Kopfhörer?«
Er: »Doch, aber die brauch ich nicht.«

keinen platz für niemand!

– *Stuttgart. In der S-Bahn.*

Es ist ziemlich voll. Ein Typ (ca. zwanzig) steigt ein und läuft zielgerichtet auf einen leeren Platz zu.

Typ: »Ist der Platz da noch frei?«
Nebensitzerin (ca. 16): »Hmm, jaa und meiner auch gleich, wenn jemand wie DU sich da hinsetzt!«

keinen mehr anrufen unter dieser nummer!

– *Stuttgart.*

Ansage im Radio:

»Und jetzt noch ein Hinweis: Der Fahrer eines roten VW-Busses mit dem amtlichen Kennzeichen S-XY-123 wird gebeten, bitte nicht mehr zu Hause anzurufen.«

hauptsache, die werte haben rundungen

– Ulm. In der Fußgängerzone.

Ein Mann und eine Frau unterhalten sich.

Sie: »Und die inneren Werte?«
Er (ganz trocken): »Die seh ich doch beide, wenn du nackt bist.«

da isst das auge nicht mit

– Mallorca. Alcudia.

Ich sitze mit meiner Freundin in einem offenen Restaurant auf den Klippen mit traumhafter Sicht über die Bucht von Alcudia. Romantische Abendstimmung, die Sonne senkt sich gen Horizont. Zwei Tische weiter nimmt ein Paar mit kleiner Tochter Platz. Sie unterhalten sich in breitem rheinischen Dialekt und halten die Speisekarten in den Händen.

Sie: »Schatz, schau mal. Ist das keine herrliche Aussicht hier?«
Er: »Was interessiert mich die Aussicht. Ich will wissen, was auf den Teller kommt!«

sie: hat rot und grient. er: hat grün und sieht rot

– Frankfurt am Main. Platz der Republik.

Eine Businessfrau springt bei Rot über die Straßenbahngleise, sodass eine herannahende Tram scharf bremsen muss und der Fahrer wild klingelt.

Die Dame lächelt charmant-verschmitzt dem Fahrer zu und stöckelt weiter. Darauf ertönt aus dem Außenlautsprecher der Bahn für alle auf der Kreuzung deutlich hörbar:

»DA BRAUCHST DU GAR NICHT SO FRECH ZU GRINSEN, DU FOTZE!!!«

online-shopping falsch verstanden

– Münster. In einer Apotheke.

Kundin: »Ich bräuchte etwas gegen einen Furunkel.«
Apotheker: »Da würde ich Ihnen eine Zugsalbe empfehlen.«
Kundin: »Nee! Im Internet stand was anderes.«
Apotheker (setzt an): »Ich weiß natürlich nicht ...«
Kundin: »So drei Salben.«
Apotheker: »Ich weiß natürlich nicht, was Sie im Internet gelesen haben, aber ...«
Kundin (wutentbrannt): »Na, wenn Sie nichts wissen, dann probiere ich es eben woanders!«

hauptsache, das menschliche stimmt

– Hannover. In einem Büro.

Eine Kollegin, die als extremer Morgenmuffel bekannt ist und morgens allerhöchstens vor sich hinknurrt, kommt ins Büro.

Schichtleiter: »Guten Morgen, liebe Kollegin! Wie schön, dich hier so früh zu sehen, da geht für uns doch gleich die Sonne auf!«
Kollegin (in allerliebenswürdigstem Ich-spreche-mit-einem-Kunden-Tonfall): »Guten Morgen, lieber Kollege! Fall doch bitte die Treppe runter! Und wenn du schon dabei bist, wäre es nett, wenn du stolperst, mit dem Kopf in der Klo-schüssel landest und ertrinkst!«

wunschkonzert für schwiegermama

– Radio SWR3. Wunschtitelsendung.

Hörer: »Ich wünsche mir für meine Schwiegermutter, die zurzeit im Krankenhaus liegt, den Titel von Ich&Ich ›So soll es sein, so kann es bleiben‹.«

druckabfall durch beinfreiheit?

– Auf dem Flug von Frankfurt am Main in die Dominikanische Republik.

Ein Mann hat seine Beine auf dem Notrutschenkasten an der Tür abgelegt. Eine Stewardess weist ihn mehrmals darauf hin, dass er doch bitte seine Beine da runternehmen möchte. Der Mann reagiert nicht. Nach dem vierten Mal kommt die Stewardess erneut zu dem Mann und schreit ihn für alle hörbar an:

»WENN SIE NICHT SOFORT DIE BEINE DA RUNTERNEHMEN, WERDEN WIR ALLE STERBEN!!!«

Totale Ruhe im Flugzeug, der Mann nimmt seine Füße runter.

baby von bord!

– Im Flugzeug. Über dem Atlantik.

Zusammengepfercht wie Batteriehühner sitzen wir im Flugzeug nach New York. Seit dem Start in Frankfurt schreit eine Reihe vor uns ein etwa zweijähriges Kind wie am Spieß. Pausenlos, und seit Stunden. Auf einmal höre ich eine Stimme in der Sitzreihe hinter dem Kind ziemlich laut sagen:

»Wenn das Ding jetzt in den Atlantik stürzen würde, würde ich zuvor sämtliche Kinderschwimmwesten auffressen!«

live fast, die young

— Pirmasens.

Eine Gruppe Freunde spielt Trivial Pursuit. Nach einer Frage zu einem verstorbenen Rockstar wird diskutiert.

Mitspielerin: »An seiner eigenen Kotze zu ersticken, ist die einzige Todesursache, die ich bei einem Rockstar akzeptieren kann!«

beziehung in der warm-up-phase

— Frankfurt am Main. Auf der Zeil.

Zwei Mädels gehen nachts nach der Disco auf der Zeil entlang. Es regnet etwas, die beiden haben nur Tops an und frieren. Ein paar Typen kommen ihnen entgegen.

Typ (brüllt): »Ey, isch will disch ficken!«
Mädel: »Aber nur so lange, bis mir warm ist!«

diese sitzung sollte sie nicht verpassen ...

– Darmstadt. An der Parkschranke einer Hoteleinfahrt.

Eine Frau fährt an die Schranke heran und zeigt dem Parkwächter einen Firmenausweis. Als das keine Reaktion aus-
löst, wird sie ungemütlich.

Frau: »Ich habe einen Termin!«
Parkwächter: »Bei wem bitte?«

Die Frau zögert kurz und ruft dann völlig verzweifelt:

»Mit der Toilette, verdammt!«

Der Parkwächter biegt sich vor Lachen und öffnet die
Schranke.

unterm strich kein brotaufstrich

– München. Berg am Laim.

In einem REWE-Supermarkt. Ein Kunde wendet sich an
eine vorbeieilende Verkäuferin.

Kunde: »Haben Sie Erdnussbutter?«
Verkäuferin (etwas genervt, weil aufgehalten): »Hammer
nich, schmeckt auch nich!«

weltstadt mit herz ...haftem aufsetzen

– München. Flughafen.

Durchsage des Flugbegleiters nach einer harten Landung eines Lufthansa-Flugs aus London, noch im Ausrollen:

»Treffer!«

(Pause)

»... im Namen der gesamten Besatzung möchten wir Sie hart, aber herzlich in München willkommen heißen.«

bald schon pflegebedürftig?

– München. An einer Ampel.

An einer Kreuzung stehen ein schwerbehinderter Rollstuhlfahrer und sein junger Zivi. Ein älterer Mann (ca. 75) kommt dazu und spricht den Zivi von der Seite an.

Opi: »Du damischer Vaterlandsverräter, du damischer du.«

schreist du mir, dann schrei ich dir!

– *München. Hauptbahnhof.*

Eine Gruppe älterer Herren verschiedener Nationalitäten steht am Hauptbahnhof und unterhält sich lebhaft. Eine ältere Dame kommt vorbei und wendet sich der Gruppe zu.

Dame (schreiend): »Rumschreien! ... Und nicht mal Deutsch können!«

den hat sie schon 101-mal gehört

– *Hannover. Im Real-Markt.*

An der Kasse. Vor mir eine junge Frau in Eile.

Verkäuferin: »Sammeln Sie Punkte?«
Junge Frau (leicht genervt): »Seh ich aus wie ein Dalmatiner?«

vamp in spe: süß und giftig, sie hat es schon drauf

– *Berlin. Beim Kinderarzt.*

Eine Mutter sitzt mit ihrer Tochter (ca. fünf) im Wartezimmer. Um sie zu beschäftigen, drückt sie der Tochter einen

Einkaufsbeutel in die Hand mit der Bemerkung, jetzt ›einkaufen‹ zu gehen. Die Tochter nimmt den Beutel, geht den Gang hoch und runter, bückt sich ab und an, um ›Ware‹ hochzuheben. Sie kommt zurück zu ihrer Mutter.

Mutter: »Na, was hast du denn eingekauft?«
Tochter: »Bonbon, Lala, Lutscher ...«
Fremde Frau, die daneben sitzt: »Hast du gar kein Brot eingekauft?«
Tochter (böse): »Und du hältst dich schön raus, Tante!«

ich pfeif auf mode ... und das ist auch gut so

– *Fürth. In der Fußgängerzone.*

Meine Freundin und ich schlendern gemütlich durch die Fußgängerzone. Zwei durchgestylte, aufgetusste ˋMädels laufen an uns vorbei.

Tussi (für alle hörbar, zeigt dabei auf meine Freundin): »Iiiih, schau mal, die hat 'ne Bauchtasche an! Geht ja mal gar nich!!!«
Freundin (trocken): »Ich darf das, ich bin lesbisch.«

**besser in die zugtoilette einsperren, als auf dem auto-
bahnparkplatz anbinden**

– München. Hauptbahnhof.

Lautsprecherdurchsage im ALEX von Regensburg nach
München:

»Sehr geehrte Damen und Herren, willkommen in München. Bitte vergewissern Sie sich, dass Sie nichts im Abteil
liegen lassen. Mäntel, Hüte, Taschen, Regenschirme, Kinder, Lebensabschnittsgefährten ... besonders Kinder und
Lebensabschnittsgefährten ... nicht nur, weil es moralisch
verwerflich wäre, diese im Abteil zu vergessen. Wir haben
auch immer wieder Probleme mit der artgerechten Unter-
bringung.«

er kam mit einem blauen auge davon

– Bremen. Bahnhof Vegesack.

Wir sitzen im Zug, der noch am Bahnhof Bremen-Vege-
sack steht und warten darauf, dass dieser losfährt. Auf einmal ertönt folgende Durchsage des Schaffners:

»Wenn derjenige nichts auf die Fresse haben möchte, dann
sollte er bitte aus der Tür gehen!«

deutsche bahn: ihr zug fährt heute durststrecke!

– Berlin. Im REı zwischen Potsdam und Berlin.

Durchsage:

»Wir begrüßen die Fahrgäste im REı von Brandenburg nach Eisenhüttenstadt. In der Mitte des Zuges finden Sie unseren Servicewaggon mit der ersten Klasse und einem Automaten für kalte Getränke.«

(Pause)

»Der Getränkeautomat ist defekt.«

was, das kostet was?

– München. In der U-Bahn.

Fahrscheinkontrolle.

Kontrolleurin: »Grüß Gott, die Fahrscheine bitte!«
Fahrgast (genervt): »Was?«
Kontrolleurin: »Ihren Fahrschein bitte!«
Fahrgast (anklagend): »Fahrschein? Ja, Fräulein, wo soll ich den jetzt bittschön hernehmen?!«

den wind aus den segeln genommen

– Düsseldorf. Messegelände.

Auf einer Bootsmesse. Zwei Männer unterhalten sich.

#1: »Diese Segelyacht is' schon ein Hammer!«
#2: »Segeln? Das ist die beschissenste Art, um an einen Ort zu kommen, an den man nie wollte!«

mitleid steht hier schlecht im kurs

– Berlin. U-Bahnhof Friedrichstraße.

Bettler: »Haste mal 'ne Mark?«
Passant: »Nöö, wir haben Euro!«
Bettler: »Haste mal 'nen Euro?«
Passant: »Nöö!«
Bettler: »Ey Mann, warum denn nicht?«
Passant: »Aus purem Egoismus!«

er arbeitet eben zielorientiert

– München. In einem Büro.

Abteilungsleiter zu Mitarbeiter: »Könnten Sie bitte die Lampen im Männer-WC austauschen?«
Mitarbeiter: »Ah ja, warum?«
Abteilungsleiter: Bei dem flackernden Licht kann ich mich nicht konzentrieren.

verspätung an den himmelspforten

– Himmelpforten. Im Metronom.

Durchsage der Reisebegleitung, kurz nachdem es zu einem längeren Halt gekommen ist:

»Meine Damen und Herren, wir verlassen Himmelpforten jetzt leider mit einer Verspätung von etwa drei Minuten aufgrund einer nicht enden wollenden Abschiedsarie am Bahnsteig und der Tatsache, dass wir immer wieder aufs Neue den Fahrradwaggon verstecken.«

neulich bei rammlers im garten

– Leverkusen.

Vater und Sohn im Nachbarsgarten spielen Tischtennis. Nach einem Punkt für den Vater kommt es zu folgendem Dialog:

Sohn: »Ey, ich fick deine Mudda!«
Vater (grinsend): »Glaub ich weniger!«

... dann (breit grinsend): »Aber ich fick deine!«

wenn schon falsch, dann richtig

– Baden-Baden.

Ein junger Mann kommt in einen Dönerladen.

Mann: »Ich hätt gern einmal Döner, mit alles!«

Türkischer Dönerverkäufer: »Mit allem, das heißt mit AL-LEM!«

wine not?

– Schönberg. Strand Kalifornien.

In einem Fischrestaurant.

Dame am Nebentisch zum Kellner: »Könnten Sie mir zu dem Fisch einen Wein empfehlen?«
Kellner: »Ach, wissen se was? Die meisten Leute trinken dazu auch gern mal 'n Bier!«

er wohnt auf der bank, ist aber keine

– Berlin.

Ein Obdachloser bittet einen vorbeigehenden etwa zwanzigjährigen Typen um Geld.

Obdachloser: »Haste mal 'n Euro?«
Typ: »Ja klar, kannste 'nen Hunderter wechseln?«

böse oma, böses omen

– *Bad Homburg. Louisenstraße.*

In der Fußgängerzone steht eine Mutter mit Kinderwagen. Das Baby weint und schreit herzerweichend. Zwei siebzigjährige Frauen gehen vorbei. Die eine schaut in den Kinderwagen und kommentiert laut hörbar:

»Wenn der mal groß wird, verdrischt der seine Mutter! So ein boshaftes Schreien!«

ein menü nummer 5 mit cola und kittel

– *Krefeld. In einem Subway-Restaurant.*

Ein Kunde im Anzug mit weißem Hemd bestellt.

Kunde: »Ich hätte gern das Sub des Tages, ein Meatball mit Tomatensoße.«
Verkäufer: »Haben Sie ein Hemd zum Wechseln dabei oder nehmen Sie das Sandwich mit?«

vorfahrt im fahrpreis enthalten

– Mühlheim. Hauptbahnhof.

Im Regionalexpress RE6. Die Zugbegleiterin gibt über Lautsprecher bekannt:

»Meine Damen und Herren, die Abfahrt unseres Zuges verzögert sich leider um wenige Minuten wegen Überholung eines höherwertigen Zugproduktes. Wir bitten um Verständnis.«

Wenige Sekunden später rauscht ein ICE vorbei.

entscheidend sind die inneren werte

– Frankfurt-Bornheim.

Ein Jugendlicher rennt unvorsichtig über die Straße. Der Fahrer eines Autos bremst scharf und kommt nur knapp vor dem Jugendlichen zum Stehen. Dieser geht ganz cool über die Straße, als wäre nichts gewesen. Der Fahrer lässt die Scheibe runter und ruft ihm hinterher:

»EY, BIST DU 'N ORGANSPENDER ODER WAS?!«

next stop: unfallchirurgie

– Hagen. Hauptbahnhof.

Im ICE von Köln nach Hannover. Einfahrt in den Hagener Hauptbahnhof. Durchsage:

»Sehr geehrte Fahrgäste, in wenigen Minuten erreichen wir Hagen Hauptbahnhof. Bitte beachten Sie, dass aufgrund eines Bahnsteigfehlers beim Öffnen der Türen die Trittstufen nicht ganz ausgefahren werden können. Es wird eine Lücke zwischen Bahnsteig und Zug geben. Seien Sie beim Aussteigen also bitte vorsichtig!«

(Pause)

»Ladies and Gentlemen, welcome to Hagen. Sänk you for travelling wis Deutsche Bahn!«

Ende der Durchsage.

der neue spartarif der bahn?

– Köln. Hauptbahnhof.

Rhein-Express nach Emmerich. Eine Lautsprecherdurchsage des Zugbegleiters ertönt kurz nach Abfahrt des Zuges:

»Willkommen im Rhein-Express nach Emmerich. Ich bin Ihr Zugbegleiter von Köln nach Düsseldorf. Wer noch Fahrkarten nachlösen will: Diese kosten ab sofort den Einheitspreis von 40 Euro!«

vorausschauende bahn

– In der Regionalbahn von Berlin nach Magdeburg.

Eine Passagierin zeigt dem Schaffner auf halber Strecke (es sind noch ca. fünfzig Minuten bis Magdeburg) ihre Fahrkarte.

Schaffner: »Möchten Sie den IC nach Hannover bekommen?«
Sie: »Ja, eigentlich schon.«
Schaffner: »Ich kann Ihnen jetzt schon sagen, dass Sie den nicht bekommen werden. Den haben wir in den letzten Tagen nie geschafft.«

zebra mal anders

– Kempten im Allgäu. Im Parktheater.

Eine junge Frau steht in einem ziemlich knappen Kleid im Zebra-Look an der Bar. Ein Typ spricht sie grinsend an.

Er: »Du, wie ist denn das mit dem Verkehr am Zebrastreifen?«

Sie (trocken): »Absolutes Halteverbot – für dich sogar Stoppschild!«

kevin allein im möbelhaus

– Hanau. Im IKEA.

Lautsprecherdurchsage:

»Der kleine Kevin möchte NICHT aus dem Ballbad abgeholt werden!«

für die einen ein bahnsteig, für die anderen das längste pissoir der welt

– Hannover.

Im Zug nach einem Fußballspiel.

Durchsage: »Und wenn die Deppen in Wagen drei dann mal aufhören würden, vom Trittbrett auf den Bahnsteig zu pissen, dann könnten wir die Türen zumachen und weiterfahren.«

ballermann statt backwaren

– Würzburg-Heidingsfeld. Klosterstraße.

Eine Frau geht mit ihrem Sohn (ca. vier) auf dem Gehsteig spazieren.

Mutter: »Willst du was vom Bäcker?«
Knirps: »Nee, ich will in Urlaub!«

schnapsdrossel vs. spinatwachtel

– Hamburg. Humboldtstraße.

An der Kasse bei Aldi. Die Schlange ist kurz, vor mir wartet nur eine Frau, die schon ihre Einkäufe aufs Band gelegt hat. Ein Mann nähert sich mit einer Flasche Wodka in der Hand.

Mann (nuschelt): »Ich hab nur das.«
Frau: »Dann gucken Sie sich doch noch mal um, hier gibt's doch genug.«

klassischer bezahlservice

– Hamburg. Hadag-Fähre.

Der Mann von der Bedienung macht gerade seine Runde und schaut, ob jemand etwas zu trinken möchte. An einem Tisch fragt er:

»Na? Möchtet ihr vielleicht etwas zu trinken? Ihr seht so trocken aus.«

Gäste: »Nein. Danke, dass Sie so freundlich nachfragen.«
Er: »Freundlich bin ich nicht. Ich will nur euer Geld.«

auf dem nein-ohr ist er taub

– Bonn. In der Straßenbahn Linie 61 am Chlodwigplatz.

Mittags. Die Straßenbahn füllt sich mit Schülern. Hinter mir sitzen ein Mädel und ein Typ, der es augenscheinlich anmachen will.

Er: »Willst du heute Abend Kino?«
Sie: »Nee.«
Er: »Morgen?«
Sie: »Nein!«
Er: »Was heißt ›nein‹? Brauch isch klare Antwort!«

der traum vom fliegen aus neuer sicht

– Seddiner See. Auf einem Campingplatz.

Mann #1 sieht auf seinem Wohnwagen einen großen Klecks Vogelkot.

#1: »Boah! Scheiße, is' der groß!«
#2 (im Vorbeigehen): »Sei ma froh, dass ICH nicht fliegen kann.«

... und geht weiter seines Weges.

das nächste mal: annahme verweigern

– Essehof. Im Tierpark.

Ich stehe mit meiner Kamera vor dem Vogelgehege im Tierpark und lichte gerade drei Störche ab, die sich ein paar Meter entfernt putzen und die Sonne genießen. Hinter mir tritt eine junge Familie langsam ans Gehege ran. Vater und Kind wollen näher ran, werden von der Mutter aber energisch zurückgezogen.

Mutter: »Schnell weg hier, bevor die da uns noch eins bringen!«

wenn auf der 46 das xy schief einparkt

– Berlin. Im Schloss-Straßen-Center.

Eine ältere Dame steht mit ihrem Auto auf dem Frauen-parkplatz und lädt ihre Einkaufstüten in den Kofferraum. Ein älterer Herr parkt neben ihr, auch auf einem Frauen-parkplatz. Als er aussteigt, spricht ihn die Dame an:

Sie: »Hallo Sie! Das ist ein Frauenparkplatz.«
Er: »Ich habe auch weibliche Gene.«
Sie (auf seinen Wagen deutend): »So wie Sie einjeparkt ha-ben, globe ick dat ooch!«

Bittere Wahrheiten –

„Du bist nicht dick! Du bist ... drall!"

›Im Deutschen lügt man, wenn man höflich ist‹, dichtete einst Goethe. Viel geändert hat sich daran nicht, denn hierzulande fällt man mit gnadenloser Ehrlichkeit bei seinen Mitmenschen schnell in Ungnade. Die Wahrheit kann wehtun, wie auch die Protagonisten dieses Kapitels erfahren mussten. Die folgenden Belauschnisse sind daher als Anleitung zu verstehen, ab welchem Zeitpunkt man bestimmte Gesprächsthemen besser meiden sollte. So empfehlen wir Ihnen, beim Optiker die eigene Nazi-Vergangenheit unerwähnt zu lassen. Im Friseursalon ist es ratsam, die persönliche Körperhygiene nicht anzusprechen. Und Regel Nummer eins: Wenn Sie mit Ihrer Liebsten über ihre Figur sprechen, übertreiben Sie ab einer gewissen Konfektionsgröße ruhig mit Beschönigungen! Natürlich können Sie diese Ratschläge auch ignorieren und den Weg einschlagen, den die Akteure dieses Kapitels wählten. Dann riskieren Sie jedoch lange Gesichter, dicke Enttäuschungen und dralle Beziehungskrisen. Viel Spaß mit unseren bitteren Wahrheiten!

was frauen nicht hören wollen

– Baden-Baden.

Beim Italiener. Ein Pärchen sitzt neben uns. Es sieht nach einer ganz frischen Liebe aus, denn es wird getuschelt und geflirtet ohne Ende.

Sie: »Ich bin zu dick!«
Er: »Nein, du bist nicht dick! Du bist ... drall!«

dann besser entfetten, schneiden, föhnen?

– Innsbruck.

An einem Donnerstag beim Friseur.

Friseurin (zu einem älteren Kunden): »Waschen, schneiden, föhnen?«
Kunde: »Nee, waschen ist nicht nötig. Ich geh jeden Freitag ins Hallenbad.«

die menschliche abwrackprämie

– Lübbecke. Empfang eines Autohauses.

Ein älterer Herr (ca. 65) kommt zu mir und möchte mit einem Verkäufer sprechen. Es ist allerdings nur ein Verkäufer im Haus und der ist noch beschäftigt. So entwickelt sich folgender Dialog:

Ich: »Herr Mamsenhut hat sofort für Sie Zeit. Das dauert vielleicht noch zwei oder drei Minuten. Möchten Sie vielleicht einen Kaffee?«
Mann: »Nein! Ich möchte mit Herrn Mamsenhut sprechen!«
Ich: »Ja, er kommt ja gleich.«
Mann (schroff): »Der soll sich jetzt mal ein bisschen beeilen, sonst fahr ich zu Autohaus Schmidt! Da dauert das bestimmt nicht so lange. Ich hab nicht so viel Zeit! Ich sterbe bald!!!«

familie hiob bestätigt die regel

– Bensheim. In einer Kirche.

Der Pfarrer beendet gerade die Predigt.

Pfarrer: »Gott liebt alle Menschen. Egal, woher sie kommen oder wie sie aussehen.«
Kind (aus einer der hinteren Reihen): »Uns nicht, stimmt's Mama?«

irgendwas muss ja in den kamin

– Emmendingen. An einem Zeitungskiosk.

Kurz vor Weihnachten.

Kunde: »Ich hätte gern eine ›FAZ‹.«

Verkäuferin: »Hab keine mehr, vor den Feiertagen kaufen die Kunden jeden Mist.«

die selbsthilfegruppe kaufrausch zeigt wirkung

– Freiburg. IKEA.

Vor mir läuft eine Frau mit ihrer Freundin. Sie haben keinen Einkaufswagen, aber beide haben die Arme voll. Die eine zur anderen:

»Volle Hände sind die einzige Chance der Notwehr hier!«

sie nannten ihn chainsaw

– Berlin. Gemeindehaus Lichterfelde.

Mein Bruder, ein Punk mit beeindruckendem Irokesenschnitt, hat zur Feier seines 16. Geburtstages in den Partyraum eines Gemeindehauses geladen. Um ein paar Dinge vorzubereiten, trifft er dort etwas früher ein. Die vorherige Party, ein Kindergeburtstag, endet gerade.

Das Geburtstagskind schaut meinen Bruder mit großen Augen an und brüllt anschließend:

»PAPA! PAPA! SCHAU MAL, DER MANN DA HAT EINE SÄGE AUF DEM KOPF!«

braune vergangenheit, grüne zukunft?

– *Mannheim. Bei einem Optiker.*

Ein älterer Herr steht an der Kasse. Der Optiker gibt ihm ein grünes Brillenetui.

Optiker: »Wir haben auch andere Farben. Wollen Sie lieber ein braunes?«
Älterer Herr: »Meine Jugend war braun genug!«

antiautoritär wurde sie schon selbst erzogen

– *Wien. U3 Richtung Ottakring.*

Eine junge Mutter sitzt SMS-schreibend in der U-Bahn. Ihre höchstens zweijährige Tochter sitzt im Kinderwagen daneben und quengelt herum. Sie deutet ständig auf die orangefarbenen Plastikhalteschleifen, die von der Decke baumeln. Die Mutter fühlt sich durch ihre Tochter gestört und schreit sie an:

»Das sind Haltegriffe, die kannst du nicht haben! Mann! Denk doch mal nach, echt!«

das rauchverbot und seine folgen

– *Bremen. In der Disco Woody's.*

Ein Mann hat sich gerade beim Barkeeper eine Flasche Ballantine's, Eis und vier Gläser besorgt, um damit eine Horde Frauen auf sich aufmerksam zu machen. Ein weiterer Gast spricht ihn an:

»Rauchst du?«

Der Angesprochene erwidert: »Ich rauche nicht. Ich ficke nur und ich prügele nur!«

die geister, die er rief …

– *Bremen. Esprit-Outlet-Store.*

Ein junger Mann kommt mit zwei Freundinnen in den überfüllten Factory-Outlet-Store von Esprit.

Er: »Ich glaub's nicht, die Leute stehen alle mit komplett randvoll bepackten Einkaufswagen vor den Umkleidekabinen!«

Sie: »Ja und? Das tun wir auch gleich ...«

die letzten klingeln an türen

– Hannover. Hauptbahnhof.

Im Westfalenexpress Richtung Hannover. Der Zug ist kurz vor der Einfahrt in den Bahnhof Hannover. Vor den Zugtüren steht eine Mutter mit Sohn und Tochter (ca. fünf).

Tochter: »Mama, bist du eigentlich schon dreißig?«
Mutter: »Nein, warum fragst du?«
Tochter: »Weil wenn du bis dahin noch keinen Papa für uns gefunden hast, musst du Klinken putzen gehen!«

kuckucksuhren-overkill?

– Hinterzarten. Gasthof Sternen.

Ein älteres englisches Ehepaar beim Besuch im Schwarzwald. Sie haben gerade den Gasthof betreten.

Mann genervt zu seiner Frau: »Oh my God, just another fucking shit!«

sie stand schon immer mehr auf perser

– *Kiel. Gutenbergstraße.*

Ein Ehepaar ist beim Max-Bahr-Baumarkt einkaufen. Offensichtlich unterscheiden sich die Meinungen, was denn nun wirklich benötigt wird.

Frau: »Ach guck mal, Schatz, da gibt's günstige Teppiche im Angebot.«
Mann (schon mittelherb angepisst): »Was sollen wir denn mit noch mehr Teppichen?«
Frau (schielt im Vorbeilaufen nochmal auf das Plakat und murmelt in sich rein): »1,60 lang und 1 Meter breit, da würdest du zum Beispiel reinpassen.«

nächstes mal gibt es wieder 'nen bier und 'nen selbstgespräch

– *Trier. In einer Kneipe.*

Mann: »Ich will aber nicht allein trinken, da komm ich mir doof vor.«
Frau: »Wieso?! Du redest ja auch, ohne dass wir zuhören.«

da bleibt einem glatt die luft weg

– Kehl. In einem Kaufhaus.

Es ist verkaufsoffener Sonntag. Die Kassenschlange ist extrem lang. Eine ältere Dame läuft zielstrebig ganz nach vorne zur Kassiererin.

Ältere Frau: »Darf ich bitte schnell bezahlen, es ist so heiß hier drin. Das Atmen fällt mir sehr schwer und ich muss schnell an die frische Luft.«

Die Kassiererin fragt die Kundin, die eigentlich an der Reihe wäre, ob es ihr was ausmache, wenn sie die ältere Frau zuerst kassiere. Diese verneint.

Kassiererin (zur älteren Frau): »Was möchten Sie denn?«
Ältere Frau: »Zwei Päckchen L&M-Zigaretten!«

startschuss für den strandmarathon!

– Rosapineta (Italien). Am Strand.

Nebenan liegt eine deutsche Familie. Der Vater schaut einer vorbeilaufenden, knackig-braunen Strandschönheit mit knappem Bikini hinterher. Zwinkernd sagt er zu Frau (gelangweilt dösend) und Tochter (ca. neun):

»Ob ich die junge Dame noch einhole, wenn ich hinter ihr herrenne?«

Tochter (ganz trocken): »Nicht, wenn sie einen Rückspiegel hat.«

only the good die young

– Hamburg. Jungfernstieg.

Nachts um halb drei. Die U-Bahn ist überfüllt mit Nachtschwärmern. Die meisten sind schon ziemlich betrunken. Die U-Bahn hält an und zwei rotzbesoffene, leicht vergammelte Mittdreißiger stolpern auf den Bahnsteig. Dabei stürzen sie beinahe zu Boden.

#1: »Oh ... Hoppalla!«
#2: »Jaja, die Besten sterben jung ...«
#1 (sinnierend): »... aber Gott sei Dank sind wir ja nicht die Besten.«

so sieht hygiene aus, schalalalala …

– München. Allianz Arena, Herrentoilette vor Block 320.

In der Halbzeitpause des Audi-Cups (Bayern vs. Milan). Zwei Bayernfans (ca. 25) gehen vom Pissoir in Richtung Ausgang. Plötzlich macht der eine kehrt.

#1: »Halt, noch schnell Hände waschen.«
#2: »Wieso, was hast'n du heut noch vor?«

nach dem duschen ins wasser gefallen

– Aschaffenburg. Vor der Apfelbaum-Nightlife-Disco.

Eine etwas längere Warteschlange vor der Disco. Nachdem die Wartezeit vor dem Club von ca. einer Stunde von drei jungen Männern mit einer Schachtel Zigaretten und sechs Dosen Bier erfolgreich überbrückt wurde, ist endlich der Moment gekommen, ganz vorne in der Reihe zu stehen.

Kurzer Blick vom Türsteher: »Sorry Jungs, aber heute nur Stammgäste.«

Während die ersten beiden noch mit dem Türsteher diskutieren, dreht sich der Dritte bereits um, läuft langsam von der Tür zurück in Richtung Parkplatz und murmelt leicht frustriert in sich hinein:

»Na toll ... und dafür hab ich heut extra geduscht oder was?«

nächster stock: himmelstor

– *Buxtehude.*

Im Fahrstuhl treffen sich ein Mann und eine Frau.

Sie: »Hallo Herr Eierschrat, wie geht es Ihnen denn so?«
Er: »Ach, seit der Chemo nicht so gut.«

Der Fahrstuhl hält. Sie steigt aus und sagt:

»Also dann alles Gute, falls wir uns nicht mehr sehen ...«

das leben ist kein mc-wunschkonzert

– *Bielefeld. McDonald's am Hauptbahnhof.*

Kundin: »Ich hätte gerne einen Donut.«
Bedienung: »Schokolade oder Zucker?«
Kundin: »Das ist mir egal.«
Bedienung (bestimmter): »Schokolade oder Zucker?«
Kundin: »Dann Schokolade.«
Bedienung: »Haben wir nicht mehr!«

er weiß, wovon er spricht

– Berlin. Dunckerstraße.

Eine Frau schiebt ihr Fahrrad auf dem Bürgersteig. Im Kindersitz sitzt ihr laut schreiendes, zirka dreijähriges Kind. Sie überholt einen Mann, der ebenfalls sein sehr altes, klappriges Fahrrad schiebt, behangen mit Beuteln voller Flaschen, bepackt mit ein paar Klamotten. Als das schreiende Kind direkt neben ihm ist, sagt er mit sehr trockener, ernster Stimme:

»Das wird alles noch viel, viel schlimmer!«

es spricht der neid

– Bremen. Im Biergarten Haus am Walde.

Beim Open-Air-Kino steht eine sehr lange Warteschlange vor den Damentoiletten. Bei den Herren herrscht ein fröhliches Kommen und Gehen. Ein kleines Mädchen steht mit seiner Mutter hinten in der Schlange.

Mädchen: »Mama, warum ist bei den Männern keine Warteschlange?«
Mutter (leicht angewidert): »Weil die sich nicht die Hände waschen!«

dumm, wenn er nicht dumm genug ist

– Mannheim. Zu Hause.

Ein befreundetes Pärchen ist zu Besuch. Er sagt irgendwas Doofes.

Sie: »Du bist ja schon ein bisschen dumm!«
Er: »Dumm fickt gut!«
Sie: »So dumm bist du nun auch wieder nicht.«

use condoms!

– Hamburg-Winterhude. Krochmannstraße.

Eine Mutter versucht auf der Straße, ihr wirklich anstrengend schreiendes Kind zu beruhigen. Völlig entnervt und die Augen verdrehend murmelt sie schließlich zu sich selbst:

»Ich glaube es nicht! Du wirst echt so ein Mensch, der sich schreiend im Supermarkt auf den Boden wirft!«

rapide das klima im zug verbessert

– Köln. In einem Regionalexpress.

Durchsage: »Eine kurze Information, bevor genörgelt wird. Die Klimaanlage in diesem Zug ist nicht defekt, es gibt keine.«

bloß weit weg vom weihnachtsbaum

– Augsburg. Rotes Tor.

In der Straßenbahn. Telefonat auf dem Sitz hinter mir. Typ (ca. 25) mit Baseballcap tief im Gesicht:

»Ich fliege am 24.12.«

(Pause)

»Ja ... in die USA ... ja ... Freund besuchen!«

(Pause)

Er wird jetzt immer lauter: »Ja! Am 24.12.!«

(Pause)

»WARUM NICHT? ICH HAB KEINEN BOCK AUF MEINE SCHEISSFAMILIE! NEE DANKE!«

juhu, mein tag ist negativ

– Koblenz. In einem Schlecker.

Ein Mädchen (ca. zwanzig) kauft einen Schwangerschaftstest.

Kassiererin: »Schönen Tag noch!«
Mädchen: »Ja ... hoffentlich.«

gefrorene geheimnisse

– Düsseldorf. Universität.

Montagmittag nach der Uni. Zwei Studenten (Mitte zwanzig) sind auf dem Weg zur Straßenbahnhaltestelle.

#1: »Ich hasse Montage! Da hab ich nie etwas Vernünftiges zu essen im Haus, weil ich am Wochenende schon immer das ganze gute Zeugs esse.«
#2: »Die Hamburger?«
#1: »Ja und Pizza und Hot Dogs ... jetzt hab ich nur noch Pilze im Tiefkühlfach!«
#2: »Wieso hast du Pilze im Tiefkühlfach?«
#1: »Na ja, das sieht nicht so dolle aus, wenn man im Tiefkühlfach nur 'ne aufblasbare Gummipuppe liegen hat, also hab ich Gemüse davorgestellt!«

liebesgrüße ins jenseits

– München. Naupliastraße.

Die Oma liegt mit Herzbeschwerden in der Klinik. Ihre Tochter macht sich auf den Weg, sie zu besuchen. Der Enkel ruft aus dem ersten Stock hinterher:

»Wenns stirbt, an schena Gruaß von mir.«

blamage to go

– Hamburg. In einem Coffeeshop.

Ein Ehepaar (um die fünfzig) bestellt.

Bedienung: »Was darf's sein?«
Sie: »Einen großen Cappu.«
Bedienung (zu ihm): »Und für Sie?«
Er: »Eine Latte.«
Sie: »Hattest DU schon lange nicht mehr.«
Bedienung (kriegt sich nicht mehr ein): »Ich geb Ihnen die Getränke aus!«

der edle tropfen und der arme schlucker

– Köln-Mülheim. Kaufland.

Drei junge Typen stehen vor dem Whiskeyregal. Sie überlegen, welchen sie nehmen sollen und entscheiden sich
schließlich für eine der teureren Sorten. Neben ihnen steht
ein Mann und raunzt sie an.

Mann: »Da müsste ich drei Tage für arbeiten!«
Junger Typ: »Was arbeiteste denn?«
Mann: »Ja nix natürlich!«

die bremer stadtquerulanten

– Bremen. Straßenbahnhaltestelle St.-Jürgen-Straße.

Am frühen Mittwochmorgen in Bremen. Ein Herr in Begleitung einer Frau ist offenbar erbost über die verspätete
Straßenbahn und schimpft:

»Diese Scheißstadt ist das Letzte. Dieses scheiß Bremen!
Eine Stadt nur für Psychologen, Hartz-IV-Empfänger und
Klugscheißer!!!«

meine mutter, der bär

– Potsdam. Luisenplatz.

Mein Sohn (vier) sitzt mit mir in der Straßenbahn und betrachtet mit sichtlichem Interesse einen Mann mit dichtem schwarzem Vollbart. In sich versunken sitzt er so einige Sekunden völlig bewegungslos. Plötzlich spricht er den verdutzten Mann an:

»Meine Mama hat auch ganz viele Haare!«

(Pause)

»Am Po.«

schieb es auf die dunkelheit

– Landsberg.

Eine 31-jährige Frau und ein Mann sitzen in großer Runde am Lagerfeuer.

Sie: »Schätzen Sie doch mal, wie alt ich bin.«
Er: »38?«
Sie: »Jetzt hören Sie mal zu! Wenn Sie eine Frau schätzen, müssen Sie immer zehn Jahre abziehen, um sie nicht zu verärgern!«
Er: »Ja, ich weiß, hab ich ja auch schon.«

besser filialleiter als rechenkönig

– Marl. In einer Plus-Filiale.

Ein kleiner Junge, der mit seiner Mutter vor mir in der Schlange steht, liest die Preise aller gerade gescannten Artikel von der Kasse ab und versucht, jeweils einen Gesamtbetrag zusammenzurechnen.

Kassiererin (scherzhaft): »Na, jetzt nimm mir hier nicht meinen Job weg!«

Der Junge grinst verschämt und die Mutter erwidert:

»Nee! Der soll lieber in der Schule bleiben und was Richtiges lernen!«

deutschland, kein sommermärchen

– Köln.

Sommer 2009 während einer Hitzewelle. Im Wartezimmer beim Arzt. Mir gegenüber sitzen zwei ältere Damen, beide in Schweiß gebadet und mit hochrotem Kopf. Sie wedeln sich mit Zeitschriften Luft zu und japsen rum.

#1: »Gott ist das grässlich, diese Hitze!«
#2: »Soweit ich weiß, soll es Ende der Woche kühler werden.«

#1 (total erbost): »Wie, war es das etwa schon wieder mit dem Sommer???«

die wissen, wie der hase läuft

– Zwischen Hamburg und Bremen. Im Intercity.

Eine Frau (Ende zwanzig) sitzt mit ihren zwei Töchtern (ca. vier und sechs) im Großraumabteil des IC. Die Kinder malen am Tisch und unterhalten sich mit ihrer Mutter.

Mutter: »Auf was freut ihr euch denn am meisten bei Oma und Opa?«
Jüngere Tochter: »Auf die Kois!«
Mutter: »Also ich freu mich auf zwei Tage Feiern ohne Kinder.«
Ältere Tochter: »Meinst du Feiern im Sinne von Saufen?«

nehme ich jetzt die grünen oder die roten?

– Marburg. Vor einem Kino.

Am Abend vor der Bundestagswahl. Es ist eiskalt. Vor dem Kino stehen einige JuSos in dicken Winterjacken und wollen auf den letzten Drücker noch ein paar Stimmen gewinnen. Ein JuSo hält zwei Mädchen an, die gerade ins Kino wollen.

JuSo: »Hätten Sie vielleicht kurz Zeit?«

Mädchen #1 (sehr ablehnend): »Eigentlich nicht und außerdem friere ich.«

JuSo: »Nur zwei Minuten ...«

Mädchen #1 (genervt): »Wenn es sein muss.«

Er redet fast zehn Minuten über soziale Gerechtigkeit, dann:

JuSo: »... kann die SPD also auf Ihre Stimme zählen?«

Mädchen #2: »Nein.«

JuSo: »Bedeutet soziale Gerechtigkeit Ihnen nichts?«

Mädchen #1: »Das verspricht mir doch jede Partei.«

JuSo: »Hmm ... jaa ... (mit leuchtenden Augen) ich hab aber auch Gummibärchen!«

no country for old stasi-agenten

– *Dresden. In einem Media Markt.*

Ein Kunde kommt aufgeregt und schnellen Schrittes zu einem Mitarbeiter.

Kunde: »Hallo hallo, da hinten klaut gerade ein Jugendlicher ein PC-Spiel ab 18!«

Mitarbeiter: »Nicht meine Abteilung.«

steuerliche vorteile?

– Greifswald. Am Markt vor dem Rathaus.

Vor dem Rathaus steht eine Hochzeitsgesellschaft und wartet auf das Brautpaar. Beide kommen heraus und werden gefeiert und schneiden dann mit Nagelscheren aus einem Laken das obligatorische Herz aus. Ein alter Mann kommt vorbei und sagt leise und verärgert:

»Na, die werden schon sehen, was sie davon haben!«

dafür verkaufen sie mehr windeln

– Gotha. Im Netto am Bahnhof.

An der Kasse. Eine junge Frau (ca. zwanzig) ist offensichtlich auf der Suche nach Kondomen. Als sie bemerkt, dass Netto keine im Sortiment hat, sagt sie aufgebracht zu ihrem Begleiter:

»Kein Wunder, dass die ganzen Assis so viele Kinder kriegen. Bei Netto gibt's ja noch nicht mal Kondome!«

vielleicht einen kinderföhn für die badewanne?

– Freiburg im Breisgau. Augustinerplatz.

Im Spielzeugladen Holzpferd. Kundengespräch zwischen Kundin und Verkäufer.

Kundin: »Ich brauche etwas für einen sechs Jahre alten Jungen: So ein richtiger Kotzbrocken. Sohn eines Zahnarztes, freut sich über nichts, hat alles, konsumiert nur wie ein Blöder. Und ausgerechnet so einer ist auch noch in der Verwandtschaft!«
Verkäufer: »Puh, das wird schwer ...«

la vie en rose

– Mühlhausen. Am Marktplatz.

Zwei ältere Herren unterhalten sich.

#1: »Aber sonst geht's dir gut, Herbert?«
#2: »Ach, weißt ja, das Alter. Seit 'ner Woche hab ich Blut im Urin.«
#1: »Ja, das ist toll. Das färbt die Kloschüssel so herrlich rosa.«

konferenz in rüsselsheim?

– Wuppertal. Im Zoo.

Kind steht mit seinem Vater vor dem Elefantengehege und schaut die Babyelefanten an. Der Vater fummelt am Handy rum.

Kind: »Papa, wo ist denn der Papa von den kleinen Elefanten?«

Vater antwortet nicht.

Kind (nochmals): »Papaaa, wo ist der Papa von den kleinen Elefanten?«

Wieder keine Antwort, Vater geht weg zum Telefonieren.

Kind (schulterzuckend zu sich selbst): »Der ist bestimmt im Büro.«

voller tag und volle hose

– Hamburg. In der U-Bahn.

Eine Mutter steigt mit ihrem Sohn und seinem Freund (beide ca. sechs) in die U-Bahn ein.

Mutter: »Und was habt ihr heute so im Kindergarten ge-macht?«
Freund: »Wir haben in die Hosen gemacht!«

abwischen oder abdanken

– Freyburg.

Ein kleines Mädchen (ca. drei) tritt beim Anziehen mit sei-nem Stiefelchen aus Versehen auf den unbeschuhten Zeh seines Vaters.

Vater: »Hey, das kannst du doch nicht machen, da geh ich doch kaputt.«
Mädchen: »Stimmt, ich brauch dich ja noch!«
Vater: »Ach wirklich, wozu denn?«
Mädchen: »Zum Abputzen. Das kann ich ja noch nich.«

hüften lügen nicht

– Flensburg. In einem Bekleidungsgeschäft in der Fußgänger-zone.

Kundin möchte eine Jeans kaufen und bekommt von der Verkäuferin eine Auswahl an Hosen herausgesucht.

Kundin: »Haben Sie nicht noch eine bessere für mich?«
Verkäuferin: »Nee, sorry, breitere haben wir nicht! Ihre

Hüften liegen auch irgendwie gerade gar nicht im Trend!«

hoffentlich ist sie auch seelisch ein dickhäuter

– *Düsseldorf.*

Meine Schwägerin betrachtet kritisch ihr Spiegelbild.

Sie: »Ich bin ein Elefant!«

Mein Neffe (drei) schaut sie verwundert an und sagt:

»Mama, du bist doch kein Elefant ... du bist dick.«

ich rieche was, was du auch riechst

– *Papenburg. Gutshofstraße.*

Im Supermarkt. Mutter steht mit ihrem Kind an der Kasse.

Kind: »Du Mama, riech mal, mein Finger riecht ganz komisch!«
Mutter: »Mhmm, wie kommt das denn?«
Kind: »Na ja, den hat ich gerade noch in der Hose ...«

tot vor einfahrt

– Berlin. Hauptbahnhof.

Eine ältere Dame fragt die Aufsicht auf dem Bahnsteig.

Dame: »Wann fährt denn der letzte Zug nach Frankfurt?«
Bahnaufsicht: »Ich fürchte, das werden Sie nicht mehr erleben.«

der stör unter den adipösen

– Hamburg. In der U-Bahn.

Zwei Mädels unterhalten sich über Körperfettbanden in Taiwan. Eine neigt zu starkem Übergewicht.

Übergewichtige: »... und ich darf jetzt nicht mehr raus, ich bin doch das Kaviar unter den Fetten!«

beruf verfehlt?

– Zwischen Bremen und Vegesack. Im Zug.

Ich sitze zusammen mit einer Grundschulklasse im Zug. Der Kontrolleur kommt und unterhält sich kurz mit der Lehrerin. Er verabschiedet sich mit den Worten:

»... und immer schön Hausaufgaben kontrollieren, nicht, dass se mal zur Bahn müssen!«

von der waschstraße ist er anderes gewöhnt

– Köln. In einem Kindergarten.

Vater (zu Erzieherin): »Warum ist mein Kind eigentlich immer so dreckig? Ich geb das sauber ab und bekomm es dreckig wieder!«

etwas durch die blume sagen

– Lübeck. Breite Straße.

Ehepaar (ca. 35) in der Fußgängerzone.

Sie (begeistert): »Schau mal, die Frau da vorn trägt die gleichen bunten Leggins wie ich!«
Er: »Ja, aber bei dir sind die Blumen irgendwie größer.«

dauerwelle für trauerfälle

– Schwäbisch Gmünd. Im Friseursalon The Look.

Eine Frau um die fünfzig kommt in den Salon, um ihre Mutter (ca. achtzig) abzuholen. Die sitzt aber noch unter der Trockenhaube und braucht noch eine Weile. Da beugt sich die Frau zu ihrer Mutter hinunter und sagt ihr laut ins Ohr:

»Weißt Mutti, ich war grad hier auf dem Friedhof und hab gedacht, ich schau mal vorbei und guck, wie weit du schon bist ...!«

cheeseburger, 'ne große pommes und die bittere wahrheit

– Schweinfurt. McDonald's in der Niederwerrnerstraße.

Kundin (zu Angestelltem): »Sie sind ganz schön lahm. Ist das Ihr erster Tag, oder was?«
Angestellter: »Ja schon, tut mir leid.«
Kundin: »Kein Problem, Sie lernen das auch noch. Ich kenn das, ich hab vier Jungs, die arbeiten auch alle bei so Fastfood-Läden.«
Angestellter: »Na, das ist doch schön.«
Kundin: »Nein, ist es nicht. Das ist traurig!«

eindeutig kein american express

– Buchloe. Bahnhof.

Gleis 1 an einem kalten Novemberabend. Ein an der Kleidung deutlich als amerikanisch erkennbares Seniorenehepaar schleppt mit letzter Kraft mehrere Koffer die Treppe zum Bahnsteig hinauf. Fast oben angekommen, ruft die Dame dem in der Tür des abfahrbereiten Zuges stehenden Schaffner keuchend zu:

»Is this the train to Koofbörn [Kaufbeuren]?«

Der freundliche Bahnbedienstete ruft in bestem Englisch zurück:

»Yessss, but you're too late!!!«

Er winkt dem Lokführer zu und schließt die Tür. Der Zug fährt ab.

es lebe der zwergenaufstand!

– *Sonthofen.*

Mutter näht ein Faschingskostüm für ihren Sohn (fünf). Als er nach Hause kommt, soll er es anprobieren.

Sohn: »Mama, damit seh ich nich aus wie ein Zwerg. Ich seh aus wie ein Depp ... wie ein Volldepp!«

Wilde Zeiten –

„Bist du der schwarze Ritter?

Globalisierung, demografischer Wandel, soziale Kälte – große Worte und doch nur ein kleiner Versuch zu erklären, was da eigentlich gerade so vor sich geht, da draußen auf den Straßen dieser Welt. Denn dass da was passiert, ist ziemlich offensichtlich. Sie müssen nur einmal vor die eigene Haustür treten und die Ohren spitzen. Hören Sie es auch?! Man könnte jetzt sagen: Die Zeiten ändern sich eben, das ist immer so gewesen, nichts Neues. Wir sagen: Alles ist neu und die Zeiten sind wilder denn je! In einer Welt, die sich durchmischt wie ein Obstsalat, gelten andere Regeln. Frei nach dem Motto ›heute hier, morgen dort‹ treffen Menschen aufeinander, die so viel gemeinsam haben, wie Leberwurst und Sojasprossen. Sind Sie bereit für die Post-Trans-Anti-Mega-Moderne?

burg statt burka?

– Dortmund. In der Fußgängerzone vor der Reinoldikirche.

Eine bis auf die Augenschlitze schwarz verschleierte Muslima läuft die Straße entlang. Ein Mann mit seinem kleinen Sohn (ca. vier) kommt ihr entgegen. Der Junge bemerkt die Frau, stellt sich vor sie und fragt mit großen Augen:

»Bist du der schwarze Ritter?«

wet bambi

– Berlin. Im Zoo.

Ein kleiner Junge (ca. fünf), offensichtlich ein echtes Stadtkind, steht mit seiner Mutter am Seelöwenteich im Berliner Tierpark und beobachtet die Tiere, wie sie springen und schwimmen. Er ist begeistert. Dann fragt er seine Mutter ganz unschuldig:

»Mama, sind das Rehe???«

die langeweile weggespült

– Hamburg. U-Bahn Gänsemarkt in Richtung Hbf.

Vor mir sitzen zwei junge Männer. Schätzungsweise um die 18 Jahre alt und mit Migrationshintergrund.

#1: »Was hast du Wochenende gemacht, Alda?«
#2: »BOOOOOOA, Wochenende war so langweilig, ey. Samstagabend hab ich fast Buch gelesen. Aber dann hat zum Glück Kollege angerufen ... sind wir saufen gegangen.«

die jäger der verlorenen kamelle

– Köln. Neumarkt.

Am Karnevalsmontag geht auf dem zentralen Platz in Köln der Punk ab. Überall wird gefeiert. Wir kommen gerade aus der U-Bahn und stehen so, dass man die großen Bagagewagen schon vom Zug aus sehen kann. Eine vierköpfige türkische Familie kommt händewinkend und hektisch auf uns zu.

Vater: »Ey, wo is hier Karneval?«

Mir fällt darauf keine Antwort ein, weil ich die versteckten Kameras suche und völlig verdutzt bin. Darauf der Sohn zu meiner Freundin:

»Ey ja Mann, Alda, wo schmeißen die hier die Sachen?«

1:0 für nietzsche

– Friedberg. Im Bus.

Ich sitze im Bus auf dem Weg zur Schule. Hinter mir unterhalten sich zwei Grundschüler über ihren Religionsunterricht, als das eine Kind zum anderen sagt:

»Du, wir müssen mal darüber reden, wie Gott gestorben ist ...«

ob da vielleicht der aggro-berlin-fanclub zustieg?

– Essen. Im Zug.

In der sehr überfüllten Bahn von Dortmund nach Köln. Kurz nach Essen-Hauptbahnhof meldet sich der Schaffner:

»Sehr geehrte Reisende, bitte achten Sie auf Ihr Gepäck und Ihre Handtaschen, wir haben Musikanten im Zug.«

Ältere Dame: »Jaja, das hätt's früher nicht gegeben ... Musikanten.«

voll dick ist nicht voll fett

– Stuttgart. Im Kaufland.

Zwei Jungs (ca. 13) suchen sich im Supermarkt Süßigkeiten aus.

#1: »Ey, wir nehmen die Soft-Cakes hier, mit Orange, okay?«
#2: »1500 Kalorien, sag mal, spinnst du? Such was anderes!«

junge leute verbreiten bombige stimmung

– Chemnitz. Im Bus, Linie 31.

Jährlich findet in Chemnitz ein Stadtmarathon statt. Dies führt dazu, dass die Innenstadt teilweise für Privatfahrzeuge gesperrt ist und Busse und Straßenbahnen mithilfe der Verkehrspolizei weitergeleitet werden. In einem bereits fünf Minuten wartenden Bus sagt eine ältere Dame zu ihrer nicht aus Chemnitz stammenden Freundin:

»Dafür muss man doch Verständnis haben! Heute ist doch in Chemnitz dieser Amoklauf. Diese jungen Leute machen wenigstens was für ihre Gesundheit!«

nebenwirkung von ›tokio hotel‹?

– Dresden. In einer Drogerie.

Ich höre das Gespräch zweier etwa 15-jähriger Jungs mit. Sie stehen vor dem Regal mit den Schwangerschaftstests und beraten sich. Einer der beiden:

»Also, wir nehmen immer den hier ...«

groß geworden auf der neverland ranch?

– Kiel. In der Diskothek Atrium.

Zwei südländische Typen um die dreißig an der Bar.

#1: »Ey Alda, ich mein, würdest du für eine Million Euro mit zwölf Männern in die Kiste steigen?«
#2 (ernst): »Ich würde alles machen, um mit zwölf Männern in die Kiste zu kommen.«

Darauf geht der eine empört weg, der zweite bleibt überrascht und verwundert stehen.

erwachsen auf probe?

– Hannover. Im Zug nach Osnabrück.

Der Zug ist äußerst überfüllt, sehr viele Fahrgäste sitzen auf den Treppenstufen. Eine sehr junge Mutter (ca. 16), ihre kaum ältere Schwester und der etwa zehnjährige Bruder sitzen vor mir. Das Baby der Teenie-Mutter schreit unentwegt und lässt sich nicht beruhigen.

Teenie-Mutti (schreit ihren Bruder an): »Jetzt gib den MP3 … sofort!«

Sie reißt dem Jungen das Gerät aus der Hand und stöpselt dem Baby die viel zu laute Musik in die Ohren. Das kleine Kind schreit jetzt umso lauter.

Teenie-Mutti: »Kein Wunder, is' ja auch kein Lady Gaga drauf.«

wie oft ein punk dann wohl schon verheiratet ist?

– Hamburg. In einem Geschäft.

Eine Angestellte hat ein Lippenpiercing. Eine Mutter mit Sohn bezahlt ihren Einkauf und sie verlassen das Geschäft. Beim Hinausgehen flüstert der kleine Junge zu seiner Mutter:

»Guck mal Mama, die trägt ihren Ehering in der Lippe!«

grasklare reisepläne

— Senftenberg.

Eine Familie sitzt gemeinsam zum Abendessen am Tisch.
Oma (Mitte siebzig) spricht ihren Enkel an.

Oma: »Und, fährst du im Sommer nochmal nach Holland?«
Enkel: »Jap.«
Oma: »Zum Kiffen, was?«

selbsterkenntnis ist der erste weg zur besserung

— Herne. Gymnasium Eickel.

Ein Mädchen (zwischen 14 und 16, sehr aufgestylt) hält
einen Vortrag im Fach Politik. Sie hat sich schlecht über das
Thema informiert und wird von der Lehrerin zurechtge-
wiesen.

Lehrerin: »Weißt du denn überhaupt nichts?«
Schülerin: »Ja, tut mir leid! Ich guck nur ›Taff‹.«

hauptsache, der name stimmt, was drin ist, ist mir egal

– *Berlin. U2 Richtung Pankow.*

Drei Damen (vom Aussehen Büroangestellte) unterhalten sich.

#1: »Und dann war ich bei dieser Lesung von diesem Schauspieler, von dem jetzt alle reden. Nicht so mein Ding eigentlich, aber da muss man echt hin.«
#2: »Echt? Ach ja. Da hab ich auch von gehört.«
#3: »Das soll ja total düster sein und total krass sein.«
#1: »Ja, war es auch.«
#2: »Und was hat er so gelesen?«
#1: »Das hab ich nicht verstanden.«

der krieg ums wasser hat begonnen

– *Auf dem Haldern Pop-Festival 2009.*

Auf dem Zeltplatz, Samstagmorgen, neun Uhr.

Typ #1 (entsetzt zu Typ #2): »Was machst du denn mit dem Wasser?!«
Typ #2 (leicht irritiert): »Trinken.«
Typ #1: »Bist du bescheuert? Das ist zum Zähneputzen, wir ham doch Bier!«

respekt für die sohle

– Hamburg. Mönkebergstraße.

Ein Pärchen kommt aus einem Foot Locker. Er: Typ ›Abo
für die Hantelbank‹. Sie: blond, Hauptwohnsitz Sonnen-
bank.

Sie: »Schatz, meinst du nicht, dass die Turnschuhe jetzt zu
teuer waren?«
Er (greift sich in den Schritt): »Ey, Baby, is wegen die Respekt!«

was lehrer heute schlucken müssen

– Monheim. In einer Schule.

Neulich im Geschichtsunterricht. Eine Schülerin mampft
genüsslich und nur wenig um Heimlichkeit bemüht an
ihrem Brötchen herum.

Lehrer: »Würdest du bitte sofort dein Brötchen wegpa-
cken?«

Schülerin verdreht die Augen, beißt noch einmal herzhaft
in ihr Brötchen, bevor sie es in ihren Rucksack packt. Sie
erwidert den mahnenden Blick des Lehrers ausgiebig kau-
end.

Lehrer (genervt): »Und jetzt runterschlucken ...«
Schülerin (mit vollem Mund): »Schlucken kostet aber extra.«

vor safer sex kommt safer play

– Düsseldorf. Auf einem Spielplatz.

Zwei Jungen (beide ca. fünf) unterhalten sich im Sandkasten.

#1: »Du David, ich habe gehört, dass du eine Freundin hast.«
#2: »Ja, die Julie.«
#1: »Du weißt ja, dass du aufpassen musst.«

made in germany

– Bonn. Am Hauptbahnhof.

Ich stehe an einem Hähnchenstand und gebe gerade meine Bestellung auf, als hinter mir zwei junge Checker auftauchen.

#1: »Ey Alda ... aber isch hab keine Bock auf scheiß Hähnchenschenkelscheißedreck!«
#2: »Scheiß auf scheiß Hähnchenschenkelscheißedreck. Nimm ma Spießbratenbrötchen!«
#1: »Was denn das? Spießbrötchen?«
#2: »Is deutsche Döner, is korrekt, Mann!«

aufstehen ist relativ

– Mainz. Im Bus der Linie 6.

Zwei ziemlich junge Studentinnen unterhalten sich miteinander.

#1: »Boah, ich hab heute noch überhaupt nix gegessen, mir
knurrt vielleicht der Magen!«
#2: »Wieso, haste denn nix gefrühstückt?«
#1: »Nee du, ich musste heute wegen der Vorlesung schon
um ZEHN UHR aufstehen. Da ist mir jede Minute hei-
lig!«
#2: »Oh, das kann ich verstehen, geht mir genauso. So früh
morgens krieg ich auch noch nix runter.«

mama, der paukerschreck

– Köln. Georg-Simon-Ohm-Berufskolleg.

Aus Richtung Lehrerzimmer kommen ein Junge, zwischen
16 und 18 Jahre, und seine Mutter. Sie sehen beide wie die
typischen durchschnittlichen Reihenhausbürger aus.

Mutter: »Ey, hasse die Typen da im Lehrerzimmer gesehn,
ey? Alles Spastis! Und der eine mitter Glatze ... ey, 100 Prozent Spasti, schwör!«

Ihr Sohn nickt nur bekräftigend.

video killed more than the radio star

– Aachen. In der Fußgängerzone.

Im Woolworth steht ein kleiner Junge (ca. vier) am Bücher-
regal. Seine Mutter ruft ihm zu:

»Kevin, komm von die Bücher weg ... wir lesen nicht!«

haarige angelegenheit

– Köln. In der S-Bahn.

S12 Höhe Ehrenfeld. Ein offensichtlich der Emo-Szene zu-
gehöriger junger Mann mit ins Gesicht gezogenen schwarzen Haaren telefoniert:

»Ja, meine Eltern haben mich vorhin rausgeschmissen ...
die haben echt voll durchgedreht ... ich such jetzt erst mal
einen Platz zum Schlafen heute Nacht ... zuerst haben sie
mir meinen Computer weggenommen und haben meinen
Base-Vertrag gekündigt ... und mein Glätteisen haben sie
mir auch weggenommen!«

trotz abschluss keine klasse

– Paderborn. Beim Fotografen.

Wir treffen uns beim Fotografen, um Fotos für die Abizeitung zu machen. Ein paar Mädels sind besonders aufgetakelt. Da stellt die eine plötzlich die Frage:

»Sehe ich teuer aus?«

für 'n apple und ein i

– Hamburg. Mönckebergstraße.

Wir sitzen an einem Nachmittag kurz vor Weihnachten im Metrobus 6 Richtung Innenstadt. Zwei sehr adrette alte Damen sitzen uns gegenüber. Aus dem Gespräch entnehme ich, dass beide auf der Jagd nach Weihnachtsgeschenken sind.

Dame #1: »Die Klara hat ja neulich zum Herbert gesagt, sie wünscht sich zu Weihnachten so einen iPod. Und was sagt der Herbert: ›Die Klara ist so ein tüchtiges Mädchen, die will schon jetzt zu Weihnachten einen Eierpott für die Aussteuer haben!‹ Dabei ist das doch so ein tragbarer Musikspieler.«

kosenamen 2.0

– Stuttgart.

Junge und Mädchen, beide zwischen 16 und 17 Jahre alt, Typ Möchtegerngangster.

Sie: »Ey Alter, du lügst ja voll!«
Er: »Hey, ich lüg dich nicht an. Du bist meine Biatch!«

ferienfreizeit terrorcamp

– Essen.

Eine Gruppe Pfadfinder bereitet sich auf eine Fahrt vor. Ein Junge (ca. zwölf), offenbar der einzige Ausländer in der gesamten Gruppe, streitet sich mit einem älteren Deutschen (ca. 17). Als ein älterer Mann (offenbar ein Leiter) dazwischengeht, sagt der Junge zu seinem Freund:

»Diese Deutschen wecken den Kofferbomber in mir!«

allein am andern ufer

– Lüneburg. In der Buslinie 5011, zwischen Uni und Innenstadt.

Zwei ältere Damen (zwischen sechzig und siebzig) unterhalten sich leise hinter mir.

Plötzlich wird es lauter zwischen den beiden.

#1 (flüsternd): »Sag mal, hast du auch gehört, dass Birgits Sohn schwul is'?«
#2 (total entrüstet): »Ja, furchtbar! Der is' nun schon 32 und hat immer noch keinen Freund!«

... bis dass der anwalt euch scheidet

– Rhede.

Auf einer Hochzeit. Ein kleines Mädchen verabschiedet sich abends von der Braut:

»Es war total schön hier. Und wenn du wieder heiratest, komme ich noch mal her.«

papa rambos erziehungskniffe

– Köln. In einem Fitnessstudio.

Ich arbeite in der Kinderbetreuung eines Fitnessstudios. Gerade schaue ich mit einem dreijährigen Jungen ein Kinderbuch an, als der Vater erscheint. Abgebildet ist ein Krankenwagen mit einem Verletzten.

Junge (traurig): »Papa, Papa! Guck mal, der im Krankenwagen, der ist kaputt!«

Vater: »Jo, dat war 'ne Massenschlägerei, der hat jetzt ein Messer im Hals!«

angies letztes geheimnis

– *Koblenz. Bahnhofsplatz.*

Angela Merkel ist zu Besuch in der Stadt. Nach ihrer Rede gibt sie Autogramme und schüttelt fleißig Hände potenzieller Wähler. Ein junger, etwas flippiger Mann entschließt sich, der Kanzlerin eine Frage zu stellen:

»Frau Bundeskanzlerin, darf ich fragen, wer Ihre Strähnchen gemacht hat?«

reihern wie ein rohrspatz

– *Köln. Im Bus.*

Zwei Mädchen (ca. 14) unterhalten sich. Eine kurze Stille setzt ein, dann:

#1: »Weißt du, was total lustig ist?«
#2: »Nö, was denn?«
#1: »Wenn du kotzen musst, und dabei Schimpfwörter rufst. Das hab ich gestern gemacht.«
#2: »Cool!«

mahlzeit!

– Bielefeld. Bahnhofsplatz.

Zwei Männer mittags vor einer Imbissbude.

#1: »Ich habe ein Sex-Video mit einem Esel und einer Frau.«
#2: »Krass! Ich habe ein Video, wo einem Typen der Kopf abgehackt wird. Kennst du das?«
#1: »Nee, so 'nen Schweinkram gucke ich mir nicht an!«

ein familienspiel im klassischen sinne

– Neuss. In einer Grundschule.

Zwei Kinder streiten sich. Eine Erzieherin geht dazwischen und versucht, die Auseinandersetzung zu schlichten.

Erzieherin: »Warum streitet ihr euch?«
Junge: »Tun wir gar nicht.«
Erzieherin: »Aber natürlich, ich habe doch gerade gesehen, wie du sie angeschrien hast!«
Mädchen: »Wir streiten nicht, wir spielen Scheidung.«

lustmolch erwacht aus winterstarre

– Würzburg. Marktplatz.

Hinter mir ein Vater mit zwei kleinen Kindern (ca. fünf).

Tochter (hocherfreut): »Es schneit!«
Vater (mürrisch): »Langsam kann ich den Schnee nicht mehr sehen. Es soll Frühling werden!«
Tochter: »Weil's dann warm wird?«
Vater: »Nee, dann tragen die Frauen wieder kurze Röcke und der Papa hat endlich wieder was zu gucken.«

wie du mir, so isch dir

– Hürth. In einem Bus.

Zwei richtig krass gestylte Assi-Mädels sitzen im Bus in der Sitzgruppe neben mir und unterhalten sich über eine Mitschülerin.

#1: »Boah, wie ich die hasse, ne! Die denkt echt, die wär voll die Coolste un so.«
#2: »Ja, ne. Un wie die schon aussieht, voll die Bitch.«
#1: »Ich wette, das is so eine, die auch hinter deinem Rücken über dich lästert un so.«
#2: »Auf jeden Fall macht die so was ... Schlampe!«

wohl mit assirabisch verwechselt

– Berlin. Am Flughafen im Flughafenbus.

Ein zirka dreijähriges Kind stellt während der Fahrt einige Fragen.

Kind: »Du Mami, kann ich die Menschen in Ägypten verstehen? Wie ist arabisch?«
Mutter: »Alleine von der Sprache wirst du eher nichts verstehen. Arabisch ist sehr schwierig und gar nicht mit der deutschen Sprache verwandt. Es klingt meist etwas abgehackt und kehlig.«
Kind: »Schwieriger als Englisch?«
Mutter: »Auf jeden Fall. Aber dort können die Menschen auch Englisch und etwas Deutsch, zur Not behilft man sich mit Gesten.«
Kind: »Das wird lustig! Ich bin schon so gespannt.«

Währenddessen telefoniert schräg gegenüber eine tussihafte junge Frau (zwischen 16 und 17).

Tussi: »Ne, alle assi. Und ja ne, ich sag ne, er och, komms Party, ich sag ey nich, wa? Party, ey Griffl ab, ne er, vol uff Dröhnung, er ey, wat jet? Watn shit, nervt ... wa? Ne, ich mein 'n Murat, wa? Ey, nich der ...«
Kind (hört eindringlich zu): »Mami, spricht das Mädchen arabisch?«

emma statt micky maus?

– *Bremen. Auf dem Spielplatz an der Vasmerstraße.*

Zwei Jungs (Blondschöpfe, höchstens fünf Jahre alt) unterhalten sich in einer Reifenschaukel.

#1: »Angela Merkel, unsere Bundeskanzlerin, is eine FRAU!«
#2 (unsicher): »Jaaah ...«
#1: »Das is FÜR MICH kein Problem.«
#2 (mit stolzer Brust): »Nee, ne! Für MICH auch nich!«

er lässt sich nicht verapplen

– *Offenburg. Auf einer Berufsinfomesse.*

Bei einem Gewinnspiel gibt es einen iPod zu gewinnen, was auf einem Flipchart publikumswirksam angekündigt wird. Zwei Typen stehen davor.

#1: »Ich brauch keinen iPod, ich hab schon ein Handy.«
#2: »Aber das ist kein Handy.«
#1: »Mir doch egal, was das sonst alles kann, Hauptsache, man kann damit telefonieren!«
#2: »Aber damit KANN man nicht telefonieren!«
#1: »Was ist das denn für ein Scheißhandy, mit dem man nicht telefonieren kann?«

martini on the rock: gebröckelt, nicht gerührt

– Köln. Straßenbahn.

Ein ca. zwanzigjähriges Pärchen in der Bahn. Er hat eine Flasche Martini dabei.

Sie: »Oh, was hast du denn da zum Trinken dabei?«
Er: »Martini!«
Sie: »Oh, das schmeckt total lecker, davon hab ich gestern Abend gekotzt!«

die 90er waren halt noch heldenjahre

– Frankfurt am Main. In der S-Bahn.

Neben uns sitzen zwei Gangstas und unterhalten sich.

#1: »Ey Alda, ich war heute voll sozial. Da war so 'ne Omma, die is nich über die Straße gekomm, dann hab isch der voll geholfen, und dann war die voll fröhlich!«
#2: »Haha, du bist ja voll der Held, Alda.«
#1: »Klar, ich war nicht umsonst drei Jahre Powerranger.«

der kleine besitzt wohl videomaterial

– *St. Johann (Schweiz).*

Ein Jugendlicher und ein kleiner Junge (ca. vier) sind eifrig am Streiten. Der Ältere droht ihm.

Älterer: »... und wenn du nicht sofort still bist, kommst du ins Internat!«
Jüngerer: »Dann kommst du aber auch ins Internet!«

die verneinten nationen

– *Hannover. In der Straßenbahn.*

Drei Viertklässler unterhalten sich, es kommt zum Streit.

#1: »Dann sag ich: ›Scheiß Türke!‹«
#2: »Ich bin gar kein Türke.«
#1: »Was denn dann?«
#2: »Ich bin Araber.«
#1: »Dann sag ich halt: ›Scheiß Araber!‹«
#2: »Na, das nimmst du zurück! Dann sag ich nämlich: ›Scheiß Afrikaner!‹«
#1: »Ich bin kein Afrikaner, außerdem beleidigst du damit den da [#3]!«
#3: »Ich bin kein Afrikaner, ich bin Afghane.«

meinst du den erzeuger oder den ernährer?

– Bensheim. Im Kindergarten.

Eine Mutter holt ihren Sohn ab. Als dieser beim Anziehen trödelt, sagt sie:

»Los, beeil dich, der Papa wartet.«

Darauf das Kind in voller Lautstärke: »WELCHER?«

per anhalter durch die gutenberg-galaxis

– Magdeburg. Im Allee-Center.

An einem Bücherstand bei Thalia steht eine junge Frau (ca. zwanzig) mit einem Handy in der Hand und telefoniert mit ihrer Freundin:

»Ey, voll toll, bin jetzt in Thalia! Ja, habe mir gerade mein allererstes Buch ausgesucht! Wahnsinn, oder?«

orale oder intravenöse ernährung

– Bremen. In einem Aldi

Ein junges Pärchen brütet über der Einkaufsliste.

Er: »Essen ist immer gut, sonst kaufen wir von dem Geld nur wieder Alkohol und Drogen.«

... sonst fährt ein zug nach nirgendwo

– Hannover. Im Zug.

Der Zug fährt pünktlich aus dem Bahnhof aus. Durchsage:

»Sehr geehrte Reisende. Wir sind der erste Zug seit fünf Stunden, der Hannover in Richtung Uelzen verlässt. Grund dafür war, dass die Kupfer-Erdungskabel auf der Strecke gestohlen wurden.«

(Pause)

»Hoffen wir mal, dass der Preis für Stahl nicht steigt; sonst klauen die uns noch die Schienen.«

glück beginnt beim busenhalter?!

– Karlsruhe. Kaiserstraße.

Zwei Mädels (zwischen 16 und 18) gehen in der Fußgängerzone an mir vorbei.

#1: »Also 75B brauchst du schon, um effektiv glücklich sein
zu können ...«

Kleine Leuchten –

„Wo genau steht denn diese Luftbrücke?"

Nicht jeder ist ein Einstein und das ist wahrscheinlich auch gut so. Der durchschnittliche Intelligenzquotient eines Deutschen liegt bei 107. Das eine oder andere Pünktchen darunter fällt nicht allzu sehr ins Gewicht. Einige Zeitgenossen übertreiben es jedoch etwas mit intellektueller Enthaltsamkeit. Menschen dieses Typs halten Afghanistan für ein Urlaubsparadies und haben Angst vor Adam Hussein. Sie verehren den großen Reformator Lothar Matthäus und verdienen ihr Geld bevorzugt als Baugerüst oder exhumierte Krankenschwester. Dieses Kapitel ist genau diesen Typen, den eher einfachen Gemütern, gewidmet. Lachen Sie mit oder leiden Sie mit, ganz wie Sie wollen. Und wer weiß: Vielleicht steckt in so mancher kleinen Leuchte doch ein großer Geist ...

klassische luftnummer

– Berlin.

Schülerausflug nach Berlin. Im Reisebus werden die bekannten Sehenswürdigkeiten abgeklappert.

Zwischenfrage eines Schülers: »Wo genau steht denn diese Luftbrücke?«

libero, fußballlehrer, religionsgründer

– Ahaus. In einer Grundschule.

Während des Religionsunterrichts in der vierten Klasse. Die Kinder unterhalten sich zu Stundenbeginn über Halloween.

Lehrer: »Au Backe, Halloween. Fällt euch noch etwas Einheimisches ein zum 31. Oktober?«

Ratlosigkeit bricht aus, trotz Unterrichtseinheit zu Martin Luther.

Lehrer: »Schon vergessen? Heute ist Reformationsfest!«
Schüler: »Ach ja ... was war das noch gleich?«
Schülerin (stolz): »Reformationsfest? Da hat doch Lothar Matthäus die Thesen an die Kirchentür genagelt!«

tourismus-einsatz in kundus?

– *Garmisch-Partenkirchen.*

Auf einer Party. Mein Freund und ich stehen an der Bar. Ein Typ (Bundeswehrarzt) unterhält sich neben uns mit einer Bekannten.

Er: »... ja, und jetzt schicken sie mich doch für vier Monate nach Afghanistan.«
Sie: »Vier Monate nur? Da hast du doch gar keine Zeit, dir das Land richtig anzusehen!«

zu tode gelernt

– *Krefeld. In einer Straßenbahn.*

Eine Frau unterhält sich mit einer Freundin:

»Und jetzt hat sie noch eine Prüfung vor sich, dann ist sie exhumierte Krankenschwester.«

keine weiteren fragen

– *Berlin. U7 zwischen Neu-Kölln und Britz Süd.*

Zwei Checker (zwischen 16 und 18) steigen in die U-Bahn ein.

#1: »Ey wie geht's dir, alles cool?«

#2: »Ja Mann, was machst du?«

#1: »Ich fahr Gropius.«

#2: »Was machst da?«

#1: »Ja gammeln halt, du?«

#2: »Britz Süd, was machen.«

#1: »Ah, weiß schon ... haste Job?«

#2: »Ich Baugerüst.«

#1: »Was?«

#2: »Gerüstbau, Mann!«

#1: »Und is cool?«

#2: »Ey ... voll Absturz!«

nemo, der bibelfisch

– *Thüringen. In einer Schule.*

Unterricht in der 10. Klasse.

Die Lehrerin fragt: »Wer hat die Bibel übersetzt?«

Die Dumpfbacke der Klasse ist dran. Sie weiß es nicht. Ein mitleidiger Mitschüler hinter ihr flüstert:

»Lu-ther! Lu-ther!«

Dumpfbacke antwortet: »Lothar Matthäus?«

Die Lehrerin rollt mit den Augen und sagt: »Überleg

doch mal, da läuft gerade ein amerikanischer Film drüber!«

Dumpfbacke: »Äh, Nemo?«

nie wieder physik lernen mit opi

– Hankensbüttel. In einer Schule.

Physikunterricht.

Lehrer: »Kann mir jemand sagen, wie man Arbeit definiert?«

Schweigen im Raum. Eine Schülerin meldet sich.

Lehrer: »Ja, bitte.«
Schülerin: »Arbeit? Das war doch Kraft durch Freude!?«

PISA-test in entenhausen

– Cottbus. An einer Schule.

Ein Mädchen hält ein Referat über Naturparks. Plötzlich fragt eine Mitschülerin:

»Was is des denn da auf dem Bild?«

Die Vortragende blickt verwirrt auf das Bild auf ihrem Plakat:

»Ähhm ... das ist eine Ente.«

Daraufhin die fragende Mitschülerin lachend:

»Du Depp! Das is doch keene Ente, das is'n Vogel!«

wish you were here, floyd!

– *Mittelhessen. In einer Dorfkneipe.*

Abends. Meine Partnerin und ich (beide Mitte vierzig) sitzen an der Theke. Eine weitere Frau (Ende fünfzig) sitzt neben uns. Die Unterhaltung plätschert vor sich hin, das Radio dudelt, gerade läuft ein Lied von Bon Jovi.

Bedienung: »Oh, toll. Auf ein Bon-Jovi-Konzert würde ich auch gerne mal wieder gehen.«
Meine Frau: »Ich gehe im März auf das Pink-Konzert in Frankfurt!«
Ältere Dame: »Nur Pink? Spielt der Floyd nicht mehr mit?«

mein name ist nym, pseudo nym!

– Rothenburg. Taubertal-Festival 2009.

Beim Anstehen in der Menge für Autogramme vom Farin-Urlaub-Racing-Team unterhalten sich zwei Mädchen.

#1: »Wie kann man sein Kind nur Farin nennen?«
#2: »Vor allem, wenn man mit Nachnamen Urlaub heißt!«

tainted names

– Hameln. Innenstadt.

Zwei Herren, beide ca. achtzig Jahre, unterhalten sich.

#1: »Jaja, dieser Marilyn Manson ...«
#2: »Wo hat der eigentlich seinen Namen her?«
#1: »Na ja, den Vornamen von Marylin Monroe und den Nachnamen von diesem Manson Mandela!«

kindersoldaten im mathematikunterricht?

– Seligenstadt. Schule, 13. Klasse.

Der Mathe-Grundkurs behandelt eine Textaufgabe, in der es um ABC-Schützen geht. Ein verdutzter Schüler meldet sich:

»Was ist ein ABC-Schütze und warum sind das alles Kinder?!«

andi möllers erben

– Hamburg. In der S1 Richtung Poppenbüttel.

In der S-Bahn kann ich folgender Diskussion einer Gruppe Teenager lauschen.

Mädchen #1: »... Mailand ist ein Land.«
Junge #1: »Nein, Mailand ist eine Stadt.«
Mädchen #1: »Nein! Ein Land!«
Mädchen #2: »Ich glaube auch, dass es ein Land ist.«
Junge #1: »Nein, Mailand ist eine Stadt. Die Hauptstadt von ... Spanien!«
Mädchen #1: »Nein, Mailand ist theoretisch ein Land!«
Mädchen #2 (dem Mädchen #1 beipflichtend): »Ja, so groß wie eine Stadt, ABER ein Land. So wie Russland. Das ist so groß wie ein Kontinent, aber auch nur ein Land.«
Junge #1: »Quatsch. Mailand ist eine Stadt. Eine Hauptstadt. Von Spanien oder Italien.«

Mädchen #1: »Aber es heißt doch ›Land‹. Warum heißt es dann nur ›Land‹?«

bitte gib mir nur noch ein wort

– *München. Allianz Arena.*

Es läuft das Spiel 1860 gegen den 1. FC Kaiserslautern. Die Münchner Fans sind nicht ganz mit den Leistungen ihres Torwarts zufrieden. Ein Fan hinter mir möchte seinem Ärger Ausdruck verleihen und brüllt:

»Ich hab nur drei Worte für dich: HAU AB!«

die demenz kam im discounter

– *Freudenberg. Auf dem Parkplatz von Aldi.*

Eine Oma und ein Opa versuchen, mit einem Euro einen Einkaufswagen aus der Reihe zu lösen. Die Mechanik scheint kaputt zu sein.

Opa: »Dat geht net. Der nimmt den Euro net.«

Er zieht am Wagen, der sich auch so löst.

Oma (zufrieden): »Na, siehste, jetzt hammer 'nen Euro gespart.«

hier reicht wohl die home-edition

— Heidelberg. Im Bunsen-Gymnasium.

Eine Klassenkameradin unterhält sich stolz mit einem Mitschüler über eine neue Errungenschaft.

Sie: »Ich hab mir jetzt auch einen neuen Computer gekauft!«
Er: »Was denn für einen?«
Sie: »Windows XP.«
Er: »Ja, und sonst?«
Sie (zögert eine Sekunde, dann verärgert): »Rechne's dir doch selbst aus!!!«

... und geht weg.

vom glauben, zu wissen, was andere glauben

— Münster. Im Bus.

Zwei Mädchen (ca. 17) unterhalten sich über Religion.

Mädchen (mit Kopftuch): »Ich versteh die Christen nicht. Wie kann man denn glauben, vom Affen abzustammen?«

souterraines marketing

– Bonn. In der Straßenbahn.

Haltestellenansage: »Bonn Hauptbahnhof, Central Station, Subway.«
Junge (zu seinem Freund): »Ich wusste gar nicht, dass Subway sogar in der Bahn Werbung macht!«
Freund: »Die haben's aber nötig!«

erfindung des jahres: onlineshopping?

– Gießen. Berliner Platz.

Vor mir laufen zwei Mädels.

#1: »Ey, mein Bruder verkauft jetzt Sachen im Internet!«
#2: »Escht? Meiner auch! Vielleischt kennen die sich ja?!«

angriff auf adam

– Bremen. In der Straßenbahn.

Ein Mann und eine Frau, beide stark alkoholisiert, diskutieren lautstark, wie sie ihr Kind nennen würden. Vorschläge werden durch die Straßenbahn gelallt, zu einem Namen hat die Frau aber eine besondere Meinung:

»Wie kann man sein Kind nur Adam nennen? Wie der Hussein!«

houston, wir haben 13 probleme!?

– *Hennef (Sieg). In einer Videothek.*

Kunde: »Haben Sie auch ›Apollo 13‹?«

Die Verleiherin tippt ›Apollo‹ in den Computer.

Verleiherin: »Nein, ham wir nicht. Die anderen Teile aber auch nicht.«

emanzipation auch in der pharmaindustrie?

– *Limburg. In einer Apotheke.*

Kundin: »Hallo, ich hätte gern Schmerzmittel gegen Menstruationsbeschwerden.«
Apothekerin: »Für Frauen?«

no name, no future

– Bonn. Museumsmeile.

Auf der Schlittschuhbahn. Eine junge Frau um die 16 wird von einem Jungen in ihrem Alter angemacht. Er ist mit seinen Freunden unterwegs.

Er: »Hey, kenn isch dich?«
Sie: »Nein, ich glaube nicht!«
Er: »Geb mir deine Telefonnummer!«
Sie: »Es heißt ›gib‹ und ich habe kein Telefon.«
Er: »Dann geb mir deine Addy!«
Sie: »Ich habe keinen Computer.«
Er: »Bohaa, sag mal deinen Namen!«
Sie (trocken): »Ich habe keinen Namen.«

Er schaut irritiert.

Nach zirka dreißig Sekunden stellt einer seiner Freunde mit Überraschung in der Stimme, als hätte er gerade ein fliegendes Schwein gesehen, fest:

»Ey Alda, isch glaube die verarscht dich!«

neues vom bootsverkehr(t)

– Konstanz. Auf der Rheinbrücke.

Eine Rudermannschaft rudert unter der Brücke durch. Auf der Brücke steht ein junges Pärchen.

Sie: »Ey krass, die fahren ja rückwärts!«

hauptsache, die chemie stimmt

– Tübingen. In der Uni-Cafeteria.

Ein Student erklärt einer Kommilitonin gerade einen recht komplexen chemischen Inhalt.

Student: »... dann ergibt sich hier und da eine Bindung zwischen den zwei Komplexen. Kommsch mit?«
Kommilitonin (ganz verwirrt): »Wohin?«

1351 A.D.: sie war dabei

– München. U-Bahn-Station Odeonsplatz.

Zwei ältere Damen unterhalten sich an der U-Bahn-Haltestelle Odeonsplatz, als sie auf den Gleisen eine Ratte erspähen. Höchst echauffiert beschweren sie sich in den folgenden Minuten über die Art und Weise, wie die Menschen

achtlos ihren Müll entsorgen und somit die Ratten erst er-
möglichen.

Als die U-Bahn endlich einfährt, sagt eine der Damen im
Brustton der Überzeugung:

»Und wenn nachher die Pest ausbricht, wills wieder keiner
gewesen sein!«

dumm wie toastbrot

– Menden. In einem Elektrofachhandel.

Kundin: »Haben Sie auch Toaster für drei Scheiben Toast?«
Verkäufer: »Tut mir leid, wir führen nur welche für zwei
Scheiben oder Langschlitztoaster für vier Scheiben!«
Kundin (sich bereits abwendend): »Ach ne, dann muss ich ja
immer eine Scheibe wegwerfen!«

20 prozent doof

– Mönchengladbach.

Wir sind in einem Baumarkt einkaufen (20% auf alles
außer Tiernahrung). Als wir danach an der Bäckertheke
stehen, hören wir folgenden Dialog zwischen einer älteren
Dame (ca. sechzig) und ihrer Tochter.

Mutter (enttäuscht und sich aufregend): »Sag mal, warum haste denn jetzt die beiden Sachen nicht einzeln abrechnen lassen?!?«
Tochter: »Wieso das denn?«
Mutter: »Na, dann hättest du doch zwei Mal die zwanzig Prozent bekommen!«

kein empfang im oberstübchen

– Rostock. In einem Aufzug.

Ich steh abends mit meinem Mitbewohner bei uns im Aufzug. Neben uns stehen zwei Mädels.

#1: »Gugg mal, ich hab das Bild von dir und wenn du mich anrufst, denn seh ich das sofort.«
#2: »Geil, denn ruf ich dich ma an!«
#1: »Aber hier im Aufzug hat man keinen Empfang!«
#2: »Ich versuch's trotzdem.«

(Pause)

#2: »Ich komm nich durch!«
#1: »Hab ich dir doch gesagt, dass man hier keinen Empfang hat!«
#2: »Aber wir stehen doch direkt nebeneinander!«

... und hält ihr Handy direkt neben das andere.

alles bio oder was?

– München. Im Marriott Courtyard.

Beim Mittagessen. Mein Kollege erkundigt sich beim Kellner.

Kollege: »Ist beim Tagesgericht (ein Burger) das Fleisch Bio-Fleisch?«
Kellner: »Natürlich ist es Bio-Fleisch, ist ja ein Tier.«

den eigenen verstand ausgebremst

– Hamburg. In der U3.

Zwei Typen unterhalten sich über Autos.

#1: »Ich find den neuen Mercedes voll geil.«
#2: »Ich find Ferrari viel besser.«
#1: »Warum?«
#2: »Weil der neue Ferrari drei Bremsen hat.«
#1: »Drei Bremsen?«
#2: »Ja, die normalen Bremsen, Handbremse und Motorbremse.«

theo watt?

– Mitfahrgelegenheit. Im Auto auf dem Weg von Dresden nach Görlitz.

Fahrer: »Und was machst du so beruflich?«
Mitfahrerin: »Ich studiere Theologie.«
Fahrer: »Wasn das? Hab ich ja noch nie gehört.«
Mitfahrerin: »Na ja, das ist ...«
Fahrer: »Ne lass mich raten. Irgendwas mit Büchern.«
Mitfahrerin: »Ja, schon irgendwie. Es geht dabei vor allem um DAS BUCH.«
Fahrer: »Also Deutsch. Wusst ich's doch.«

der könner im konjunktiv

– Bad Oeynhausen. Im Werre-Park-Einkaufszentrum.

Auf einer kleinen Bühne im Einkaufszentrum. Es strampelt sich gerade ein Artist mit fünf Tellern ab, die er alle gleichzeitig ca. vier Meter hoch über sich wirft und sicher wieder unten auffängt. Das Publikum ist begeistert, bis auf eine stark verbrauchte, sehr übergewichtige Frau, die sich total gelangweilt und unbeeindruckt zu ihrer Flodder-Familie dreht und schnauzt:

»Datt is doch nix! Nach jahrelangem Training könnte ich das auch!«

im zweifel für die angemachte

– *Würzburg.*

In einer Kneipe. Ich stehe in der Schlange vor dem Damen-
klo. Am Waschbecken stehen zwei Mädels und betrachten
sich im Spiegel. Als sie die Person vor mir erblicken, sprechen sie sie an.

Mädel #1: »Oh, du siehst so brav aus. Du bist bestimmt
Studentin, oder??«
Sie: »Ja.«
Mädel #2: »Boahh, echt? Welches Fach denn?«
Sie: »Jura.«
Mädel #1: »Wow, cool, YOGA. Meine Mama kann 'nen
Kopfstand!«

diese azubine ist ein albtraum

– *Wahlstedt.*

Während einer Ausbildungsmesse. Zwei Mädchen bleiben
vor dem Stand der Stadtverwaltung stehen.

Mädchen: »Boooah ey, guck mal! Die bilden als Verwal-
tungsfachangestellte aus! Das ist voll mein Traumjob, ey!«

Sie dreht sich zu einem der Standbetreuer um und fragt:

»Was macht man eigentlich so als Verwaltungsfachange-stellte?«

da ist nicht nur eine birne kaputt

– *Waldkirch.*

Ich bin auf dem Weg zur Nachtschicht und stehe hinter einem Auto an der roten Ampel. Mir fällt auf, dass an dem Wagen vor mir nur eine der zwei Bremsleuchten funktioniert. Ich steige aus, klopfe an die Scheibe des vor mir stehenden Autos und möchte die Fahrerin darauf hinweisen, dass da eine Leuchte nicht funktioniert.

Ich: »Guten Abend, ich wollte Ihnen nur fix sagen, dass die Glühbirne Ihrer rechten Bremsleuchte defekt ist.«

Sie: »Vorne oder hinten?«

ob winnetou und old shatterhand das so meinten?

– *Stuttgart. Am Eckensee.*

Einige Jugendliche sitzen auf der Wiese und unterhalten sich über ihre bisherigen Eroberungen.

#1: »Alda, ich habe gestern die Jana entjungfert!«
#2: »Ey, ich vorgestern auch!«

#1: »Cool, das nennt man dann wohl Blutsbrüder oder so!!!«

was ich nicht weiß, macht mich nicht heiß

— Insel Poel. Am Strand.

Drei betrunkene Männer stehen in einer Gruppe. Plötzlich entsteht ein Streitgespräch zwischen einer Frau (Mitte zwanzig) und einem der Männer.

Frau (auch nicht mehr ganz nüchtern): »Alter, du bist so hässlich, sooo hässlich.«
Mann (erhebt den Finger, dann sehr selbstsicher): »Ja, aber wenigstens bin ich dumm!«

PIN-code impossible

— Rostock. Kröpeliner Straße.

In einem O$_2$-Geschäft. Ein Mädchen (ca. 15) möchte eine SIM-Karte für sein Handy kaufen.

Verkäufer: »Gut, jetzt brauche ich von Ihnen noch einen vierstelligen Geheimcode Ihrer Wahl. Nur damit wir bei Problemen zuordnen können, dass Sie der rechtmäßige Eigentümer der SIM-Karte sind.«
Mädchen: »820.«

Verkäufer: »820 ist nur dreistellig, ich brauche eine vierstellige Zahl bitte!«
Mädchen: »822.«

... hieß die nicht mieses karma?

– *Hameln. In einem Antiquariat.*

Ein Mann steht vor einem Regal und hält das Buch ›Krieg und Frieden‹ von Tolstoi in der Hand. Er ruft nach seinem Kumpel, der etwas weiter weg steht:

»Mensch, kommma her hier! Die verkaufen hier sogar Hitlers Biografie. Ich dachte, die is voll verboten.«

was bin ich?

– *Wuppertal. Im Dampfbad eines Hotels.*

Zwei junge Männer unterhalten sich recht laut.

#1: »Wat machse«?
#2: »Ausbildung.«
#1: »Geil! (Pause) Als watt?«
#2: »Verfahrensmechaniker.«
#1: »Geil! (Pause) Watt is dat denn?«
#2: »Weiß ich nich, bin erst ein halbes Jahr dabei.«

bis mark platzt?

– Heidelberg. In der Straßenbahn Richtung Bismarckplatz.

Zwei ca. 15-jährige Mädels in der Straßenbahn. Durchsage:

»Nächster Halt: Bismarckplatz.«

Mädchen #1 (nachäffend): »Bismarckplatz! Bismarckplatz!
Warum heißt das hier überhaupt Bismarckplatz?«
Mädchen #2: »Ja, gell, Bismarck – das ist doch nicht mal ein
Wort!«

die gehirnhautentzündung setzt schon ein

– Nürnberg. In einer Hauptschule.

Während des Unterrichts werden die benötigten Dinge für
die anstehende Klassenfahrt diskutiert, unter anderem der
Impfpass.

Mädchen: »Ich habe mich erst neulich gegen Zecken impfen lassen.«
Junge: »Das mit der Zeckenimpfung ist voll der Scheiß, ey.
Ich hab mich impfen lassen und bin danach trotzdem von
einer Zecke gebissen worden.«

intelligenz minus 50 prozent

– Recklinghausen. Havariemarkt.

Über einer Kiste mit Handytaschen und ähnlichem Zube-
hör hängt ein großes Schild mit der Aufschrift ›Alle Artikel – fünfzig Prozent‹. Ein Ehepaar (Mitte dreißig) interessiert sich für die Ware. Er wühlt in der Kiste herum und
zieht eine rote Handytasche hervor.

Er: »Hm, für ’nen Fünfer, nicht schlecht. Die nehm ich
mit.«
Sie (vorwurfsvoll): »Schatz, kauf das bloß nicht! Guck doch
hin! Da kommen überall noch mal fünfzig Prozent drauf!
Da zahlst du doch das Doppelte!«

der preis ist ihr wurst

– Nordhausen. Auf dem Markt.

An einer Wurstbude.

Mann: »Wie funktioniert eigentlich euer Rabattsystem?«
Verkäuferin: »Die Bratwurst kostet regulär 1,50 Euro. Wenn
Sie fünf kaufen, kostet jede nur einen Euro.«
Mann: »O.K., ich nehm’ dann drei Bratwürste.«
Verkäuferin: »Das macht dann drei Euro.«

und wie lange hat dein widder noch TÜV?

– Stuttgart. In einer Autowerkstatt.

Eine junge Frau (ca. zwanzig) im Büro der Werkstatt. Sie übergibt dem KFZler den Autoschlüssel. Der Mechaniker nimmt ihre Daten auf.

Er: »Name?«
Sie: »Friedrich.«
Er: »Ihre Telefonnummer, wo ich Sie tagsüber erreichen kann?«
Sie: »07 ...«
Er: »So, und nun noch Ihr Kennzeichen.«
Sie: »Widder.«

Er schaut sie fragend an.

Sie: »Ja, schon ... im März geboren.«

abrakadabra – und er steht allein da

– Magdeburg.

Auf einer WG-Party mit sehr gemischtem Publikum.

Er (mit Goldkettchen und Solariumbräune): »Na, wat machst du denn so?«
Sie: »Ich mache gerade meinen Magister.«
Er: »Hä? Biste Zauberer oder wat?«

buch: amerikanisch, ausrede: spanisch

– Köln-Ehrenfeld.

Zwei Tussis sitzen in der Straßenbahn, offensichtlich auf dem Weg zur Schule. Das Gespräch dreht sich um die nicht erledigten Hausaufgaben von #1.

#1: »Krass, isch schwöre, isch krieg voll den Stress mit der Alten, hatte schon gestern keine Hausaufgaben.«
#2: »Aber warum bist du so otto? Mach doch einfach mal die Hausaufgaben, denke, du kannst so gut Englisch?«
#1: »Isch schwöre, isch hätt's ja gemacht, aber ging nisch, hab nix verstanden, das Buch ist auf Amerikanisch!«

Eigene Welten –

„... tragen alle keine Socken ...“

Haben Sie manchmal das Gefühl, alle anderen Menschen sind irgendwie komisch oder ticken nicht mehr ganz richtig? Ist Ihr Lebensmotto: Ich baue mir die Welt, wie sie mir gefällt? Sind Sie öfter allein? Haben Sie Freunde, die keiner sieht? Dann lesen Sie das nächste Kapitel mit besonderer Sorgfalt. Vielleicht finden Sie sich ja wieder! Hier tummeln sich die Sonderlinge dieser Nation, die Bewohner von Paralleluniversen und selbst ernannten Agenten in geheimer Mission – aber auch die Kinder, die Träumer und die Originale. All diejenigen eben, die unseren grauen Alltag mit den Farben ihrer Fantasie bemalen. Haben Sie Mut und treten Sie ein, in die ›eigenen Welten‹ von *belauscht.de*.

alte socke in der neuen welt

– *Heidelberg. Hauptbahnhof.*

Am Bahnsteig. Ein heißer Sommermorgen. Die meisten Wartenden tragen Flipflops oder Sandalen. Ein Mann mit Sandalen in knielangen weißen Tennissocken läuft an allen vorbei und murmelt vor sich hin:

»... tragen alle keine Socken ... alle keine Socken ...«

einen schwangermachtest bitte!

– *Hannover.*

Mutter holt ihren sechsjährigen Sohn bei einem Freund ab.

Kind: (total begeistert): »Mama, ich möchte auch einen kleinen Bruder haben!«
Mutter: »Äh ... nee ... Justus, das ist gar nicht so toll! Kleine Brüder können nämlich ganz schön nervig sein. Die wollen dann immer mit dir spielen und so. Das solltest du dir gut überlegen.«
Kind: »Ja, das ist mir aber egal! Ich will trotzdem einen kleinen Bruder! BITTEEEE!!!«
Mutter: »Äh, ja Justus, wie soll ich sagen?! Das ist nicht so einfach! Ich ...«
Kind: »Wieso denn? Das versteh ich nicht! Das ist doch

nicht schwer! Du kannst doch auch einfach auf so einen Streifen pinkeln!!!«

drei jobs sind dann wohl doch zu viel für sie ...

– Linden-Leihgestern. In einem HIT-Markt.

Als ich durch die Gänge gehe, erklingt plötzlich eine Durchsage:

»Frau Meier! AUFSTEHN!!! Der Wecker hat gerappelt!«

den sandmann verpasst?

– Mannheim. Hauptbahnhof. Gleis 9.

Sechs Uhr morgens am Bahnsteig. Ich studiere den Fahrplan, als ein Mann mit langen Haaren und abgetragenem Pullover an mich herantritt.

Mann: »Ist es gerade morgens oder abends?«
Ich: »???«
Mann: »Sorry, ich bin gerade etwas verwirrt. Ist es 18 Uhr oder sechs Uhr?«
Ich: »Es ist sechs Uhr früh.«

Der Mann weiß offenbar nicht, was er tun soll. Er schaut sich gehetzt nach allen Seiten um und ruft aus:

»Verdammt ... verdammt ... VERDAMMT!!!«

in die tierhandlung oder doch besser in die kiste?

– Reutlingen. In einem Büro.

Eine Kollegin erzählt mir, was sich ihr kleiner Sohn (Vorschulalter) zum Geburtstag so wünscht:

»Ein Laserschwert, einen Traktor, einen Hamster ... oder 'nen Bruder!«

... hinein ins 6-tage-weekend-feeling

– Mannheim. In der Straßenbahn.

Zwei Typen unterhalten sich in der Sitzreihe hinter mir.

#1: »Und ... du studierst doch jetzt, oder?«
#2 (wirkt sehr langsam): »Joa ...«
#1: »Wie isses so?«
#2: »Joa ... ganz okay so.«
#1: »Und wann studierst du da immer so?«
#2: »Joa ... donnerstags.«

einmal geschenke und zurück

– Nürnberg. In der U1 Richtung Langwasser.

Zwei Freundinnen (1. oder 2. Klasse) unterhalten sich.

#1: »Warum hat man nicht jeden Monat Geburtstag?«
#2: »Weil es sonst nichts mehr Besonderes wäre!«
#1: »Mmmmmh ... oder man müsste eine Fernbedienung haben. Dann würde ich zu meinem nächsten Geburtstag vorspulen, meine Geschenke einpacken und wieder zurückspulen. Und zu meiner Mama sagen: ›Guck mal, was ich vielleicht zu meinem Geburtstag bekomme!‹«

draculas trendy töchter

– Augsburg.

Ein Mädchen in schwarzen Gothic-Klamotten läuft an einer Mutter mit kleiner Tochter vorbei.

Kind: »Guck mal, Mami, ein Vampir!«

keine zeit für heiterkeit

– Köln. Im Karstadt.

Ich bekomme folgenden Dialog zwischen zwei Verkäuferinnen mit, die anscheinend nur zeitweise im Karneval aushelfen.

#1: »Hier vergeht die Zeit ja viel schneller als in Dortmund!«

(Pause)

#2 (langsam und in einem überlegenden Tonfall): »Dabei vergeht die Zeit überall gleich schnell.«

lost in tramstation

– *Düsseldorf. Straßenbahn zwischen Birkenstraße und Hauptbahnhof.*

Die Linie 709 ist um acht Uhr morgens rappelvoll, alle wollen zur Arbeit und der Hauptbahnhof ist die nächste Haltestelle. Plötzlich eine Durchsage vom Fahrer:

»Meine lieben Fahrgäste, aufgrund eines Systemabsturzes können die angefahrenen Haltestellen leider weder durchgesagt noch am Bildschirm angezeigt werden. Doch so schlimm ist das ja eh nicht, da Sie alle wissen, wo Sie hin müssen, gelle?«

Hinter mir entwickelt sich folgendes Gespräch:

Studentin #1: »Scheiße, wie komm ich denn jetzt zur Uni?«

Studentin #2: »Die Bahnen fahren doch noch ganz normal, die zeigen nur nicht mehr an, wo wir gerade sind.«
Studentin #1: »Ja glaubst du, ich finde den Weg zur Uni, ohne dass die mir sagen, wann ich aussteigen muss?«
Studentin #2: »Aber du fährst den Weg doch schon seit zwei Jahren jeden Morgen.«
Studentin #1: »Es gibt wirklich Wichtigeres, das ich mir merken muss!«

Vor mir höre ich eine ältere Dame murmeln:

»Und wie komm ich jetzt nach Hause?«

rotkäppchens erben

– *Würzburg. Im ICE.*

Durchsage des Zugbegleiters:

»Für weitere Anschlusszüge beachten Sie bitte die Lautsprecherdurchsagen am Bahnhof oder wenden sich vertrauensvoll an die Servicemitarbeiter ... Das sind die Männchen mit den roten Mützen.«

ach ja, wirklich?

– *Köln. Im Cinedom.*

An der Popcorntheke des Kinos. Der Film geht gleich los, ein Besucher hat gerade seine Portion Nachos vor dem Eingang des Kinosaales bekommen.

Kassiererin: »Macht 2,50.«
Kunde: »Bitteschön.«
Kassiererin: »Danke und schönen Abend noch.«
Kunde: »Werden wir haben ... wir gehen nämlich ins Kino.«

dann wäre tom cruise noch single

– *Erding. AWO-Kindergarten.*

Zwei Mädchen (drei und vier) unterhalten sich:

#1: »Wen heiratest du mal, wenn du groß bist?«
#2: »Meinen kleinen Bruder!«
#1: »Das geht doch gar nicht, der Mann muss immer größer sein als die Frau!«

endlich! cäsars konjunkturprogramm wirkt!

– Trier. An einer Ausgrabungsstätte.

Trier hat viele Sehenswürdigkeiten aus der Römerzeit zu bieten. Es gibt auch einige Ausgrabungsstätten, die noch nicht komplett freigelegt sind. Während ich an so einer vorbeikomme und mir die Archäologen bei der Arbeit anschaue, höre ich hinter mir eine ältere Dame zu ihrem Begleiter sagen:

»Guck mal, hier sind se auch am werkeln ... was da wohl gebaut wird?«

köter-konter

– Wuppertal. In der Fußgängerzone.

Ein Hund bellt wie verrückt und springt in der überfüllten Fußgängerzone zwischen den Passanten herum.

Passant (dreht sich entrüstet um): »Selber!«

alte rollenmuster bis der arzt kommt

– Essen. *Alfried-Krupp-Krankenhaus.*

Zivildienstleistender mit langen Haaren wird von älterem Paar von hinten angesprochen.

Ältere Dame: »Hallo!!! Schwester!?«

Zivi dreht sich um und antwortet mit herausgestellter Bassstimme:

»Ja, bitte?«

Ältere Dame: »Oh, entschuldigen Sie bitte, Herr Doktor.«

tag der katastrophen

– *Leonberg. Neuköllner Straße.*

In einem Bus. Dieser steckt wegen Bauarbeiten im Verkehr fest. Es dauert und dauert. Einige Mitreisende werden langsam ungeduldig. Hinter mir sitzen zwei ältere Damen. Die eine zur anderen:

»Zuerst heute Morgen die grässliche Nachricht vom Zugbrand in Italien, dann der Flugzeugabsturz – und nun das hier!«

bauer vor auf 15c

– Düsseldorf. Am Hauptbahnhof.

Lautstark telefonierend steht ein Jugendlicher (ca. 18) auf dem Bahnsteig:

»Eh Alter, wo biste? Was? Keine Ahnung! Wie soll ich denn Gleis 15 finden? Ich steh hier unter C, was weiß ich denn, was der 15. Buchstabe im Alphabet is! Das geht hier nur bis F!«

früh übt sich, wer später mal groß absetzen will

– Chemnitz. In einem Edeka.

Ein kleiner Junge (ca. fünf) sammelt draußen Kassenbons vom Boden auf.

Mutter: »Lars, lass die dreckigen Zettel doch bitte liegen!«
Junge: »Aber die kannst du doch bei Papa abrechnen!«

von enten, käfern und fröschen

– Elm. Bei einer Stoppelcross-Veranstaltung.

Zwei Kinder (ca. fünf) unterhalten sich über die vorbeifahrenden Stoppelcrossautos. Der Junge ist ganz aufgeregt, weil die Fahrzeuge so schnell sind. Das Mädchen steht locker daneben.

Mädchen: »Mein Papa fährt da auch mit. Er ist ganz schnell.«
Junge: »Fährt dein Papa einen Käfer?«
Mädchen: »Nein, er fährt mit dem Auto.«

hans im glück – oder auch nicht

– *Kreiensen. Am Bahnhof auf Gleis 1.*

Rätselhafte Durchsage: »Hans, falls du mich hörst: Es hat geklappt. Oder auch nicht.«

zuhören können ist bei uns absolute chefsache?!

– *Bad Homburg. In einem Hotel.*

Azubi kommt frisch aus dem Urlaub wieder. Er hatte im Urlaub Geburtstag und bekommt, wie es im Unternehmen üblich ist, ein kleines Geschenk überreicht.

Chef: »Herzlichen Glückwunsch nachträglich. Hatten Sie einen schönen Urlaub und haben Sie auch schön gefeiert?«
Azubi: »Na ja, ich hatte hohes Fieber während des Urlaubs.«

Chef (offensichtlich auf Small-Talk-Floskeln programmiert):
»Na, das ist ja fein. Fein, fein. Also dann ...«

Der Chef geht weg, einen verwirrt dreinblickenden Azubi
zurücklassend.

parteiprogramm: do it yourself

– Paderborn.

Kommunalwahl in NRW. In der Kabine neben mir steht
ein Typ und braucht ewig. Der Wahlhelfer wird langsam
unruhig und ruft dem Typ in der Wahlkabine zu.

Wahlhelfer: »Haben Sie denn jetzt bald mal Ihren Wahlgang
beendet?«
Typ: »Wie schreibt man Kollaborateur?«

wenn es knallt, hat es vorher gut geknallt

– Magdeburg. Beim ›Spirit From The Street Festival‹.

Die Gäste werden zur Sicherheitskontrolle durch Einlass-
schleusen geleitet. Am Tag davor hatte es stark geregnet,
sodass die Schleuse mit einem Pavillon überdacht wurde.
Das eine Standbein des Pavillons steht genau in der Mitte
einer Schleuse, sodass die Gäste sich drum herum winden
müssen.

Männlicher, stark alkoholisierter und verschmutzter Gast:
»Ey, wat soll denn die dämliche Stange hier?«
Weibliche Security (bitterernst): »Das ist unser Alkoholtest-
gerät. Wer dagegenknallt, hat genug getrunken.«

geschichte ist, was du draus machst

– München. Im Deutschen Museum.

Vater und sein Sohn stehen vor einer V2-Rakete aus dem
Zweiten Weltkrieg.

Vater (stolz): »Guck mal, damit sind wir zum Mond geflogen!«

omi und der rollator des verderbens

– Laboe an der Ostsee.

200 Männer in Motorradoutfits machen Mittagspause und
haben ihre schweren Motorräder auf dem Dorfplatz verteilt. Eine ältere Dame, klein und gebückt, kommt mit
ihrem Rollator des Weges. Sie bleibt mit der Laufhilfe am
Stiefel eines Motorradfahrers hängen.

Oma (höflich): »Entschuldigung.«

Sie läuft, hoppelt weiter und wir hören dann noch:

»Och, da hätte ich beinahe einen Rocker überfahren!«

neue marketingstrategie: DB maja?

– *In der Regionalbahn von Duisburg nach Moers.*

Der Zug ist wie immer am frühen Abend gut gefüllt. Eine Durchsage ertönt:

»Hier kommt der Grashüpfer Flip.«

(Pause)

(leiser) »... hüpf hüpf.«

er kann nur ziegen kriegen

– *Oldenburg. In der Fußgängerzone.*

Ein etwas schmuddeliger Typ vom Zirkus steht mit einer Ziege auf der Straße und sammelt Geld. Eine junge Frau, die gerade ein Brötchen isst, kommt vorbei.

Er: »Hey du, meine Ziege würde gerne dein Brötchen vernaschen.«
Sie: »Tja, ich würde mein Brötchen lieber behalten.«

(kurze Pause)

Er: »Hey du, ich würde dich gerne vernaschen.«

Sie schaut irritiert und geht etwas schneller weiter.

Typ (zu seiner Ziege): »Guck nicht so, die Welt ist halt schlecht.«

wenn aus bullen katzen werden

– *Dortmund. Münsterstraße.*

In einem Geschäft. Ein ernst dreinblickender Typ läuft durch die Gänge und murmelt vor sich hin:

»Dartpfeile, Dartpfeile kaufe ich mir. Mit Dartpfeilen kann man super auf Katzen werfen. Dartpfeile ...«

gib mir tiernamen, helga

– *Salzgitter. In einem Bus.*

Ich sitze im Bus der Linie 606. Vor mir befindet sich eine leere Vierersitzgruppe. An der nächsten Haltestelle steigt ein älteres Ehepaar ein. Die Oma setzt sich erst rückwärts hin und der Opa vorwärts.

Oma: »Ach, ich kann ja gar nicht rückwärts sitzen, da wird mir immer schlecht.«
Opa: »Ich schon, ich stell mir einfach vor, ich sei ein Krebs,

die laufen auch immer rückwärts.«

Daraufhin tauschen die beiden die Plätze.

ein opi der gemütlichkeit

– Berchtesgaden. Im Altersheim Insula.

Im Altersheim ist ein Fernseher implodiert. Feueralarm, große Aufregung, das Haus wird evakuiert. Pflegerinnen, Bewohner und Besucher rennen durcheinander, Löschzüge und Polizei fahren vor. Ein bayerischer Heimbewohner steht seelenruhig oben am Balkon und ruft ganz glücklich herunter:

»Jo mei, hom mia heit wieda vui Bsuach ...!«

these shoes were made for talking

– Gera. Auf einer Schlittschuhbahn.

Ich bin dabei, meinem Sohn die Schlittschuhe anzuziehen. Auf der Bank neben mir sitzen zwei junge Mädchen (ca. 15). Sie rätseln gerade darüber, wo sie ihre teuren Markenschuhe abstellen sollen, ohne dass sie geklaut werden.

#1: »Mann, wo soll ich'n meine Schuhe hintun?«
#2: »Du musst die hier hinstelln, oder willst se mit aufs Eis nehm?«

#1 (zu ihren Schuhen): »Also, wenn euch jemand klauen will, WEHRT euch, ja?!«

geisterbahnfigur war sein traumberuf

– Schenefeld bei Hamburg. In einem Supermarkt.

Lautsprecherdurchsage (flüsternd):

»Ich bin der Geist von Eurospar ...«

(Pause)

(leise): »Uhhhaaahhhhaa ...«

heute: wahl zum lieblingsnachbarn 2010!

– Hamburg. Maria-Louisen-Straße.

In einem Bus. Ein älterer Herr und zwei ältere Damen unterhalten sich. Eine der Damen spricht aufgeregt den älteren Herrn an:

»Sie hätten neulich dabei sein sollen! Der Keller sieht wieder unmöglich aus. Dort hat doch tatsächlich jemand einen Schrank so in den Weg gestellt, dass der Durchgang nur noch siebzig Zentimeter breit ist. Das müssen Ausländer gewesen sein. In Deutschland muss doch ein Fluchtweg frei bleiben. Überhaupt ist in Deutschland die Sicherheit wichtig. Ich habe im Fernsehen gesehen, dass in anderen Ländern noch nicht einmal Schutzhelme vorgeschrieben sind.«

(Pause)

»Ich habe jetzt bei der Polizei Strafanzeige gegen Unbekannt gestellt. Nur so kriegt man sie.«

es ist was großes im gange

– *Köln. Cinedom im Mediapark.*

Ich warte an der Toilette auf meine Freundin. Vor ihr gehen zwei Frauen mittleren Alters in die Toilette. Die eine singt vor sich hin:

»Groß, groß, groß ... schon wieder groß.«

der todesengel von föhr

– *Wyk auf Föhr. In einem Linienbus.*

Ein Inselbewohner besteigt den Linienbus, setzt sich in die erste Reihe und unterhält sich mit dem Busfahrer.

Inselbewohner: »Moin, häst du schon hört? Knut is dod!«
Busfahrer: »Wie, schon widder?«

Inselbewohner: »Ja nä, nu isser wirklich dod, bin gestern doah wän.«

In diesem Moment sieht der Inselbewohner auf dem Bürgersteig einen anderen Inselbewohner spazieren.

Inselbewohner: »Guck moah doah, der Hein. Der iss uck bald dod. Der weiß dat nur noch nich.«

Der Inselbewohner verlässt den Linienbus, die Türen schließen sich.

Busfahrer: »Und der machts uck nich mehr lang.«

apokalypse hannover

– Hannover. Hauptbahnhof.

Eine Frau kommt in die Eingangshalle des Hauptbahnhofs Hannover und redet vor sich hin:

»Nichts mehr zu retten, der Bahnhof geht direkt durch einen Vulkan, alles vorbei ... nichts mehr zu retten, alles vorbei!«

sommerbräune für alle

– *Kiel. In einem Bus.*

Junges Mädchen (ca. Anfang zwanzig) mit recht tiefem und üppigem Dekolleté blickt aus dem Fenster in die strahlende Sonne und scheint ein wenig träumerisch zu sein. Plötzlich reckt sie die Brust gen Fenster und sagt für die Umsitzenden doch recht deutlich hörbar:

»Nun werdet mal schön braun, meine zwei Süßen!«

wo die weißen mäuse arbeiten

– *Frankenberg. In einem Altenheim.*

Eine Sozialpraktikantin fragt einen der Bewohner (schon etwas dement):

Sie: »Sagen Sie mal, haben Sie hier eigentlich auch Pfleger oder nur Pflegerinnen?«
Er (guckt sie irritiert an): »Wir haben Mäuse! Und wenn die durch Mehl laufen, haben wir weiße Mäuse!«
Er (schaut beschwörend): »Sag aber keinem, dass du es von mir hast.«

coole kerle oder warme brüder?

– *Hanau.*

Zwei coole Hip-Hoper an der Theke während einer Hip-Hop-Veranstaltung.

#1: »Ey, isch lad dich ein. Was willst'n drinken?«
#2: »Ey, es selbe wie du.«
#1: »Bist du schwul, isch trink Wasser!«

heißt es deswegen ›homepage‹?

– *Hannover.*

Mein Opa (achtzig) hat seit Kurzem einen Laptop mit Internetzugang und auch eine E-Mail-Adresse, die mein Vater ihm eingerichtet hat. Als er eine E-Mail mit Fotos im Anhang bekommt, weiß er nicht, wie er diese öffnen kann und ruft meine Schwester an, damit sie ihm hilft.

Schwester: »Opa, wo bist du denn? Bei yahoo oder bei web. de?«
Opa: »Ich bin zu Hause!«

im spiegel claudia schiffer, in echt claudia roth?

– Ganderkesee. In einer Schule.

Zwei 15-jährige Mädels stehen in der Toilette vor dem Spiegel und betrachten sich.

#1: »Boah mann! Voll das scheiß Wetter!«
#2: »Ja, find ich auch.«
#1: »Aber weißt du, was voll geil is?«
#2: »Ne, was denn?«
#1: »Mein Spiegelbild sieht immer voll viel besser aus als ich!«
#2: »Krass! Meins auch!!!«

damals an der milchbar

– Heubach.

Bei meiner besten Freundin zu Hause. Sie geht ins Schlafzimmer und wird dabei von ihrem dreijährigen Sohn verfolgt. Als sie sich einen BH aus dem Schrank nimmt:

Sohn: »Haha ... Mama ... dein Busen ...!«
Mutter: »Jaja ... mein Busen ... gell!?«
Sohn: »Gell Mama, früher, als du noch 'ne Kuh warst, hab ich da immer draus getrunken!«

... und ohne massenvernichtungswaffen

– Hamburg. In der U-Bahn.

Eine Familie mit zwei kleinen Kindern (ca. fünf und sieben) sitzt neben mir. Die Kinder unterhalten sich.

#1: »Komm, wir spielen Schere-Stein-Papier!«
#2 (begeistert): »Au ja! Aber ohne Pumpe ... und ohne Gott!«

falsche frage, nächste frage

– Leonberg. An einer Bushaltestelle.

Zwei Bauarbeiter (#1 ca. 25, #2 ca. 45) laufen von der Baustelle zum Auto.

#1: »Wie lange geht die Weihnachtsfeier denn?«
#2: »Heut Abend.«
#1: »Ja, aber wie lang?«
#2: »Da drüben.«
#1: »Aha. Und wie lange geht sie?«
#2: »Ab Feierabend.«
#1: »HALLO? Wie lang?«
#2: »Treffen uns beim Markus.«
#1 (mit verwirrtem Gesichtsausdruck): »O.K., bis heut Abend dann.«

#1 steigt ins Auto ein und fährt los. #2 dreht um und läuft zur Baustelle zurück.

je später der abend, desto heller die leuchten ...

– Kiel.

Auf einer WG-Party. Ein junger, schwer alkoholisierter Typ kommt in die Küche und nimmt sich ein volles Bier aus dem Kasten. Er fragt lallend nach einem Flaschenöffner. Ein Gast gibt ihm ein Feuerzeug. Er starrt es eine Weile an und lallt dann:

»Man kann Bierflaschen nicht aufleuchten!«

die eier legende wollmilchsau

– Berlin. In einem Hähnchen-Schnellimbiss.

Eine Mutter kauft für sich und ihren ca. drei- bis vierjährigen Sohn ein halbes gebratenes Hähnchen. Beide setzen sich an einen der wenigen noch freien Tische. Der Junge dreht und wendet den Teller und beäugt die ihm kredenzte Hühnerkeule eine ganze Weile kritisch von allen Seiten. In seinem Forscherdrang hebt er die Keule ganz leicht an, um unter sie zu sehen, kniet sich auf den Stuhl, um sie auch noch von oben zu betrachten.

Schließlich ruft er voller Empörung und mit glockenheller Stimme quer durch den Laden:

»Mama, und wo ist nun das Euter???«

das rathaus ist sein himmelreich

– Großbottwar. In einer Kirche.

Kinder vor der Einschulung in der Kirche. Ein Kind (ca. fünf) betrachtet den Pfarrer.

Kind: »Mama, ist das Gott?«
Mama: »Nein, Schatz. Das ist nicht Gott.«
Kind: »Ist das dann der Bürgermeister?«

ein tag, so wunderschön wie heute?

– Augsburg. In einem Indie-Club.

Samstagabend an der Garderobe. Ein betrunkener Gast hat seinen Garderobenzettel verloren und beschwert sich lautstark an der Garderobe, dass er seine Jacke nicht wiederbekommt. Er hat bereits mehrmals versucht, diese mit Zetteln, die er vorher vom Boden aufgehoben hat, wiederzubekommen. Er ist offensichtlich sehr betrunken, schwankt und lallt.

Garderoben-Mädel: »Hey, siehst ja, was hier los ist, ich kann deine Jacke nicht suchen jetzt! Du musst einfach morgen wiederkommen. Oder am Montag, da is' jemand im Büro.«

Gast (völlig verstört): »Montag? Mann, welcher Tag ist Montag? Samstag, oder was?«

nullnummer sucht anschluss

– Bielefeld. An der Universität.

In einem Seminar. Ein Informatik-Nerd regt sich über ein Bildbearbeitungsprogramm auf:

»... das beginnt mit dem Zählen bei eins? In einer Welt, in der bei eins angefangen wird zu zählen, will ICH nicht existieren!«

alpen-drag-queen

– Linz. Hauptbahnhof.

Früher Abend. Eine in Tracht gekleidete Frau kommt zu einer Bank und setzt sich. Auf der Bank sitzt bereits ein Mann.

Mann: »Haben Sie den Rock aus Ischl?«
Frau (nach einigen Sekunden): »Hä?!?«
Mann: »Ob Sie den Rock aus Ischl haben, hab ich gefragt!«
Frau: »Ja, wieso wollen Sie das wissen?«
Mann: »Ja, weil ich habe denselben auch in Ischl gekauft und bei mir zu Hause in meinem Kleiderschrank hängen, der gefällt mir so ...«

... und vier räder hat es auch

— Konstanz. In einer Kneipe.

Am Nebentisch trifft sich ein Studentenstammtisch. Zwei Studentinnen unterhalten sich:

#1: »Und, was fährst du für ein Auto?«
#2: »Na, ... so ein rotes.«

hoffentlich wuchs da gras drüber

— München. Marienplatz.

S-Bahn, Untergeschoss. Dunkelhäutiger, mit typischen Rastafari-Insignien ausgestatteter Mann um die dreißig schlendert rauchend den Bahnsteig entlang. Immer wieder steigt dicker Rauch von ihm auf.

Stimme aus dem Lautsprecher: »Machen Sie bitte die Zigarette aus!«

Der Rasta dreht sich um, schaut in die Überwachungskamera, wedelt mit seinem Rauchwerk, lächelt milde und sagt langsam:

»Is' keine ...«

Moderne Mythen –

„Wo gibt's denn hier die W-Lan-Kabel?"

Tagtäglich trudeln Dutzende Belauschnisse in unserem virtuellen Briefkasten ein. Da die Authentizität der Sprüche für uns oberstes Gebot ist, prüfen wir jede Einsendung genau und veröffentlichen nur zweifelsfrei echt Belauschtes. Meist finden wir recht schnell heraus, ob sich eine Begebenheit wirklich so zugetragen haben kann oder ob es sich um einen alten Witz handelt. Uns erreichen jedoch immer wieder auffallend ähnliche oder identische Belauschnisse – aus ganz verschiedenen Städten und Orten. Das folgende Kapitel ist genau diesen Einsendungen, den ›modernen Mythen‹, gewidmet. Ihr Ursprung ist mysteriös. Entsprechen die Ereignisse der Wahrheit und werden einfach immer wieder an den verschiedensten Orten belauscht? Ist es ähnlich wie bei der berühmten Geschichte von der ›Spinne in der Yucca-Palme‹ und die Geschichten sind lediglich Erlebnisse, die dem Freund eines Freundes eines Freundes passiert sind? Oder handelt es sich tatsächlich um erfundene Kalauer, die im kollektiven Gedächtnis der Nation herumgeistern? Da wir diese Fragen nicht eindeutig beantworten können, spielen wir Ihnen den Ball zu – entscheiden Sie selbst! Zum ersten Mal veröffentlicht: unsere Belauscht-Evergreens, die modernen Mythen Deutschlands!

der media-markt-mythos

– In 32 verschiedenen Filialen von Media Markt, Saturn und anderen Elektronikfachläden. In 25 Fällen war der Kunde weiblich, in fünf Fällen Rentner.

Kunde: »Wo gibt's denn hier die W-Lan-Kabel?«
Verkäufer: »Sind dahinten bei ›PC-Zubehör‹.«

die story vom schlauen schwarzen

– Aufgeschnappt in Rostock, Augsburg und sieben anderen Städten. Meist in der Regionalbahn.

Fahrscheinkontrolle im Zug. Ein farbiger Fahrgast sucht etwas länger nach seinem Ticket.

Schaffner: »Naaa, hat Bimbo keinen Fahrschein? Fährt Bimbo SCHWARZ?«

Der Farbige findet in diesem Moment sein Ticket und antwortet in bestem Hochdeutsch.

Fahrgast: »Doch, Bimbo hat einen Fahrschein. Und Bimbo ist Rechtsanwalt. Und Sie haben jetzt eine schöne Klage am Hals.«

die fleisch-fabel

– Köln, Bergisch-Gladbach, Weeze und Schwerin. Kinder sind meistens noch im Vorschulalter.

Mama ist Vegetarierin, Papa nicht. Sie diskutieren, ob ihr Kind vegetarisch erzogen werden soll oder nicht. Dann schaltet sich das Kind ein:

»Mama, wenn man Tiere nicht essen soll, warum sind die denn dann aus Fleisch?«

der kindernamen-kalauer

– Belauscht in Köln, Essen und in 15 anderen Städten, bevorzugt in NRW.

Auf einem Spielplatz. Zwei Mütter beobachten ihre Kinder.

#1: »Üffes, Üffes! Komm mal her!«
#2: »Aha, Üffes, das ist aber ein interessanter Name, wo haben Sie den denn her?«
#1: »Ja, wirklich schön der Name, wa? Haben wir mal irgendwo gelesen.«

#2: »Und wie schreibt man das?«
#1: »Y-V-E-S.«

der www.witz

– Swisttal. IT-Systemhaus. Oft auch an Infoständen eines Media Markts – dann aber mit pfiffigen Kommentaren des Verkäufers.

Aufgeregt ruft eine Kundin an.

Kundin: »Sie müssen sofort einen Techniker vorbeischicken. Meine Kollegin hat aus Versehen das Internet gelöscht. Zum Glück hat sie es vorher noch ausgedruckt.«

die laissez-faire-legende

– Vier Mal belauscht in der Straßenbahn, acht Mal in verschiedenen Supermarkt-Filialen. Funktioniert auch mit Honiggläsern.

Ein paar Plätze vor mir in der Bahn sitzt eine Mutter mit Kind. Das Kind tritt die ganze Zeit gegen den vor ihm befindlichen Sitz, auf dem ein Typ, der gerade ein Softeis isst, sitzt.

Typ: »Könnten Sie Ihrer Kleinen sagen, dass sie das lassen soll?«
Mutter: »Nein, meine Tochter ist antiautoritär erzogen.«

Zwei Stationen später steigt der Mann aus und knallt der Mutter das Eis auf den Kopf.

Typ: »Ich bin auch antiautoritär erzogen.«

das bläser-belauschnis

— Rahden, Dresden, Paderborn und 58 andere Orte. Spitzenreiter der › Wannabelauscht-Parade‹.

Meine Musiklehrerin sagt zu Beginn der Musik-AG:

»Alle Bläser, die jetzt noch keinen Ständer haben, gehen nach oben und holen sich einen runter.«

der schwanz-schwindel

— Lübeck, Villingen-Schwenningen, Hannover, Ansbach. In einem Rewe-, Edeka-, Penny- und Plus-Supermarkt. An der Kasse sitzt immer eine Frau.

Vor mir an der Kasse steht ein junger Mann (ca. zwanzig) mit einem langen Zopf. Er zahlt und geht, vergisst aber eine Schachtel Zigaretten an der Kasse.

Verkäuferin: »Halt, junger Mann mit Pferdeschwanz!«

Der Mann kommt zurück und sie gibt ihm die Zigaretten.

Junger Mann (mit todernstem Blick): »Oh danke. Aber woher wissen Sie, wie groß mein Penis ist?«

der kellner-kalauer

– In Restaurants in Bonn und 13 anderen Städten. Kommt nicht mehr gut.

Zwei Männer nach dem Abendessen an ihrem Tisch.

Kunde ruft zur Kellnerin: »Die Rechnung, bitte!«
Kellnerin: »Ich komme gleich!«
Kunde ruft zurück: »Das geht uns nichts an!«

die löwen-legende

– An zwölf Kiosken in Deutschland. Immer mit Schlange.

Ein kleines Mädchen steht vor mir in der Schlange.

Mädchen: »Ich hätte gerne den Schokoriegel mit dem Löwen drauf.«
Verkäufer: »Lion?«
Mädchen: »Neee, kaufen!«

das popp-palaver

– Köln. Ähnlich belauscht in den Zoos von Stuttgart, Berlin und Dresden. Von Reptilien bis Fischen ›poppend‹ oder ›fickend‹.

Auf einem Spielplatz. Eine Oma sitzt auf einer Bank und beobachtet ihren spielenden Enkel. Dieser läuft plötzlich ganz aufgeregt zu ihr und zeigt nach hinten.

Enkel: »Guck mal, Oma! Die Hunde dort!«

Er deutet auf zwei Hunde, die gerade miteinander zugange sind.

Oma (schaut verlegen zu Boden): »Weißt du, Justin, der eine Hund da hat sich ein Bein gebrochen und der andere schleppt ihn auf dem Rücken ins Krankenhaus.«

Enkel (laut und erfreut): »Super! Und bis sie da sind, poppen sie noch 'ne Runde!«

die zigaretten-zote

– Belauscht in 18 Tabakgeschäften und Supermärkten der Republik. Geht auch mit Marlboro oder Lucky Strike.

Ein Herr (ca. Mitte fünfzig) kauft eine Packung HB. Er bezahlt, schaut ein wenig irritiert auf den Warnhinweis der Zigarettenpackung und sagt:

»Wie ›Rauchen macht impotent‹? Nee nee, geben Sie mir mal lieber die mit dem Krebs!«

der möbelhaus-mythos

– Osnabrück, Berlin und sechs andere Orte. Im IKEA oder einem vergleichbaren Möbelhaus.

Eine Frau tritt an den Service-Schalter.

Frau: »Ich habe vor zwei Jahren hier eine weiße Küche gekauft. Erst mal wurde die dann in Hellblau geliefert. Das war aber nicht schlimm, weil ich die in dieser Farbe schöner finde. Aber es kann doch nicht sein, dass die Farbe nach nur zwei Jahren Blasen wirft!«
Berater (sichtlich amüsiert): »Haben Sie eventuell schon einmal darüber nachgedacht, die blaue Schutzfolie zu entfernen?«
Frau: »Oh ...«

Sie verlässt rot angelaufen den Laden.

der dicke-bauch-brüller

– Eingesendet aus Jena, München, Walbeck und drei anderen Orten. Nicht immer sagt das Kind ›Ihhh‹.

Schwangere Frau trifft eine Freundin mit deren kleinen

Jungen. Die Schwangere zeigt auf ihren prächtigen Bauch und sagt zu dem Kind der Freundin:

»Na, Kleiner, schau mal hier. In meinem Bauch ist auch ein kleines Kind.«

Junge: »Ihhh! Hast du das gegessen?«

der uhren-ulk

– Norddeich. Ähnlich passiert auf Norderney, Usedom und in Übersee am Chiemsee. Die Warnung erfolgt meistens im Dialekt.

Im Sommer am Norddeicher Strand. Eine Oma (ca. 65) und Enkelsohn (ca. zehn) sitzen am Wasser. Der Enkel geht ins Wasser.

Oma: »Raaiinäää ... nimm de gudde Uhr ab, wenne in Wasser gehst!«
Enkel (genervt): »Omma, die ist bis fünfzig Metä wasserdicht ...«
Oma: »Du schwimmst bestimmt weida als fünfzig Metä!«

die schizo-geschichte

– *Aus einem Berliner Gymnasium und 13 anderen Schulen. Manchmal begleitet von Gelächter.*

Bio-Leistungskurs.

Lehrerin: »Wer möchte einen Vortrag über Schizophrenie halten?«
Schüler: »Wir!«

die feuerwehr-farce

– *Regensburg. Neupfarrplatz. Ähnlich belauscht in Dortmund, Chemnitz und Tübingen. Bisher wurde stets bis zum bitteren Ende buchstabiert. Variation: ›Sackgasse‹.*

Ein Italiener, der sich offensichtlich in Regensburg nicht auskennt, telefoniert mit dem Handy und versucht, seinen Aufenthaltsort mitzuteilen.

Typ: »Warte, ich lese dir den Straßennamen vor: *F-E-U-E-R-W-E-H-R-A-U-S-F-A-H-R-T*«

der geschwister-gag

— Belauscht auf 38 Schulhöfen und Spielplätzen der BRD. Anscheinend besonders verbreitet unter Ausländern und anderen Minderheiten.

Zwei Brüder (ca. 14 und 16) beginnen auf dem Schulhof lautstark zu streiten. Der Jüngere zum Älteren:

»Du Hurensohn!«

die zivi-zote

— Unter anderem passiert in einem Uelzener Klinikum. Manche der Opas rollen dabei lustvoll das ›R‹.

Ich bin gerade dabei, einen ca. neunzig Jahre alten Patienten zu waschen.

Patient: »Sagen Sie mal, haben Sie eigentlich schon gedient?«

Als ich ihm dann erkläre, dass der Wehrdienst nicht in mein Weltbild passt und ich deshalb Zivildienst mache, sagt er trocken zu mir:

»Seien Sie mir nicht böse, aber so was wie Sie hätten wir damals erschossen!«

der kassen-knüller

– Düren. In einem Plus-Supermarkt. Exemplarisch für ähnliche Belauschnisse aus sieben anderen Discounterfilialen. Keiner kaufte Klopapier.

Ein junger Halbstarker betritt mit brennender Zigarette den Supermarkt.

Kassiererin: »Junger Mann, Sie sind hier in einem Supermarkt! Hier ist Nichtraucher, gehen Sie bitte mit der Zigarette nach draußen!«
Jugendlicher: »Ey wieso? Du verkaufst doch hier auch Kippen, dann kann ich auch hier rauchen!!!«
Kassiererin: »Wir verkaufen hier auch Klopapier!!!«

die aprikosen-anekdote

– Stolberg. Auf dem Wochenmarkt. Elfmal belauscht in anderen Orten, mit ggfs. anderen Obst- und Gemüsesorten.

Markthändler: »Welche Aprikosen möchten Sie? Die türkischen oder die französischen?«
   Kunde: »Ist mir egal. Ich will mich ja nicht mit denen unterhalten.«

die semmel-sage

– Dahn (Pfalz). In einer Bäckerei. Ähnlich belauscht in fünf anderen süddeutschen Bäckereien. Funktioniert nicht mit ›Brötchen‹.

Ein Junge bestellt bei der Bäckerin.

Junge: »Sechs Schrippen bitte.«
Verkäuferin: »Weck!«

Der Junge dreht sich um und rennt aus dem Geschäft. Die Verkäuferin hält die Tüte mit den Brötchen hoch und zuckt mit den Schultern.

Bäckerin: »Widder so enna, kennt kä Weck, soll erscht a mol Grumbeere kaafe gehe.«

der ouzo-ulk

– Belauscht in sieben Restaurants von Nürnberg bis Emden. Auch bei uns hinterlässt er einen fahlen Nachgeschmack.

Neben mir sitzt eine Bürogemeinschaft. Nach dem Essen kommt der Kellner zum Abräumen an den Tisch.

Kellner: »Wer von Ihnen möchte noch einen Ouzo?«

Bürotyp: »Nein, danke. Sonst hab ich wieder den ganzen Tag den Anusgeschmack im Mund!«

der schlampen-schwank

— Herne. Abends im McDonald's. Achtmal ähnlich belauscht. Oft dabei: Blondinen.

Junge: »Boah, was trinkst du so viel von meiner Cola??? Du hast gesagt EINEN Schluck, du dumme Schlampe!«
Mädchen: »Hast du mich gerade dumm genannt!?!«

die story vom stecher

— Bergkamen. Wasserpark. In ähnlicher Ausführung 14-mal belauscht. Mitunter wird Mutti rot.

Eine Familie, Mutter, Vater und zwei Kinder, morgens unterwegs mit dem Hund.

Kind: »Guck mal, da ist der, der nachts immer Mami besucht und macht, dass sie schreit!«

Die Belauscher

Arit Rene Garamond Robsen illusion Enza Lordy petefi
C.R. NeoBlack Enza Steffen Nico Karl S. Micha schlum-
mel Manuela sonja Anna Ulrike Bine Dominik S. Nicole
Alisa Daniel Chris kloose Ben Oliver Henry Tanja janni
Sebastian Jo Ulli Wiener Robert lousypoetry Adromir
Morrighan bascho94 Ramona Miriam P. Frank Angelika
Stasihasi Eva sersch kri Steve Tobi Lisa M. Inka Planegg
Christian bomaus Sandra Toastbrot-m-m Flo desinvol-
ture Hanns Johanna Thilo Sebastian Sorin Reinhold
Thomas Michi Colombo Liz David Guido Anne Morlin
Arkaner Lisa lynn Camilla Anna Martin Marie Kathrin
Dine Miriam Jasmin Tobias Knute Martin Kalle Michael
Doreen Mado11 Jessica Kerstin Vitralette Carsten
Ramonsti Leonie Ann-Kathrin Gaston Lagaffe tom TT
Maren Thomas Schmitz Rieke Debilor Florian Nicolai
Knusperfelix Lukas Ulrike Bewer Annegret Schoschies
Berlin Katja Sporleder MP_94 Michael Dave Christoph
Stefan Alexander Josefowicz Kevin Christoph Strassen-
bahn Christin E. Calla uschi lydia Jennifer Stine lusy-

blom Heide Johanna Gebauer Christian Achmed Mach-
malalla Dorin Erie Lemmi Juliane Dreschke Philipp K.
suender Leyla Chris David Samantha Nerd ITS-Emann
Laura Birdie David Mara bodhi Elise Muttis&Vatis Vo-
nuns Arkaner Aya Xenia alice schwesta Sane Arman
Bernhard Sun Daniel Rieder guy incognito Laura Ildiko
Arning Walddespot Christoph IriasYrenee Bee Mareike
Pawelski Tamer Hannes Nina Isabel Adamzyk Roxy
Langdon Alger Mgier Manfred Sebastian Ilo Max Lucy
Osman Buslauscher GertderHeld Mike HarryB Nele
Heinz Florian Knusperfelix Angelina mihra Torsten Daniel
H. Christian DomDom Martin Gambassi Ela Eva Till
Chaya Nico Ernst Arman Tobi JuTheFu Stefan Scherzwaffel
Solneman Riko MrsG10 Philipp Kultsonne Sandy
Langfurter ChrisTiny Nina Max Anke Lena Markus
Spooky Tom Thadeus Judith Schlumpfine Thomas Micha
Christoph Mag neo67 Cris Daniel Marius Anke Apfelwurm
Matthias K. leoni chahbani Heike J. Ensona Mistress-
Miez Mieke Christian Darkstalker Greaser Tanja Carola
Christian Al Anna Friebe Julia Christin Alessa Sirii
Lulu321 shsc Stefan Mischö Julia Marco Glenn Stark Becher
Cascara ChrisTiny Erklärbär laura Yvonne Thomas
phasE Miri katz summerson Roland Nele Thorsten JohannW
Superstar Luthien Simone Esslingen Holger Kader Uyar
jojo1408 CorneliaBG Sarah Henning Christian Nico
Laura Gunnar Neglectis Poly Guy Inkognito Funky Alo
Konrad Jo Emanuele Spam killerkarlo Caro Sandra Tasya
yeti Lilli Nicoletta Michael Dehnert Vicy Sam Gravity77
Nele Günther Tomas MontyPython Elbchen egon ike
Dani marion Stefanie Evelyn vinaigrette Maren Martin

Anne Joy Philipp Anne Axel S. zaphod99 Micha Albrecht
Kollege Christian Michel el axl Mareike Elke Georg Leo
Solneman Simone Lina Martin unglaublichesGroßohr
Cat Jo Thomas Fam.Seitz Vielen Dank Tobias kiki
AnnCa Denise katy Lena ZugfahrerRE7 Aline Christoph
Karla Harald S. Jan Benni RiesenradDiebin vanGoo illef
Monika Teacher2711 axl R2D2 Arik Arno A. Nonym
Christiane Daniel Daniel Mc.Murphy Wettervogel
Michael SteveOrtmann Sash Oliver Jan Verena Julia Peter.U.
Pfirstinger Carina Jasmin Jürgen Sebastian Liebisch Lilly
T.Igelmund Stephan Mo Sophia Nöly MaDSaM luise
Chris Tinker Runte Yannick Konstantin psy føtex-ftw,
Jogi Florian Tom Robsen almontcole Christiano Herr.
Müller malluc Sisu Timo kreatuerlich MioMaschi Henrik
Psy Heinz Anna HenkSchmitz Leha Sebastian Riesenrad-
Diebin Morrighan Lisa Kaya Dirk Dani sprite69 Simone
M. Anne Jessi Trixi Eva Pianodude Apfel Doctor Bekka
Chinchilla girl_on_fire Melanie Kai Adri Bumpin Rüdiger
Simone Waltraud Vossey Olaf Hans Isabel HR Stille Info
Bro Robert Matthias Albatross Snowwulf Emi Bastian
Steffen Flo Nina Macwoern Karnevalsjeck Börni Florian
Gregor Julia Brigitte Anna B. Lars C.A. Bernd das Brot
Claudia AlleBelauschtHomies H. Leers GästeHonk Philip
Zulu Dominic Axel Budapest Lena Anne Lucas Kai
Alina Mirjam Hanna Petra Jessica Tatjana Thorsten
Frenni Tjerry Stefan Alex Chregi Ben Hutgesicht Jessica
Sabine lauschear S.Tiedjen Ramona Raimondi Dominik
Florian Martina Smeik Jorge Simon Mayr Homer 23
desp20 Imdaxbau Axel Aninka Lady Kuro Philipp Monika
Susanne Flo Inchtabokatable sosk.it